AF593019

Voir au-delà

Sandrine Escriva

Voir au-delà

Roman

LE LYS BLEU

ÉDITIONS

ISBN : 979-10-377-9104-7

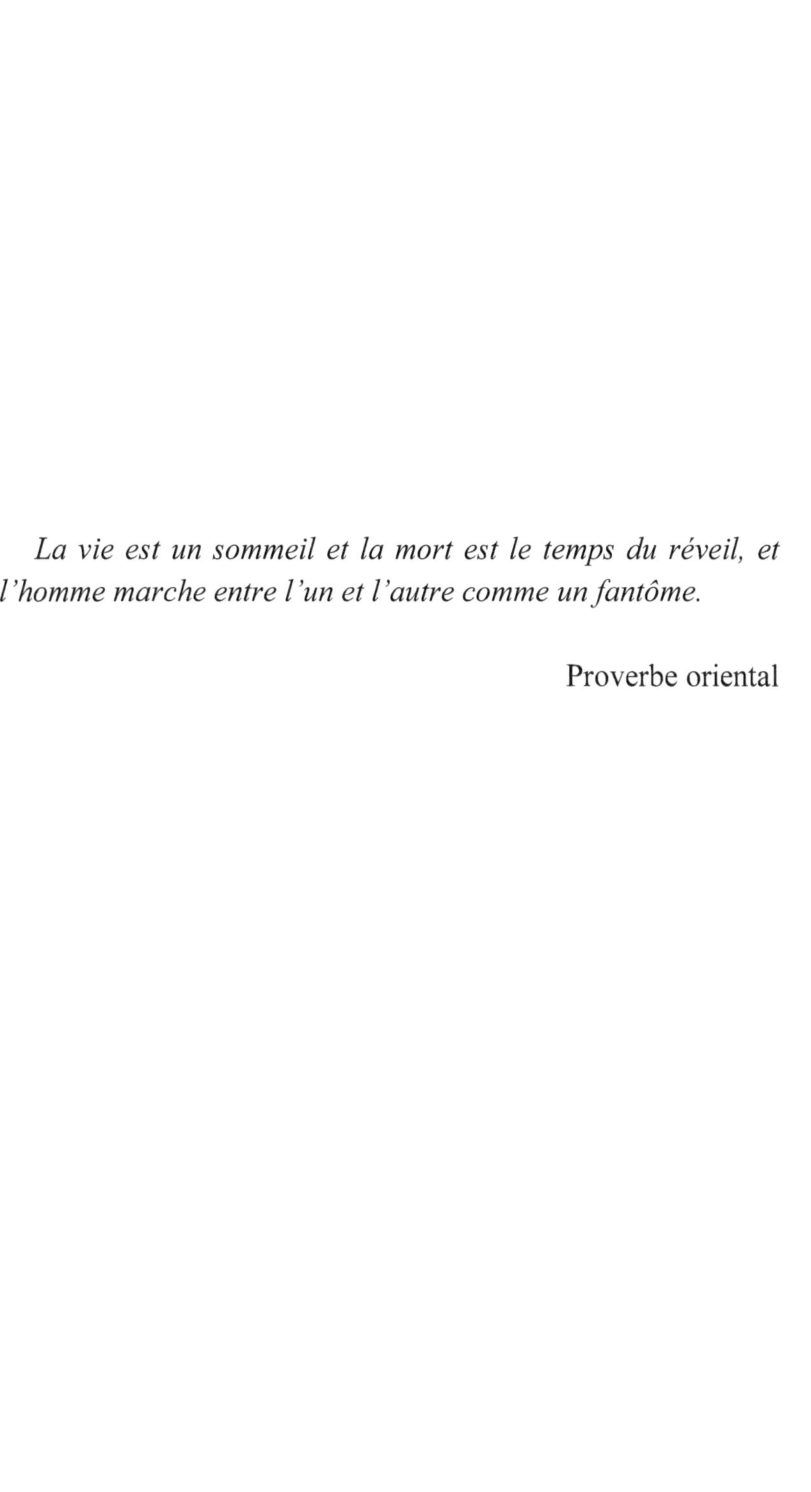

La vie est un sommeil et la mort est le temps du réveil, et l'homme marche entre l'un et l'autre comme un fantôme.

Proverbe oriental

Chapitre 1

On se gèle ici. Vivement que ce soit fini et que je rentre chez moi… Sandrine, tendue sur la table d'opération, voyait le personnel hospitalier s'affairer autour d'elle, tranquillement, sans se préoccuper d'elle. Elle eut l'impression d'être un gros steak sur un plan de travail que les cuisiniers allaient découper, émincer, hacher pour le plaisir gustatif de clients avides.

Un homme rentra brusquement, en blouse, avec son masque, et alla directement vers la future sacrifiée. Sandrine sentit le courant d'air de son arrivée la faire frissonner encore plus.

— Bonjour Madame Marino, comment allez-vous ?

Sandrine pouvait percevoir son sourire sous le masque. Elle reconnut Frédéric Puget, l'anesthésiste qu'elle avait rencontré peu de temps avant l'opération. Penché au-dessus d'elle, Sandrine focalisa sur les yeux noirs de l'homme en blouse, enfoncés et bordés d'épais sourcils. Son regard de nuit la fit se sentir encore plus vulnérable. Elle n'eut pas le temps de répondre que l'homme poursuivit.

— Madame Marino, on va bientôt commencer, je vais vous injecter une petite dose de produit qui va vous endormir juste le temps qu'il faut.

— Vous me faites revenir, hein ? J'ai un fils qui a besoin de moi.

Sandrine fut surprise d'avoir dit ça, elle trouva ses paroles particulièrement ridicules.

— Mais bien sûr que vous allez vous réveiller tout à l'heure, enfin, ce n'est qu'une petite intervention de rien du tout, une énucléation de votre kyste apical. Même s'il est particulièrement bien infecté, il n'y a aucune appréhension à avoir, je vous assure ! Pensez à quelque chose d'agréable, maintenant que je vous injecte le produit.

Quelque chose d'agréable ? Un Mojito, c'est possible ? se dit Sandrine prête à sourire. Un massage par un bel homme baraqué… Des profiteroles…

Puis, les ténèbres prirent place. Toute la place. Sandrine cessa de sentir les picotements dans ses membres et s'enfonça lourdement dans un trou noir.

Des sons revinrent vaguement à elle ensuite. Des voix aiguës, tendues, qui vibraient de stress. « Faites-la revenir ! », « Elle ne réagit pas ! », « Bon sang, appelez-moi le chef… »

Sandrine sentait qu'elle devait ouvrir les yeux, vite, il y avait un problème. Elle n'y parvenait pas. Ses paupières étaient scellées dans du béton. Elle s'invectiva.

Tristan, mon fils. Pense à Tristan, tu dois ouvrir les yeux pour lui ! Comment il ferait sans toi ? Allez !

Tout en étant concentrée sur l'intense effort pour ouvrir ses yeux, Sandrine sentit comme un timide souffle qui lui donnait l'impression d'être entièrement soulevée de son lit. Elle devenait légère. Comme elle eut la sensation de flotter, sa vision revint, sans qu'elle ait eu l'impression d'avoir réussi à ouvrir les yeux.

Elle se vit.

Et là, elle comprit.

Non ! Pas ça ! Ils m'avaient promis que ce ne serait rien ! Connard d'anesthésiste, il m'avait promis ! Et Tristan ? Et Stéphane ?

Alors qu'elle était partie résolument dans la colère, la révolte et le chagrin, Sandrine ressentit qu'en elle-même, elle ne trouvait plus ces sentiments. Sa conscience appelait la violence, mais rien ne répondait. Elle se sentait de plus en plus vide, même apaisée. Elle réalisa alors que c'était ça, quitter la vie ; ne plus rien ressentir. Et pourtant, elle voyait, elle pensait, elle raisonnait…

C'est quoi ce bordel ? Mais moi, je veux être furieuse ! Je veux pouvoir lui mettre mon poing dans sa gueule d'anesthésiste incompétent ! Je veux hurler !

Sandrine se rapprocha de Frédéric Puget, affairé sur son corps. Elle ne sut dire si elle avait marché vers lui, en empruntant ses jambes, ou si elle avait flotté. Toujours est-il qu'elle tenta de lui coller une sacrée beigne au niveau du visage. Mais rien. Son poing ne faisait pas contact. Concentré sur l'urgence vitale, Frédéric Puget pencha sa joue pour la frotter contre son épaule, comme si une mouche l'avait légèrement chatouillé. Rien de plus.

Sandrine, vidée et impuissante, resta là, à regarder aux premières loges le spectacle lamentable de sa fin.

« Heure du décès, 10 h 15 », « Je vais prévenir le mari », « Il est dans la salle d'attente »… Des bribes de phrases, le vide progressif de la salle d'opération, la lumière qui s'éteint, le néant qui devient sa vie ; la mort qui empêche désormais toute interaction avec les gens qui continuent à vivre sous ses yeux. Le silence.

Il faut que je voie Steph, il va s'effondrer, se dit-elle. Sandrine, abasourdie, ne parvenait pas à invoquer l'énergie nécessaire pour se déplacer vers la salle d'attente. Ce fut un trajet en pointillé, où elle ne perçut que quelques images de couloirs, de gens croisés, de bruits flous, sans savoir vraiment de quelle manière elle avançait. En elle, ce n'était plus une caméra qui filmait tous les détails de la réalité et de la vie, mais quelques photos qui en rendaient une image partielle et déformée. Ces différences de perception de la réalité l'accablaient et lui donnaient une impression de tournis et de nausée, comme si quelqu'un devenait du jour au lendemain malvoyant et devait se déplacer tout de suite, dans le noir, sans avoir le temps de s'y faire.

Elle arriva quasi trop tard ; elle put juste apercevoir Stéphane de dos, voûté, secoué de sanglots, en train de partir de l'hôpital.

Tristan… Il faut que je le voie, que je sois là, se dit Sandrine. Je sais pas si c'est bien normal que je sois encore ici, dans ce monde, mais si on m'a oubliée, avant de partir je ne sais où, je veux revoir ma maison, ma famille.

Sandrine se demanda comment retourner chez elle. Elle se posa et se concentra. Elle tenta de se remémorer le chemin pour y parvenir et les pièces de sa maison. Consciente de la diminution progressive de ses facultés humaines, elle essaya de se projeter mentalement.

Elle vit quelques images d'extérieur, des rues dans l'obscurité. Puis, sans trop savoir comment, elle se retrouva dans l'entrée de sa maison. Ce devait être la nuit, tout était sombre et calme. Elle s'éleva à l'étage et perçut des bruits sourds. À l'entrée de la chambre de Tristan, elle les vit tous les deux, dans les bras l'un de l'autre, en pleurs, le père et le fils.

— C'est pas possible, papa, c'est pas possible…

— Ils ont dit qu'elle avait fait une réaction au produit de l'anesthésie… Son cœur s'est arrêté… Je suis désolé mon fils… On va s'en sortir…

Sandrine se rapprocha d'eux comme si elle s'intégrait à leur câlin, mais ils n'eurent pas de réaction. Elle eut un élan vers son fils qui sanglotait. Tristan, alors se redressa brusquement, reprit sa respiration comme s'il s'était étouffé et les yeux écarquillés, resta figé, ne pleurant plus.

— Qu'est-ce qu'il y a, fils ?

— Elle est là, elle vient de passer en moi… Pour me calmer. Je l'ai sentie…

— Maman ?

— Oui, elle est ici, avec nous, j'en suis sûr.

Le père et son fils, de même taille, se redressèrent et regardèrent autour d'eux, faisant silence, comme s'ils attendaient de percevoir un bruit, quelque chose qui leur prouverait la présence de Sandrine.

Oui, mes chéris, je suis là, je vous aime tellement. Qu'est-ce que je peux faire ? Je ne peux même pas vous toucher, vous prendre dans mes bras… regretta Sandrine.

Elle recula vers la fenêtre, tentant de faire sentir mentalement à ses hommes la force de son amour.

— Viens, Tristan, on va se boire un truc.

— OK…

Sandrine se demanda si Steph voulait détourner l'attention de Tristan sur autre chose et lui éviter de rentrer dans un délire morbide, ou s'il avait tout simplement la trouille de penser que les morts puissent être là, à les côtoyer, à leurs côtés. Ils ouvrirent la porte et sortirent, laissant le chien rentrer dans la pièce. Ils ne virent pas que l'animal se mit à remuer la queue, le museau tendu vers la fenêtre.

Sandrine essaya de se rappeler dans sa chair le chagrin, la frustration qu'elle pensait ressentir à la vue de ses hommes en peine, sans pouvoir faire quoi que ce fut. Elle tentait de faire remonter cette douleur en elle pour être en accord avec la peine dont elle avait conscience, dans sa tête. Mais les sentiments devenaient tellement fuyants… Son univers se réduisait à sa conscience, à ce qu'elle pouvait penser, c'était tout.

Sandrine réfléchit. Je ne suis que la moitié de moi-même ; la partie pensante. L'autre partie, sensible, s'évapore. J'essaye de résister, mais je vois bien que ces efforts sont vains… En même temps, je suis morte… C'est peut-être pas si mal d'être au moins une moitié de moi… Peut-être que c'est mieux de ne plus se retrouver en prise aux émotions fortes ! Pourtant… Je suis face à un drame, mon drame ! Et je n'arrive pas à en souffrir comme il faudrait. Comme s'il s'agissait de quelqu'un d'autre…

En d'autres temps, elle se serait qualifiée d'égoïste, de lâche et de cruelle lorsqu'elle s'éloigna de ces pièces empreintes de larmes de deuil, mais à ce moment-là, elle agissait de la manière adéquate, tout simplement. Les morts ne s'occupent plus des souffrances des vivants, voilà tout. Elle eut besoin d'air frais. Elle se retrouva sur le toit de sa maison, côté mer. Son regard s'étira vers l'horizon sombre. La lune éclairait la Méditerranée d'une douce lumière blanche. Tout respirait la tranquillité, comme en elle-même. Pour la première fois depuis sa mort, elle se sentit bien. Pas de stress, de douleur, d'inquiétude, ni de peur du lendemain. Si on lui avait dit qu'elle devrait rester là, à errer jusqu'à la fin des temps, elle aurait souri. Son âme en paix, sa conscience embrassait toute la quiétude du paysage. Elle eut l'impression de s'asseoir, comme pour méditer face à une vue apaisante, mais la réflexion ne venait pas. Elle était juste là, faisant partie du tout ; une petite particule intégrée à une immense composition cosmique.

Un long moment passa quand soudain, un bruit dans son dos la força à se retourner. Il lui sembla voir une ombre vers le haut du conduit de cheminée, à l'autre bout du toit. Elle se redressa et s'avança. Elle n'avait pas peur. Elle ne savait plus avoir peur, de toute façon.

— Qu'est-ce que c'est ? Il y a quelqu'un ?

La masse noire bougea. Sandrine se dit qu'il s'agissait probablement d'un oiseau qui venait de descendre de l'antenne télé. Elle se rapprocha.

— Excusez-moi, je ne voulais pas vous déranger…

Et l'ombre se dégagea de l'obscurité pour apparaître face à Sandrine, dans l'éclairage délicat de la lune. La jeune morte fut saisie. Elle vit son visage, avant tout autre chose. L'éclairage y faisant, ses traits étaient d'une grande douceur ; il avait de grands yeux sombres expressifs et tendres. Une courte barbe en pointe soignée terminait l'ovale de son visage. Les mèches de ses cheveux noirs tombaient jusqu'à ses épaules carrées. Il était grand. Il portait un costume sombre dont la chemise blanche contrastait. Sandrine eut l'impression de voir un personnage échappé d'un tableau romantique du XVIIIe siècle. Elle sut tout de suite qu'en face d'elle, elle avait un mort, comme elle. Une sorte de halo pâle entourait d'ailleurs toute sa silhouette. Le côté surnaturel de cette apparition la laissa interdite quelques secondes.

— Qui, qui êtes-vous ? Et… Que faites-vous sur le toit de ma maison ?

— Je m'appelle Cédric Lambert. Je viens souvent ici.

Sa voix était grave, à peine audible.

Sandrine se ressaisit. Morte depuis quelques heures à peine, on pouvait bien lui foutre un peu la paix quand même…

— C'est chez moi, ici. Je veux être seule. Partez.

Elle vit un éclair de tristesse dans ses yeux puis l'homme baissa un peu la tête, se retourna lentement et s'éloigna.

Je peux quand même m'occuper de mon propre deuil en paix, non ? se dit-elle. Si tous les fantômes du coin viennent me taper la discute, je ne m'en sortirai pas…

Allez, Sandrine, concentre-toi. Tu es morte. OK. Qu'est-ce qui doit se passer ensuite ? Je pars ailleurs ? Je rencontre Dieu, s'il y en a un ? Je reste là ? Suis-je censée accomplir quelque chose ? Servir à quelque chose ? Pfff… On dirait que je réfléchis à mon orientation post-bac… Que faire après ? Une fac de fantômes anges gardiens, un BTS de revenants qui hantent les vivants, une école de zombies ?

Peut-être que je n'aurais pas dû virer le Cédric en question, il aurait pu m'éclairer…

Sandrine se rassit face à la mer et utilisa le restant de la nuit pour tenter de mettre de l'ordre dans ses idées et se donner une ligne de conduite à tenir. Aux premières lueurs de l'aube, elle se dit finalement que tant qu'elle resterait là, elle tenterait d'être présente pour sa famille et de les aider comme elle pourrait. Il ne pouvait en être autrement ; elle se sentait trop liée à cet endroit.

Le soleil commençait à chauffer quand Sandrine ressentit le désir de s'éloigner. Au bord du toit, elle se projeta mentalement dans sa cuisine, comme s'il lui appartenait encore de préparer le petit-déjeuner à Tristan et à Stéphane.

Elle y vit Stéphane, avec les traits tirés, les yeux rouges, déjà habillé, prêt à partir. Tristan, dans le même état, rentra dans la pièce et s'assit face à son bol de céréales, sans dire un mot.

— T'es sûr que tu ne veux pas que je vienne, papa ?

— Non, pour choisir un cercueil, je peux m'en charger tout seul. D'autant que je ne suis pas seul, je t'ai dit que mon frère passait me prendre et on y allait ensemble. Repose-toi, il y a ta tante et ton cousin qui vont venir ce matin. Ils resteront toute la journée, jusqu'à ce que je rentre.

Stéphane sortit de la pièce en faisant mine de regarder son téléphone portable. Arrivé dans sa chambre, il laissa exploser son chagrin qu'il contenait devant Tristan. Il sanglotait sans sentir de larmes couler ; celles-ci étaient taries. Le visage face au mur, il criait sans voix, ses poings se fermaient et il se mit à se taper la tête contre le mur. Il voulait une douleur physique, car celle à laquelle il était en proie à l'intérieur était insupportable.

Sandrine se rapprocha de Tristan. Elle lui caressa la joue, même si elle avait l'impression de le sentir, elle savait que son fils, lui, ne percevrait pas son geste. Elle lui chuchota en même temps les petits surnoms de l'enfance de Tristan et des petits mots tendres, pleins d'amour. Tristan interrompit son petit-déjeuner, releva la tête, tourna ses yeux vers le plan de travail où il avait l'habitude de voir sa mère préparer les repas chaque jour. Des larmes coulèrent de ses yeux rougis. Sandrine posa sa main sur la sienne et chercha de toutes ses forces à rentrer en contact. Contact avec sa peau, contact avec son esprit. Toutes ses fibres de mère criaient l'absence. S'éloigner de son fils alors qu'il avait plus que jamais besoin d'elle relevait de la torture, même si elle se sentait débarrassée de tout sentiment. Il y avait des moments, intenses, où cela revenait. Elle parvint, à ce moment précis, à donner corps à la peine, dans son esprit. La douleur n'était plus une notion abstraite, Sandrine se rendit compte qu'elle pouvait encore convoquer en son âme des émotions. Elle se concentra sur l'amour, du plus fort qu'elle put. Tristan cessa de pleurer d'un coup et recouvrit avec son autre main celle que tenait déjà sa mère ; Sandrine eut l'impression qu'il posait sa main sur la sienne, qu'il l'avait sentie, encore une fois. Elle se sentit encouragée et eut l'impression que cela confirmait sa décision de rester à la maison pour les aider. Elle pouvait manifester sa présence, elle en était sûre désormais. Peut-être lui fallait-il un peu d'entraînement ?

Sandrine redevint attentive à son environnement et réalisa que le temps avait passé. Ce n'était plus le matin. On pouvait voir le soleil se coucher à l'horizon. Peut-être pourrait-elle voir dans le salon la famille censée venir dans la journée ? Elle s'y rendit et fut un peu surprise. Stéphane et Tristan, sur le canapé, jouaient à la console, en s'envoyant des vannes et en souriant, comme ils avaient l'habitude de le faire depuis de nombreuses années. Cette scène ne parut pas coller avec le déroulement de la journée à laquelle avait commencé à assister

Sandrine. Celle-ci observa plus attentivement autour d'elle et se rendit compte de légers changements comme une pile de journaux et magazines publicitaires accumulés depuis un certain temps, posés sur un coin de table. Sandrine les jetait quotidiennement, au fur et à mesure du vide qu'elle faisait de la boîte aux lettres. Des vestes qui traînaient sur le dos des chaises du salon. Ça, c'était à prévoir, le bazar des affaires laissées en plan… En se rapprochant du petit meuble où était posé le téléphone fixe, elle tomba sur une belle carte blanche, ornée d'une gerbe d'arums blancs à reflets jaunes, en transparence. Elle put y lire : « *Après le chagrin causé par la perte de Sandrine, votre affection et votre soutien ont été d'un grand réconfort dans ces moments difficiles. Savoir que nous pouvons compter sur de véritables amis nous a beaucoup aidés à surmonter cette épreuve douloureuse. Du plus profond de notre cœur, Tristan et Stéphane, vous remercions.* »

Une carte de remerciement ? J'ai raté un épisode, c'est pas possible ! Non, je ne peux pas avoir manqué mon enterrement ! Je voulais rester auprès d'eux pour les aider à traverser cette épreuve ! Mais quelle abrutie ! Même pas foutue d'être présente au moment le plus important… Mais, comment ça se fait ? Il y a deux minutes, c'était le matin du lendemain de ma mort…

Elle releva la tête, car Stéphane demanda à Tristan d'éteindre la console ; c'était l'heure de passer à table. Elle les regarda faire et, dès qu'ils se mirent à déguster leurs horribles burgers, tout droit sortis de ces empoisonneurs de fast-food, Stéphane actionna la télécommande de la télé pour afficher le journal des informations de 20 heures. Sandrine put lire la date sur l'écran : on était le samedi 21 janvier. Elle s'était fait opérer de son kyste de la gencive le jeudi 12 janvier ; date de sa mort. Il s'était donc passé douze jours ! Comment était-ce possible ? Comment expliquer qu'elle n'avait eu aucune conscience de tout ce temps qui s'était déroulé à son insu ? Elle fut obligée d'admettre que la notion de temps n'était décidément plus la même chez les revenants… La mère et l'épouse que Sandrine était purent capter, l'espace fugace d'une seconde, la frustration et la déception d'avoir raté cette semaine auprès de ses amours. Ces sentiments qui auraient dû la ravager de son vivant disparurent quasi instantanément. De nouveau ce calme intérieur… Mais le cerveau, lui, s'activait.

J'étais là pour les aider… Si je n'ai même pas été présente pour les soutenir au moment de mes funérailles, mais, bon sang, pourquoi suis-je encore là ? Mais qu'est-ce que je fous là, en fait ?

Elle eut besoin de respirer. Instantanément sur le toit de sa demeure, elle reprit sa pose de la veille, ou presque, son regard orienté vers la mer dont les vaguelettes à peine perceptibles scintillaient encore grâce aux derniers rayons lumineux qui venaient mourir sur l'horizon tranquille. Cette sérénité environnante lui faisait du bien. Elle aurait peut-être dû avoir froid, on était au mois de janvier. Mais, aucune sensation tactile, bien sûr.

Tiens, c'est vrai, pas de chaud, pas de froid, plus de frisson… Plutôt pratique. Pas de faim, pas de soif non plus…

C'était une bonne partie de sa vie qui s'en allait. Adieu l'épicurisme…

— Sandrine ?

Elle se retourna brusquement. Elle vit Cédric Lambert s'approcher, tel qu'il lui était apparu l'autre nuit, en douceur, sans bruit.

Décidément, son arrivée fantomatique l'impressionnait, mais en même temps, elle n'imaginait aucune sorte de danger venant de sa part, au contraire, même.

— Comment connaissez-vous mon prénom ?

— Je connais beaucoup de choses sur vous.

Il sourit. Il y avait tellement de douceur qui émanait de son pâle visage et de sa voix. Aussi, ce qu'il venait de dire n'inquiéta pas Sandrine. Elle fut plutôt intriguée.

— J'aimerais vous poser plein de questions.

— Je sais, je suis là pour ça… Je suis là pour toi.

Sandrine le fixa sans comprendre. Passer au tutoiement en deux phrases à peine, ça lui paraissait relativement inapproprié.

C'est un plan drague, ou quoi ?

— Depuis quand êtes-vous… commença à demander Sandrine, sans pouvoir terminer.

Le mot était encore tabou.

— Mort ? termina Cédric, en souriant.

— Oui…

Sandrine eut un petit sourire contrit, baissa un peu les yeux, ayant l'attitude de quelqu'un qui avait dit quelque chose d'un peu idiot.

— Je suis mort le 28 mars 1865.

— 1865 ? Mais… Mais ça fait plus de cent cinquante ans que vous êtes là ?

— Cent cinquante-cinq ans, oui.

— Mais alors, personne ne part ailleurs ? On reste tous ici après notre mort ? Pourquoi ? C'est trop long, pourquoi ?

— Non, il n'y a que quelques entités qui restent coincées ici.

— Savez-vous pourquoi vous êtes là ?

— Ça fait cent cinquante-cinq ans que je me pose plus ou moins la question.

— C'est possible qu'il n'y ait aucune raison ? Je ne peux pas y croire. Ou plutôt, je ne veux pas y croire. Cette errance interminable doit être insupportable. Si je me retrouvais dans votre cas, je verrais vieillir et mourir mon fils, mon mari, mes proches, sans pouvoir peut-être les retrouver, partir avec eux… Non ! Pourquoi ? Est-ce une punition ?

— Je ne pense pas que notre présence soit le fruit d'une vengeance divine, non. Peut-être doit-on trouver la raison de notre présence ici. Ou attendre l'explication qui pourrait venir d'elle-même, sans qu'on l'ait anticipée. Mais le fait d'être là ne doit pas t'effrayer. Tu parles d'une attente interminable, insupportable, mais tu as dû te rendre compte que le temps ne correspond plus à l'idée que l'on s'en faisait de notre vivant. Tu sais, il m'est arrivé de flotter, rêvasser un moment et il s'était écoulé dix années…

— Et, vous n'avez toujours pas trouvé la raison de votre présence depuis ?

— J'ai quelques idées… Mais je laisse aussi dérouler les choses, telles qu'elles doivent se passer. Peut-être que je comprendrai un jour pourquoi j'ai attendu ici aussi longtemps. Et toi ? Sais-tu ce qui te retient dans ce monde ?

— Je pensais devoir soutenir ma famille après mon décès… Mais j'ai tout raté ; les premières nuits de mon fils et de mon mari alors qu'ils étaient tristes et seuls, mon enterrement, les jours difficiles qui ont suivi… Tout. Je suis minable… Un fantôme minable, en dessous de tout…

Cédric se rapprocha d'elle, lui sourit et lui posa la main sur sa joue.

Je sens sa main ! Je sens un vrai contact, réconfortant d'ailleurs, se dit Sandrine, surprise et un peu gênée.

— Tu n'es pas minable, tu es juste en prise avec une nouvelle manière d'exister. Tu ne maîtrises ni le temps ni l'espace. Mais ça ne doit pas t'inquiéter. Je t'aiderai. Et pour commencer, tu dois me tutoyer, on est bien plus proche que tu l'imagines. Je t'expliquerai ça plus tard. Penses-tu à une action importante entamée, non terminée, dans ta vie ? As-tu caché une chose qui doit être révélée ? Ça pourrait t'aiguiller. Tu sais peut-être déjà ce qui te retient ici.

Sandrine eut alors un flash dès qu'elle entendit « chose cachée qui doit être révélée ». Elle pensa effectivement à quelque chose. À un endroit, qui contenait deux choses importantes. Un endroit connu que d'elle.

— Oui ! Je n'y pensais plus. Il y a un petit coffre à chapeaux dans mon armoire. Il y a un double fond. J'ai caché deux choses. Une pochette dans laquelle j'ai mis un euro par jour depuis la naissance de Tristan. Tristan, c'est mon fils.

— Je sais.

— J'ai constitué ce petit pécule pour pouvoir le lui donner le jour de ses 18 ans. C'est évidemment à part de ce qu'il a sur son compte bancaire. C'est juste une cagnotte surprise que j'ai économisée toute seule ; même mon mari n'est pas au courant. Ça devait être la surprise. Il doit presque y avoir 6500 euros. Avec son père, nous devions d'ailleurs commencer à préparer la fête de son anniversaire et de sa majorité en avril prochain…

Sandrine baissa la tête. Encore un évènement heureux qui serait gâché…

— Tu as parlé de deux choses. Y a-t-il un autre trésor caché ?

— Oui. En plus de cette pochette pleine d'argent, il y a mon manuscrit.

— Ah oui, l'autobiographie que tu écrivais depuis quelques années. Je t'ai vue l'écrire, parfois.

Il est rentré chez moi ? Il m'a observée ? Et qui d'autre ? s'interrogea Sandrine mal à l'aise.

— Je l'ai terminée pendant les vacances de Noël. Je m'apprêtais à l'envoyer à des éditeurs ; le temps de récolter les noms, les adresses… Je voudrais que Tristan et Stéphane le lisent. Peu importe maintenant que cela soit publié. L'important désormais, c'est qu'il y ait une trace de la personne que j'étais. Stéphane me connaît par cœur, mais Tristan… Il y a tellement de choses qu'il ignore sur moi, tellement d'évènements que j'aimerais lui raconter pour lui expliquer certains de mes choix ou certains traits de mon caractère. C'est à travers ce manuscrit que je voudrais que Tristan découvre sa mère pour mieux lui dire adieu ensuite…

— Oui, on va accomplir cette tâche, c'est important.

— Comment ? Personne ne connaît ma planque…

— J'ai une idée. Je vais t'aider. Je suis content que tu saches ce qu'il te reste à faire. Mais je dois te prévenir ; il se peut qu'il y ait autre chose, une autre raison.

— Comment ça ?

— Si nous parvenons à amener Tristan ou Stéphane vers ce coffre et qu'ils trouvent tes deux « cadeaux surprises », il n'est pas impossible que tu sois encore coincée dans cette dimension, après. Je préfère t'avertir afin que tu ne sois pas décontenancée ou déprimée.

Sandrine acquiesça en lui adressant un petit sourire. Elle ne se sentait plus seule, face à ses incompréhensions, ses interrogations et ses facultés réduites de fantôme. La présence de Cédric la réconfortait et lui redonnait un regain d'espoir et d'énergie. Elle envisageait désormais des lendemains de fantôme, avec lui à ses côtés en cas de besoin.

J'ai un ami fantôme… c'est bien, conclut-elle.

Chapitre 2

Le temps se dilatait durant cette nuit-là. Autant une poignée de secondes pouvait correspondre à des semaines chez les vivants, autant cette nuit pouvait correspondre à des jours entiers pour Sandrine. Et c'était bien. Réconfortée par la présence de Cédric, elle apprenait à le découvrir. Elle était touchée de voir son implication dans les problèmes qu'elle avait à résoudre après sa mort. Elle ne savait rien de lui, mais elle était sûre qu'il allait se révéler bientôt, il le lui avait dit. En attendant, elle bénéficiait avec reconnaissance de son aide précieuse. Il s'effaçait pour l'instant, de manière à privilégier ce qui correspondait maintenant à leur mission à tous les deux ; amener Stéphane ou Tristan à découvrir l'intérieur du coffre.

Sandrine l'observa quelques secondes, à la dérobée. En plus d'être particulièrement gentleman, il avait vraiment tout ce à quoi elle avait toujours été sensible : grand, de la prestance, la voix grave et les cheveux longs, un côté mi-rebelle, mi-romantique. Et surtout, cette douceur dans le visage, dans ses regards, dans son attitude. Elle percevait l'homme qui avait souffert.

— Alors, est-ce qu'on peut concrètement toucher des objets ou des gens ? demanda-t-elle.

— Ah, ma Sandrine, ça fait plus de cent cinquante ans que je le tente, sans vraiment y parvenir. Tu ne pourras pas sortir le coffre, l'ouvrir ou déplacer des objets pour mettre ta famille sur la voie. Tu ne réussiras jamais à déplacer un objet, en tout cas, je n'y suis jamais parvenu. Par contre les gens, c'est autre chose. Juste après ma mort, j'ai réussi à influencer des personnes, j'ai eu l'impression d'avoir eu un contact physique avec elles. Puis, très vite, cette faculté s'estompe. Ce sens tactile est visiblement le plus long à disparaître pour les gens dans notre état. Toucher la peau de quelqu'un est possible, car on s'adresse à une personne sensible, vivante, on s'adresse à une âme. Si elle est assez à l'écoute, elle peut ressentir notre présence, notre appel. Mais, par expérience, plus le temps passe, plus cette connexion entre mort et vivant est difficile tout simplement parce qu'il faut convoquer un fort sentiment en soi, pour le transmettre à l'autre. C'est comme une grosse boule d'énergie que tu dois être capable de faire passer à l'autre. Et tu sais déjà combien la force de nos sentiments s'amenuise peu à peu. C'est pour cela qu'il faut accomplir cette mission au plus vite, avant que tu n'aies plus assez de force pour le faire.

— Alors, c'est à moi seule qu'il revient de les contacter ?

— Oui, je ne peux pas être aussi efficace que toi. Tu vas utiliser tout l'amour que tu leur portes pour les guider.

— Dois-je les prendre par la main pour les amener jusqu'au coffre ?

— Non, l'effort serait énorme.

— Alors, comment leur donner l'idée d'aller fouiller dans mon armoire ?

— C'est le moyen dont je voulais surtout te parler. Tu peux influencer leurs rêves, pendant la nuit. Je me suis rendu compte que lorsque les gens dorment, il y a une sorte de lâcher-prise. Leur esprit est plus libre, moins entravé par des normes sociales, des interdits ou des obligations morales. Ils sont plus réceptifs à notre manifestation. Une nuit, il y a longtemps, j'ai assisté à l'étouffement d'un bébé dans son lit, alors que ses parents dormaient dans la pièce à côté. Il venait de régurgiter un peu de lait qui ne s'était pas bien écoulé et il commençait à ne plus pouvoir respirer. J'ai convoqué des images violentes d'étouffement dans ma tête et j'ai tenté de projeter tout cela vers les deux parents endormis. Le père s'est réveillé d'un bond, et, comme s'il avait compris le message, s'est précipité dans la chambre du bébé et l'a sauvé in extremis. Je l'ai entendu dire ensuite à sa femme qu'il avait rêvé qu'on lui maintenait la tête sous l'eau et qu'il était en train de mourir étouffé. C'est une des images que j'avais tenté de faire passer.

— C'est drôle, c'est ce qui m'est arrivé alors que je n'avais que quelques mois, et mon père est intervenu à temps.

Cédric sourit et c'est lors de son sourire que Sandrine osa soudain faire le lien.

— On parle du même bébé ? C'est toi qui as fait en sorte de réveiller mon père pour qu'il me sauve la vie ?

— Oui.

Incroyable ! D'abord un ami, puis mon sauveur. Depuis combien de temps veille-t-il sur notre maison ? Mais qui est-il ? se demandait Sandrine.

— Je sais que tu te poses maintenant des questions sur moi. Je te raconterai tout, mais pas maintenant. On a une urgence à traiter, d'une autre sorte. Dis-moi si tu as remarqué qui, de ton mari ou ton fils, semble être le plus réceptif à ta présence.

— Tristan. Dès le premier soir, il a senti ma présence et mon élan pour le réconforter. Et j'ai ensuite eu l'impression qu'il percevait ma main sur la sienne.

— Alors c'est à lui que tu dois t'adresser pendant son sommeil.

— Est-ce que je dois lui parler ? Est-ce que je dois chercher à lui envoyer les images du coffre ?

— Les deux. Tu dois jouer sur les mots et les images, et lui envoyer tout ça plusieurs fois, à la suite. Visualise mentalement ton message, le plus clairement possible et fais-lui passer tout ça en insistant, en répétant l'opération plusieurs fois.

— Et bien ? je n'ai qu'à le faire toute la nuit, tant qu'il dort.

— Tu ne pourras pas tenir aussi longtemps. Cette démarche va te prendre beaucoup d'énergie.

— Tu peux venir et rester près de moi ?

— Si ma présence te rassure, oui, bien sûr, je serai à tes côtés.

— On y va ?

Cédric lui prit la main et ils se retrouvèrent dans la chambre de Tristan endormi. Sandrine se rapprocha pour l'admirer. Elle remarqua un magazine de musique posé sur sa table de chevet. La date indiquait le 24 janvier ; il s'était passé trois jours depuis que les deux fantômes avaient commencé leur discussion.

Elle admira son fils. Il avait l'air détendu, il dormait profondément. Elle eut envie de glisser ses doigts dans les boucles de ses cheveux châtains en désordre sur le haut de sa tête. Il paraissait un homme maintenant. Et pourtant, elle voyait encore l'enfant qu'il avait été ; affectueux, calme, gentil, sensible. Elle s'attendait presque à ce qu'il ouvre ses grands yeux verts et lui sourit au réveil en lui tendant les bras pour le rituel du câlin matinal. Combien de fois elle avait expédié ce câlin parce qu'elle était en retard pour partir au collège pour huit heures. Lui, imperturbable, souriant, continuait de jouer l'arapède, par amour autant que par envie de l'exaspérer…

C'est lorsqu'on perd les choses qu'elles nous apparaissent si précieuses… se dit-elle, amère.

Sandrine jeta un regard vers Cédric, en retrait, qui l'encouragea d'un signe de tête. Elle ferma les yeux et se concentra. Elle choisit une série d'images qui se déroulaient comme avec une caméra, comme si l'on filmait la sortie du lit de Tristan, qu'on rejoignait la chambre parentale, qu'on allait jusqu'à l'armoire ouverte, qu'on s'y penchait pour découvrir le coffre à chapeaux ouvert, vide et qu'on zoomait jusqu'à trouver une toute petite ficelle qui permettait l'ouverture du double fond. Pendant cette suite d'images, Sandrine martelait une seule phrase : « Trouve le coffre, trouve le coffre ». Elle eut l'impression que ce message était assez concis pour être efficace. Elle se concentra très fort et commença le film dans sa tête en répétant sa phrase, de manière lancinante. Les premières fois qu'elle fit dérouler le film, elle n'eut pas l'impression que le message était fort ; elle n'était pas convaincue de sa propre efficience. Ça tournait un peu dans le vide. Elle grimaça, et, au moment où elle était prête à s'interrompre pour renoncer, elle sentit la main de Cédric sur son épaule. Son trouble fut le détonateur. Le film gagna en intensité dans sa tête ; les images devenaient de plus en plus vives, de plus en plus rapides, avec un « Trouve le coffre » de plus en plus vibrant et sonore. À tel point qu'elle n'eut plus besoin de fermer les yeux pour faire perdurer sa concentration : le phénomène était enclenché, puissant, en roue libre, autonome comme s'il s'était détaché de la volonté seule de Sandrine. Cela permit à celle-ci de regarder Tristan et de se concentrer pour lui envoyer son message. Elle n'eut aucune idée de la durée de sa tentative. Toujours est-il qu'à un moment, tout commença à se brouiller dans sa tête. Elle eut l'impression de tomber assise sur le lit de Tristan, épuisée. Immédiatement, Cédric la soutint. Il s'assit lui aussi, contre elle.

— J'ai la tête qui va exploser…

— Repose-toi, je pense que ça a marché, regarde-le.

Sandrine tourna la tête vers Tristan qui devait rêver, car son visage était moins détendu et de légers mouvements le secouaient. Son visage se contractait un peu par moment. C'est la dernière image de la nuit dont Sandrine eut conscience. Même si le sommeil n'était pas à proprement parler effectif chez les fantômes, elle s'évapora on ne sait où pour récupérer.

Tristan se leva, trop tard, comme d'habitude. Il descendit prendre son petit-déjeuner et vit Stéphane, à la bourre lui aussi, en train d'expédier sa tasse de café.

— Tu peux me déposer au lycée ce matin ? Je crois que je ne serai pas dans les temps pour attraper le bus tout à l'heure…

— T'as veillé trop tard, hier soir ?

— Non, j'ai fait des rêves bizarres.

— Au moins, t'as réussi à dormir, toi…

— Tu devrais continuer tes somnifères, papa.

— Non, je veux pouvoir me passer de ces merdes.

Stéphane n'arrivait toujours pas à dormir depuis qu'il s'était retrouvé seul dans son grand lit vide. Il se sentait épuisé, mais les nerfs le tenaient étonnamment vif ; il devait assurer et s'occuper de toute la logistique de la maison.

— Bon, en attendant que tu sois prêt, je vais passer l'aspirateur.

Il s'éloigna, mais, revint, inquiet à propos des rêves de Tristan. On lui avait maintes fois répété dernièrement que s'il remarquait que Tristan avait des difficultés, il ne fallait pas attendre pour l'amener consulter un médecin, un psychologue scolaire par exemple. Des cauchemars pouvaient donner l'alerte.

— C'était quoi, tes rêves ?

— Je crois que j'ai rêvé du chien qui baladait dans la maison. Ou… En fait, je crois que j'étais le chien qui se baladait dans la maison…

Stéphane releva ses sourcils, perplexe ; était-ce le type de rêve révélateur de la détresse mentale et affective de son fils ?

— Et, une fois que t'as fait le tour du propriétaire, il s'est passé quoi d'autre ?

— Rien, je furetais dans ta chambre. Ah, et même dans le placard…

— Eh bien, si tu pouvais me dire où j'ai foutu ma chemise bleue, ça m'arrangerait. Tu l'as pas vue, dans le placard, pendant ton rêve ?

— Ben non, désolé.

Tristan sourit ; il repensa au placard sans chemise bleue, sans habit du tout d'ailleurs. Que du vide… La métaphore de l'absence, un placard vide ?

— Allez, bouge ! T'as dix minutes !

— OK, mais c'est moi qui conduis, je dois le faire régulièrement jusqu'à mes dix-huit ans, pour ne pas oublier, rappelle-toi ce qu'a dit le moniteur d'auto-école l'année dernière !

— OK, OK, mais grouille-toi !

Tristan s'activa et partit se préparer.

Sa journée de lycée fut barbante. Heureusement, le décès de sa mère lui prodiguait une certaine tranquillité ; les profs, prévenus, ne l'interrogeaient pas, ne contrôlaient pas son travail personnel. Les copains étaient particulièrement cool avec lui. Même les filles étaient plus prévenantes que d'habitude. Même Ophélie, la plus extravertie, la plus âgée puisqu'elle avait un an de retard, mais la plus jolie aussi. Elle n'avait pas particulièrement prêté cas à Tristan depuis le début de l'année, mais là, elle venait le voir, lui demandait comment ça allait, s'il avait besoin des cours qu'il avait manqués pendant son absence lors de l'enterrement… Elle était sûre d'elle, elle avait un style un peu gothique, volontiers provocateur. Ça plaisait à Tristan, cette confiance en soi dont il manquait singulièrement parfois. Les cheveux longs, très noirs, les yeux, très noirs, maquillés de noir, un joli corps élancé ; il s'imaginait la prendre par la taille et l'amener tout contre lui. Tristan voulait profiter de ce léger rapprochement pour nouer un lien plus solide. Ces jours-ci, Ophélie était un petit peu sa bougie quotidienne ; sa flamme l'attirait et l'aidait à se lever le matin. Le jeune homme tentait d'oublier sa peine, son deuil, ses soucis en focalisant sur Ophélie, promesse de bonheur retrouvé. Se raccrocher à cet amour naissant lui donnait l'impulsion d'aller de l'avant.

Mais les copains le charriaient déjà. Axel, l'éternel déconneur et tête en l'air, Baptiste, l'intellectuel généreux, Robin, le beau parleur populaire, sûr de ses atouts, doué au théâtre. Plaisanter sur Tristan et Ophélie permettait à la petite bande d'éviter d'avoir à parler de choses graves concernant leur ami endeuillé, et de gagner en légèreté. Ils étaient d'ailleurs convaincus que c'était très bon pour Tristan. Et c'était vrai que ça oxygénait ce dernier et que ça le détournait un peu de l'ambiance souvent lourde à la maison.

— Allez, Tristan, demande à Ophélie de passer chez toi pour t'amener des cours. Tu lui fais visiter ta chambre, insinua Baptiste, un sourire narquois aux lèvres.

— Oui, et tu l'assois sur ton lit, et tu la déshabilles au fur et à mesure qu'elle t'explique le devoir de maths, ricana Axel.

— C'est ça, oui… Pas étonnant que vous soyez encore célibataires, si ce sont vos méthodes de drague, marmonna Tristan, esquissant malgré lui un petit sourire.

— Allez, foutez-lui la paix. C'est le temps de l'amour, clama Robin, un bras en l'air, parodiant un acteur déclamant et surjouant son texte. Ils doivent s'aimer ! Ils doivent souffrir ! Vous avouerez, reprit-il plus sérieusement, qu'avec des prénoms pareils, vous devriez vivre quelque chose d'énorme, tous les deux. Tristan et Ophélie ! On dirait le titre d'une tragédie au théâtre…

— Ça ne présage pas une chouette relation, ton truc ! s'exclama Tristan.

— Fais gaffe qu'elle ne te bouffe pas et qu'elle ne te fasse pas marcher sur la tête, surtout. Vu son caractère… s'inquiéta Robin.

— C'est sûr, tu es comme elle, avec le même caractère. Tu sais de quoi tu parles, hein ? ironisa Baptiste.

— Oui, combien de nanas sont en dépression à cause de toi ? renchérit Axel, pointant un doigt accusateur vers son ami.

— Oh, vos gueules… répondit Robin, l'air faussement excédé.

— Allez, ça sonne, en avant pour le cours de physique, les gars, dit Baptiste.

— Je vais crever… gémit Axel.

Le soir, Tristan passa la porte de chez lui, son chien sur ses talons, qui était content de rentrer à l'abri après une journée dans le jardin. Après s'être débarrassé de ses baskets, il s'affala sur le canapé, devant la télé, avec un paquet de biscuits. Le jeune golden retriever, content de voir son jeune maître, fut encore plus content de voir les biscuits à portée de gueule.

— Wallee, tu baves, dégage !

Wallee mettait le paquet ; du miel lui coulait des yeux. Son regard aurait fait fondre n'importe quelle bonne âme normalement constituée.

— Allez, une seule galette. Et tu me fous la paix, d'accord ?

Tristan lui mit un biscuit sur le museau et leva le doigt pour signifier au chien qu'il devait attendre le signal pour manger la récompense. Un « Allez, mange ! » abrégea les souffrances du chien obéissant. Il dévora le biscuit et se remit instantanément en position de quémandeur, si rapidement que Tristan pourrait douter de lui avoir donné la moindre nourriture… Ils finirent évidemment le paquet de biscuits à deux et Tristan le prit, le posa contre lui, sur le canapé. C'était une habitude quasi quotidienne de finir la journée par un câlin avec son chien, sur le canapé, tous les deux allongés l'un contre l'autre. Tristan regardait les yeux noirs et doux de son chien se fermer peu à peu et sa gueule qui semblait sourire.

— Je t'aime, mon chien, tu sais, mais j'aimerais bien qu'un jour, ce soit Ophélie qui soit à ta place, quand même…

Wallee ignora superbement cette trahison affective. Mais, par amour pour Tristan peut-être, il remua faiblement la queue quelques secondes. Tristan sourit et promena ses doigts à travers les poils couleur sable du ventre du chien qui était au summum du bonheur.

C'est à ce moment que réapparut Sandrine. Elle fut attendrie de voir l'affection entre Tristan et son chien. Cédric la rejoignit en lui disant que le placard était resté intact. Le coffre à chapeaux renfermait toujours ses surprises. Les deux fantômes regardaient le duo à moitié endormi sur le canapé. À contempler Tristan, Sandrine y puisait de la force. Cédric, lui, admirait le jeune homme ; son visage, sa grande taille, son allure. Puis le regard de Cédric se porta sur le chien ; il eut une idée.

— Sandrine, essaye d'appeler le chien. Il peut te sentir ; les animaux nous perçoivent, surtout peu de temps après notre mort. Il faudrait l'attirer vers ton placard. Tristan pourrait le suivre…

Sandrine leva vers lui un regard dubitatif. Mais finalement, cela valait le coup d'essayer. Elle se rapprocha du canapé et, penchée vers le chien endormi, elle tenta de l'interpeller mentalement, de plus en plus fort. « Wallee, viens mon chien, viens ! » Aucune réaction.

Puis, l'animal entrouvrit un œil, en direction des fantômes. Tous ses muscles se tendirent soudain et le chien se redressa en un quart de seconde. Ce brusque mouvement fit revenir Tristan à lui. Celui-ci vit son chien descendre précipitamment du canapé et s'immobiliser, la truffe en l'air au beau milieu du salon. Sa queue se mit à frétiller soudain.

— Wallee, qu'est-ce que tu as vu ? Qu'est-ce qu'il y a ?

Le chien lança un bref aboiement, typique d'un état d'excitation. Il commença à se diriger vers l'étage de la maison, toujours en remuant la queue. C'est ce dernier détail qui parut étrange à Tristan, qui se leva et suivit l'animal.

Sandrine continuait, à ce moment-là, d'appeler le chien en l'entraînant vers sa chambre.

Wallee rentra dans la chambre parentale et se dirigea vers le placard. Sandrine s'était placée derrière la porte coulissante, de façon à ce que le chien incite Tristan à ouvrir le placard. Le jeune garçon rejoignit son animal qu'il trouva face à la porte du placard, remuant la queue et lançant quelques « ouaf » déterminés. Perplexe, Tristan s'approcha. Il tendit l'oreille ; se pourrait-il qu'il y ait un petit chat planqué dans l'armoire ?

— Qu'est-ce qu'il y a, Wallee, qu'est-ce que tu veux ?

Le chien regarda brièvement son maître et se remit à l'arrêt, face à l'armoire.

— Tu veux que j'ouvre ? Mais, il n'y a rien, là-dedans…

Sandrine se recroquevilla derrière le coffre à chapeaux.

Tristan fit coulisser la porte, découvrant peu à peu… l'intérieur d'une armoire tout ce qu'il y avait de plus banal. Le chien remuait la queue encore plus fort. Il tendit sa truffe vers une boîte et continua à aboyer de manière saccadée. Tristan se pencha pour regarder à l'intérieur, vers la boîte en bois que fixait Wallee. Et, à ce moment, la vision de son rêve se superposa à sa propre vision de cet instant. Il eut devant les yeux, de façon fugitive, ce coffre ouvert, vide. Instinctivement, il prit le coffre et le posa à terre. Le chien tournait autour, suivant Sandrine qui faisait de même. Il se passe quelque chose, avec ce coffre, se dit-il. Il faut que je… « trouve ce coffre »… Tristan l'ouvrit et en sortit des chapeaux ayant servi à divers mariages et des chapeaux de déguisement de carnaval. Il regarda son chien ; s'intéressait-il aux chapeaux ? Non, Wallee semblait toujours renifler le coffre. Tristan regarda au fond et ne vit rien. Il interrogea du regard son chien.

— Qu'est-ce que tu as après ce coffre ? Il n'y a rien, tu vois bien ; il est vide.

Tristan allait remettre les chapeaux à l'intérieur quand il remarqua quelque chose au fond du coffre. Il tendit la main et ses doigts attrapèrent effectivement ce qu'il identifia comme une toute petite cordelette, du même marron que la couleur du fond du coffre. Il la tira doucement et une lame de bois vint à lui, découvrant ainsi le double fond de la boîte. Très intrigué, il dégagea les deux autres lames de bois qui constituaient le fond du coffre. Il vit une sorte de trousse qu'il sortit. C'était une sorte de pochette en tissu coloré. Il descendit la fermeture éclair et à sa grande surprise, il y vit nombre de billets et de pièces. C'était un paquet d'argent ! et, comme Tristan allait vider la pochette par terre pour se rendre compte de la somme, il vit une toute petite enveloppe blanche. Il l'ouvrit et déplia une petite carte où il put lire « Joyeux anniversaire, mon grand de 18 ans ! C'est ta cagnotte surprise ; 1 euro par jour, depuis ta naissance, jusqu'à aujourd'hui. De la part de ta maman qui t'aime ». Le papier glissa des doigts de Tristan surpris, mais surtout touché, bouleversé non seulement de l'attention de sa mère, mais aussi d'avoir une trace d'elle concrète, un message, quelque chose d'elle qu'il recevait après sa mort. Les larmes lui montèrent aux yeux. Il ne pensa plus à compter l'argent ; il le rassembla religieusement et remit le tout dans la pochette. Il voulut remettre aussi cette pochette dans le double fond du coffre, pour tout ranger et laisser les affaires de sa mère non profanées, comme elle les avait entreposées. C'est là que ses doigts rencontrèrent encore autre chose, qui gênait l'accès au fond du coffre. Tristan s'interrompit. Encore une trace d'elle, un autre objet… Son cœur battait, comme s'il appréhendait ce qu'il allait trouver. Il hésita quelques instants. Presque recueilli, il entreprit de récupérer le dernier objet. Il le remonta avec lenteur. Il lui sembla qu'il s'agissait d'une simple pochette élastiquée, souvent utilisée pour ranger divers papiers de la maison, les factures, les bulletins de salaire, etc. Rien n'était écrit dessus. Il fallait l'ouvrir. À l'intérieur, des feuillets. Du texte partout, tapé à l'ordinateur. Tristan revint sur la page de garde ; il lut « Une trace de vie » puis en dessous « autobiographie » puis encore en dessous « Sandrine Marino ». Il fut soufflé. Sa mère avait rédigé son autobiographie ? Elle n'en avait jamais parlé ! Ah, c'est sûr qu'il pouvait la voir chaque jour taper sur son ordinateur. Mais, elle disait qu'elle passait du temps à préparer ses cours, à les taper… En fait, pendant qu'il croyait qu'elle préparait des cours de français à des élèves de sixième ou de troisième, elle écrivait un livre. Son livre.

Il ne put remettre le manuscrit dans le coffre. Il y remit la pochette pleine d'argent, il replaça les chapeaux et rangea le coffre tel qu'il l'avait trouvé. Il décida de différer l'annonce de ces trouvailles à son père ; peut-être que ce dernier savait ce qu'il y avait dans ce coffre. Tristan voulait lire le manuscrit avant d'en parler à Stéphane. Il partit dans sa chambre avec l'autobiographie de sa mère qu'il emporta comme un trésor.

Sandrine et Cédric, le sourire aux lèvres, ne bougeaient plus depuis un moment. Ils se taisaient, religieusement, pendant ce moment où la frontière entre la mort et la vie avait été franchie. Sandrine se rapprocha de Cédric et ses doigts frôlèrent les siens. Cédric, heureux du succès de l'entreprise, prit doucement la main de Sandrine dans la sienne qui fut troublée de ce contact inattendu.

Tristan lut le manuscrit d'une traite, le soir même jusqu'à quatre heures du matin. Il rit, fut ému, pleura ; il passa par toutes les émotions ; celles-là même que sa mère avait pu ressentir au cours de sa trop courte vie. Il lisait doucement, comme pour s'imprégner de sa mère encore si présente ce soir-là, comme pour prendre le temps de rencontrer « Sandrine », après avoir connu « maman ». Comme la plupart des enfants, il réalisa qu'il avait considéré sa mère comme un être lisse et parfait. Il découvrait une femme sensible, meurtrie parfois par la vie, avec ses envies révélées, ses désirs de femme, ses espoirs. Ce fut une révélation pour Tristan qui, le choc de certains passages passé, se sentit encore plus proche de sa mère, admiratif et aimant. La découverte de ce passé retranscrit provoqua deux sentiments contradictoires ; d'un côté, Tristan ressentait encore plus cruellement l'absence de Sandrine maintenant qu'il était plongé dans sa vie, d'un autre côté, il se sentait privilégié et consolé que sa mère lui ait transmis cette somme d'informations sur elle qui lui permettait de dire désormais « Je sais qui était ma mère ».

À la lecture du manuscrit qui relatait l'enfance de Sandrine, le jeune homme sourit à l'évocation des grand-mères de Sandrine ;

autant la grand-mère paternelle était adorable que la grand-mère maternelle était un monstre de maladresse et de sécheresse qui déclenchait les discordes familiales. Tristan se rappelait les rares fois où sa mère lui en avait un peu parlé ; sa grand-mère « soleil » et sa grand-mère « ténèbres »…

Tristan souffrit un peu plus lors de l'adolescence relatée par sa mère. Il fut choqué d'apprendre que Sandrine avait été « brusquée » à quatorze ans ; on avait, en gros, abusé d'elle. L'importance des euphémismes lors de ce passage interrogeait Tristan : avait-elle été violée ou pas ? Une série de sensations, plutôt que des mots clairs. Un état de sidération malgré une absence de violence… Tristan comprit que, quoiqu'il en fût, sa mère avait vécu cette première expérience comme un traumatisme.

Vinrent ensuite les études de lettres de sa mère, l'importance de la peinture aussi ; art qu'elle avait développé très probablement sous l'influence de son professeur d'arts plastiques de père.

Tristan fut amusé par la présentation des petits boulots de sa mère, avant d'intégrer l'Éducation nationale : gardienne de musée, « employée Mac Do », vendeuse, pionne, employée d'une vidéothèque où elle passait le plus clair de son temps à louer des pornos à des petits vieux délurés…

Le fils découvrit les amants de sa mère ; pas qu'il y en ait eu des tonnes, mais Sandrine avait vécu plusieurs vies ; cela surprit Tristan. Celui-ci apprit qu'avant Stéphane, Sandrine avait vécu un paquet d'années avec d'autres garçons. Celui qui précédait Stéphane marqua Tristan. Sandrine avait eu une relation de huit ans avec Franck. Elle était tombée enceinte, mais la grossesse s'était très mal déroulée ; on lui avait diagnostiqué un œdème : de l'eau dans le ventre et la tête du bébé, de sorte qu'on la fit accoucher à six mois de grossesse environ. Cet épisode correspondait au pire drame pour Sandrine. Elle décrivit sa souffrance, sa sensation d'être morte aussi. Et cet écart creusé avec Franck qui prenait cette perte comme la simple « faute à pas de chance… Et toi, comment ça va ? Le boulot ? », discutait-il tranquillement avec des amis au téléphone le soir même. Franck lui parut à des années-lumière d'elle et de ce qu'elle ressentait. Elle fit sa valise et repartit un temps chez ses parents. Elle parla aussi de ses séances avec un psychiatre, pour refaire surface, car elle faisait alors ses journées comme un automate, vide et éteinte.

Cette perte d'enfant fit réaliser à Tristan la raison pour laquelle lui et sa mère avaient un lien si fusionnel. Elle avait reporté deux fois plus d'amour sur lui. Elle n'aurait probablement pas supporté qu'il lui arrive quoi que ce soit. Tristan comprenait mieux son côté protecteur puissance dix…

Tristan interrompit sa lecture ; ses réflexions l'amenaient à un sentiment, celui d'être navré pour sa mère et de ne jamais avoir pu en parler ensemble. Il lui sembla qu'elle avait été si seule à digérer ses chagrins… Notamment lors de la mort de la mère de Sandrine, la même année que son interruption thérapeutique de grossesse. Sa mère était partie tôt, à quarante-six ans, des suites d'un cancer du sein.

La suite de l'autobiographie ne révéla plus de surprise pour Tristan qui, à partir de l'apparition de Stéphane dans la vie de sa mère, connaissait la suite. Il appréciait toutefois ses réflexions sur la vie, sur son métier d'enseignante, sur la famille. Il réalisa combien sa mère était sensible et lucide ; certaines de ses pensées lui paraissaient particulièrement sensées et intelligentes, grâce à un juste recul sur les choses. Son cœur se serra : au moment où il était en âge de philosopher, Tristan réalisa qu'il ne pourrait plus discuter de la vie avec sa mère qui était pourtant une confidente et amie si éclairante. Son père était là, certes, mais le caractère pragmatique et carré de Stéphane rétrécissait souvent le jeune homme dans une vision de la réalité très terre-à-terre, pessimiste, sans concessions. Tristan avait besoin de rêve, d'art, d'espace. Sa mère lui permettait cette respiration, il s'en rendait compte maintenant. De plus, le jeune homme se rendit compte à quel point sa mère avait le sens de l'humour ; il s'était esclaffé plus d'une fois lors de sa lecture, et, en même temps, il se rappelait les fous rires qu'eux deux avaient parfois. En fait, en repensant à sa mère, il se souvenait avant tout d'une présence enveloppante, très aimante, attentive, et son image correspondait toujours à un visage souriant, tendre, avec, en bruit de fond, des éclats de rire. Elle ne cessait de plaisanter, elle tournait tout en dérision ; Tristan comprenait alors que c'était un parti pris pour tenir à distance les drames et les peines. Il se dit que c'était probablement une manière d'être qui avait été mûrie par son cheminement ponctué de difficultés et de chagrins. Le rire était finalement le seul point final que l'on peut décemment mettre à un parcours de vie compliqué ; le plus difficile, mais le plus intelligent.

Il eut alors la conscience aiguë qu'il avait perdu une béquille en perdant sa mère ; il allait désormais avancer tordu, en ne marchant pas droit. Il ressentit alors l'irrémédiable de la perte, le manque d'elle à perpétuité, la douloureuse compression de ses entrailles à son souvenir. Comment avancer sans elle à ses côtés ? À quel avenir vide rêver ? Comment pouvoir rire de nouveau ? Tristan sentit que, même s'il faisait de son mieux pour se préparer une belle vie, en étant amputé de sa mère, il ne pourrait désormais espérer qu'une version médiocre de ce qu'il aurait pu construire avec Sandrine pour l'épauler. À l'aube de son orientation scolaire et professionnelle, il en était déjà à une part de renoncement. Il ne pouvait plus envisager le meilleur.

À quatre heures du matin, il referma la pochette, la mit sous son matelas et se coucha, rempli de sa mère, de nouveaux éléments ; des nouvelles pièces de puzzle à imbriquer, à insérer dans sa propre histoire. Il pensa tomber de fatigue comme une masse, mais le sommeil ne vint pas. Son esprit se baladait dans les jardins secrets décrits par Sandrine. Il se sentait toujours si lié à elle, si proche d'elle, si plein d'elle… Des larmes coulaient toutes seules ; son esprit se trouvant ailleurs, son corps réagissait en autonomie, sans que Tristan ne le réalise ni n'en ait le contrôle réel. Il lança un « je t'aime maman » chuchoté dans le noir de sa chambre qui s'envola comme un papillon tournoyant pour trouver une sortie vers les étoiles.

Chapitre 3

Comment se fait-il que je sois encore là ? Je pensais n'avoir qu'une mission justifiant ma présence ici ; celle de faire découvrir à Tristan le contenu du coffre. C'est fait. Et je suis toujours là…

Sandrine, sur le toit de sa maison, leva les yeux vers la nuit constellée d'étoiles lumineuses. Il y en avait plus que d'habitude, le ciel était particulièrement clair. Une odeur enivrante de jasmin montait des jardins alentour. L'air était doux. Une nuit d'éternité. Sereine.

Sans qu'elle le commande vraiment, ses bras se soulevèrent un peu, comme pour embrasser la somptueuse nuit, la tête renversée. Elle sentit, derrière elle, des bras lui enserrer doucement la taille. Elle sourit ; tout était parfait maintenant.

— T'as vu, je suis toujours là. Je pensais que tout finirait avec la découverte de Tristan, mais non…

— Tant mieux, je te garde avec moi.

Sandrine fixa le visage de Cédric ; il était si beau, si énigmatique. Elle savait que le temps de ses révélations, qu'il lui avait promises, était venu ; elle voulut prolonger encore un peu le moment où elle ne savait rien de lui, comme si elle appréhendait un peu ce qu'elle allait découvrir, comme si ce qu'il allait lui raconter allait modifier ce lien si mystérieux, enivrant, rassurant, affectueux qu'ils avaient développé entre eux deux, en si peu de temps, d'un point de vue de fantôme bien sûr. Cet instant était si magique ainsi, elle désira presque ne rien changer à leur rapport. Elle comprenait bien qu'elle ressentait quelque chose de particulier pour cet homme d'un autre temps. Mais elle n'identifiait pas bien la nature de ses sentiments et de ses sensations. Elle le trouvait fascinant, attirant et sa présence l'apaisait au plus haut point. Elle désirait tout savoir de lui, elle pressentait qu'ils se comprenaient, qu'ils représentaient un duo complémentaire. Elle se sentait complète et vivante dès qu'elle sentait son contact. Le désirait-elle ?

Les fantômes peuvent-ils s'aimer ?

L'idée de cette nouvelle avancée éventuelle dans leur relation la troubla et elle sentit son cœur, bien que concrètement à l'arrêt, battre fort.

— Peux-tu me parler de toi, maintenant ? Qui est Cédric ? Quelle est son histoire ?

Cédric sourit, lui enserrant toujours la taille et la maintenant de dos contre lui. Il lui chuchota à l'oreille :

— J'étais pressé de tout te dire de moi, mais à cet instant, je ne sais plus si j'ai envie de parler. Et si on restait comme ça, pour le temps qu'il nous reste, avant de nous désintégrer et de disparaître dans l'oubli ?

Sandrine ressentit le bonheur d'entendre ce qu'elle espérait que Cédric dise, car c'était la preuve qu'il ressentait exactement la même chose qu'elle. Ils étaient visiblement, à ce moment précis, sur la même longueur d'onde. Elle posa ses mains sur les siennes. Le beau fantôme ne bougea plus. Figé, il entrouvrit légèrement ses doigts pour attraper ceux de sa protégée, et, hésitant, il l'embrassa légèrement dans le cou. Puis il se dégagea.

— Viens, il faut qu'on parle.

Dans la seconde, Sandrine se retrouva assise sur un banc face à la plage, face à une mer dont un léger vent faisait naître des petites vagues qui venaient mourir sur le sable dans un bruit clair et répétitif qui agissait comme une berceuse.

— Je te sens nerveux, ça va ?

— Oui, mais j'ai beaucoup à raconter, à t'expliquer et ça fait bien longtemps que je n'ai pas parlé à qui que ce soit, surtout pour raconter ma vie. Je crois que j'ai peur de ne pas trouver les mots. Ou de ne pas employer les bons. Je ne sais même pas par où commencer…

— Garde un fil chronologique ; commence par le début de ta vie.

— OK… Je suis né le 21 février 1830 ici, à Marseille. Je n'ai pas connu mon père et j'ai grandi avec une mère pour qui ça n'a pas été facile de s'en sortir seule avec un enfant. Elle était blanchisseuse. C'est peut-être la pauvreté de mon milieu d'origine qui m'a donné l'envie de m'en sortir. Je suis devenu journaliste. Je m'en sortais plutôt bien. Et c'est lors d'une interview que j'ai rencontré Marc. Ton grand-père.

— Mon grand-père ?

Sandrine, surprise, tenta de se remémorer le père de son père Nyls. Elle se souvint d'un homme avec beaucoup de prestance, toujours très bien habillé. Elle se souvint de son parfum ; une odeur boisée, fraîche qui, petite, lui était si agréable que le vieil homme lui répétait, amusé : « Arrête de me renifler, tu vas m'enlever toute mon odeur ! Va jouer ! ». Elle le revit dans son bureau de directeur du collège ; il en imposait, mais toujours avec une lueur complice dans ses yeux, un clin d'œil malicieux qui empêchait la petite fille que Sandrine était à l'époque d'être impressionnée ou effrayée. Elle l'aimait beaucoup, mais il était mort assez tôt ; elle ne l'avait pas beaucoup connu, en fin de compte.

— Sais-tu à quel métier ton grand-père se destinait, avant de devenir chef d'établissement ?

— Non, absolument pas. En fait, je sais très peu de choses sur lui ; mon père ne m'en a pas beaucoup parlé, finalement.

Cédric eut un petit sourire forcé, et Sandrine put voir de l'abattement et de la tristesse dans ses yeux.

— J'ai connu Marc lorsqu'il était séminariste.

— Pardon ? Il devait être curé ?

— Oui, c'était en tant que futur prêtre que j'ai été amené à l'interviewer. Il faisait déjà beaucoup de choses pour les enfants de son quartier.

— Alors ça ! Je n'en ai jamais entendu parler… Et vous avez sympathisé, c'est ça ?

Cédric planta son regard intense dans les beaux yeux bleus de Sandrine. Il y eut un blanc, Cédric avait du mal à continuer. La phrase qui allait suivre allait la blesser. La phrase qui allait suivre allait révéler son ambiguïté avec elle malgré son identité sexuelle.

— Plus que ça. Cet entretien a été une révélation ; intellectuelle d'abord. Puis physique.

Sandrine craignait de comprendre. Elle ne respirait plus.

— Nous sommes devenus inséparables, nous sommes tombés amoureux et nous avons eu une relation passionnée durant quatre ans. Nous nous sommes installés ensemble, jusqu'à ce que les choses tournent mal.

Tout vacillait autour de Sandrine.

Mon grand-père a-t-il bluffé tout le monde ? Lui si intègre, si respectable en donnant l'exemple d'une morale qui lui avait été si contraire durant un temps… Parle-t-on de la même personne ? Est-ce que cette histoire s'est sue ? À quel jeu Cédric joue-t-il avec moi ; pourquoi a-t-il tous ces gestes vis-à-vis de moi, alors qu'il est homosexuel ? Une ribambelle de questions assaillait Sandrine.

— Mon père l'a su ?

— Marc n'a jamais voulu en parler à sa famille. Mais il aurait dû, car ton père a souffert de ce qu'il a perçu comme un manque de communication ou un secret entre son père et lui, qui a entraîné leur incompréhension mutuelle et leur éloignement. Nyls s'est réfugié dans la peinture pour panser ses blessures face à un père sourd et muet. Il a payé nos souffrances, à Marc et à moi…

Sandrine était choquée, mais tout s'expliquait ainsi si facilement dans sa famille… Elle n'était pas si surprise que ça, tout paraissait tellement plus logique ainsi. Son père qu'elle avait toujours perçu comme fragile, incomplet ; son goût pour l'art, cette sensibilité exacerbée qui se perpétuait depuis, génération après génération…

— Qu'est-ce qui s'est passé ?

— Au milieu du XIXe siècle, disons que l'homosexualité était vue comme une pathologie à soigner… Les homos avérés se retrouvaient enfermés dans les asiles d'aliénés, avec les déments que la psychanalyse ne savait pas encore traiter. Marc et moi étions obligés de nous cacher. En plus, vu la situation de ton grand-père vis-à-vis de son diocèse, Marc avait encore plus peur que moi. Quand je vois maintenant que certains homosexuels se marient… Nous ne sommes pas nés au bon siècle, malheureusement…

— Mais, vous avez pu vivre ensemble ?

— J'avais mon appartement. Je l'hébergeais, sans mettre son nom sur la boîte aux lettres, évidemment. Je le présentais aux autres comme mon frère… Il avait quitté le séminaire avant la fin de sa formation. C'est à ce moment qu'il s'est installé chez moi. Ça a été nos plus belles années.

Les yeux de Cédric devinrent brillants de larmes et d'émotion au souvenir de sa relation perdue.

— Marc avait toujours été homosexuel ? Il s'est marié pourtant, après. Il a eu mon père.

— C'est moi qui l'ai toujours été. Ton grand-père l'est devenu suite à notre rencontre. Il me disait que c'était devenu une évidence ; c'est parfois une rencontre, une personne qui influe sur ce que l'on croit être, et qui nous change de manière à pouvoir s'accorder avec cette personne… Après ma mort, Marc n'a pas recherché un autre homme. Il a rencontré ta grand-mère et s'est senti bien avec elle ; il l'a épousée, d'autant que, se remettre dans une relation plus conventionnelle l'a rassuré et lui a apporté la tranquillité qui lui avait défaut lorsqu'il était avec moi.

— Comment était-il ? Je me rends compte que le peu que je sais de lui ne correspond pas vraiment à ce qu'il était en réalité.

— Marc était un cœur pur, il croyait tellement que l'homme pouvait être bon… Sa vision altruiste m'a touché, moi qui travaillais parfois sur des affaires plus glauques les unes que les autres… Lui était persuadé que l'homme était capable du meilleur, quand moi, j'avais la preuve qu'il était souvent capable du pire ! Cette différence de point de vue a été le début de débats interminables. C'était une belle personne. Marc était quelqu'un que j'admirais et à qui, je pense, je voulais ressembler. Il a fait un travail extraordinaire avec les enfants pauvres de son quartier et les orphelins. Il leur a trouvé un bâtiment qu'il a péniblement retapé, avec des bénévoles. Il leur a assuré l'instruction à tous ; il organisait des temps scolaires chaque jour, en appelant les bonnes âmes à venir l'aider. J'ai écrit un article important sur lui, au début de notre rencontre. La parution de cet article lui avait d'ailleurs donné une certaine publicité, des bénévoles supplémentaires et même une petite subvention de la part de la mairie… C'est par rapport à toutes ces avancées et les suites de mon article que nous nous sommes revus souvent, au début. Il me remerciait tout le temps. Je voyais des étincelles de gratitude dans ses yeux, je voyais de la joie ; il rayonnait. Je lui ai pris la main, il me l'a serrée, je l'ai embrassé, il m'a repoussé, surpris. J'allais pour partir en m'excusant lorsqu'il m'a rattrapé et c'est lui qui m'a embrassé. Voilà comment cela a démarré…

— On a découvert votre relation ?

— À la fin des quatre ans de notre vie commune, j'avais été amené à écrire un article sur une série de meurtres commis dans le quartier. Plusieurs jeunes garçons avaient été battus et attaqués à coups de couteau. L'enquêteur, que j'avais rencontré, avait regroupé les données de toutes ces victimes pour découvrir que ces garçons étaient tous homosexuels ; cause probable de leur mise à mort par ce forcené. Mon parti-pris, dans mon article, n'a pas vraiment dû plaire au meurtrier qui m'a recherché et m'a attendu en bas de chez moi. Je suis sorti un soir, avec Marc, pour aller au théâtre. Il m'attendait. Il s'est jeté sur moi, le couteau à la main et m'a poignardé avant qu'on ait eu le temps de réagir, Marc ou moi. Je baignais dans mon sang et il m'envoyait encore des coups de pied dans le ventre avec une force terrible, qui me faisaient saigner encore plus. Marc criait, il tentait d'agripper le monstre qui m'a volé ma vie. Mais cette brute avait une force physique impressionnante. Il hurlait sa haine pour les homosexuels. Je n'ai jamais vraiment su s'il m'avait assassiné parce que mon article était anti-homophobe ou s'il savait que j'étais moi-même homo…

— T'as été assassiné… Mais quelle horreur ! Mon dieu, mais pourquoi ? Ça n'a aucun sens, c'est ridicule, c'est hypocrite, c'est d'une telle connerie, d'une telle ignorance ! C'est pas possible…

— Tu sais, les meurtres sont rarement justifiables ; ils sont toujours provoqués par les mêmes défauts : la cupidité, la bêtise, l'ignorance, la peur, la vanité…

— Et ce monstre, il a été arrêté ? Jugé ?

— Je n'ai pas cherché à savoir, ensuite. Je me suis retrouvé ici, comme toi, sans trop savoir pourquoi… J'ai juste veillé sur Marc, je l'ai vu pleurer, souffrir, aller mieux, se marier, devenir un chef d'établissement reconnu, avoir un fils, vieillir et mourir d'une infection des poumons à quatre-vingt-trois ans… Il est parti tout de suite, sans me voir, il a emprunté le tunnel et je suis resté seul, un peu désespéré, je t'avoue. Depuis, je suis sa descendance, j'observe et je veille sur vous, sur ton père, sur toi, sur Tristan.

— Je suis tellement désolée pour toi…

Sandrine réalisait l'étendue de la peine de Cédric qui durait depuis trois générations… Ses yeux étaient mouillés de larmes. Elle n'arrivait pas à concevoir une mort si violente et inutile. Ce sentiment d'injustice et de compassion lui enserrait le cœur. On lui avait fait tant de mal. Et il était si seul, depuis tout ce temps. Son instinct de mère protectrice la poussa à lui caresser la joue. Il la regarda, reconnaissant, et posa sa main sur la sienne. Sandrine retrouva son trouble face à lui et son incompréhension par rapport à leur manière d'agir qu'elle pensait équivoque, penchant vers la relation amoureuse.

— J'ai accepté cette mort causée par ce que j'ai cherché à combattre toute ma vie ; l'intolérance, la peur, le rejet, l'obscurantisme. Ça n'a pas été facile parce que j'étais heureux, alors. Cela a brisé ma vie avec Marc et mon bonheur. Et cela a été d'autant plus dur à digérer que j'ai vu Marc souffrir et changer. Suite à ce meurtre, il n'a plus été le même ; bien moins altruiste, il n'a plus cru en la bonté humaine… Je l'ai senti si blessé, si amer. J'ai été heureux ensuite de le voir se projeter de nouveau auprès de la seule population qui ne l'avait jamais déçu ; les enfants. Ça m'a consolé de le voir croire de nouveau en l'innocence et la pureté des enfants ; je sais que cela lui a été salutaire. Il a eu à cœur ensuite de leur apporter, au-delà de l'éducation, une vision de la vie pleine de respect vis-à-vis d'autrui, quel qu'il soit, quelle que soit sa religion, son origine sociale ou culturelle ou son orientation sexuelle. Il a réussi, j'ai tellement été fier de lui… C'est grâce à des personnes comme lui que les mentalités ont pu évoluer vis-à-vis des homosexuels.

— Et tu ne t'es pas senti trahi quand Marc s'est marié ?

— Pourquoi ? Il retrouvait une forme de bonheur. Tu vois bien que nos sentiments vont en perdant d'intensité quand tu deviens fantôme. Tu ne t'embarrasses plus de sentiments négatifs. Puis, tu espères vraiment ce qu'il y a de mieux pour tes proches. Être fantôme te pousse à prendre du recul, forcément. Tu gagnes en sagesse, en tout cas, j'aime à le croire.

— Je ne me sens pas si sage que ça, moi, ces derniers temps… avoua Sandrine, en le fixant dans les yeux.

— Et j'ai ma part de responsabilité pour ça, reconnut Cédric, après un silence.

Sandrine le fixa, l'air interrogatif.

— Que veux-tu dire ?

— Je me doute que tu as été surprise d'apprendre mon homosexualité, j'espère que tu n'es pas blessée. Je sais que certaines de mes paroles et certains de mes gestes ont été parfois ambigus. Je m'en excuse. Je ne cherchais pas à jouer avec toi ni à t'embrouiller. Mais je dois t'avouer quelque chose. Je t'ai vu naître, j'ai été attendri de voir la petite fille que tu étais. Mais c'est à l'adolescence que tu m'as bouleversé. J'ai suivi tous les épisodes importants de ta vie, toutes tes blessures. Ta manière de réagir, ta manière d'être ont éveillé en moi quelque chose de particulier. Je me suis reconnu en toi, je me suis senti connecté à toi. Je pense qu'on se comprend sans qu'on ait à parler, je pense qu'on se ressemble et qu'il y a plein de similitudes entre ton expérience de vie et la mienne. Tu as une place particulière pour moi, que je n'arrive d'ailleurs pas à véritablement définir. Toutes les questions que tu te poses sur ce qui se passe entre nous, je me les suis posées bien avant toi. Je n'ai pas de réponses conventionnelles. Il y a quelque chose de particulier qui nous lie et je ne sais pas le nommer. Je ne sais même pas s'il y a aussi du désir. J'ai besoin de ton contact. Je suis bien quand je te sens près moi. Est-ce que je te vois comme ma sœur ? Comme ma fille ? Est-ce que je suis amoureux de toi ? Il y a une forme d'amour, oui, mais est-ce l'amour type entre un mari et sa femme ? Je n'en suis pas sûr. Je n'ai pas de réponse. Je n'ai pas de chemin tout tracé à te proposer. Que des incertitudes et mon ressenti…

— C'est à nous, je pense, de trouver notre voie.

Sandrine, rassurée, comprenait toute la situation et était reconnaissante envers Cédric et sa franchise. Elle se reconnaissait complètement dans tout ce qu'il venait de dire ; ce lien particulier, ce sentiment d'être connecté à l'autre. Elle se rapprocha de lui et posa la tête sur son épaule. Elle sourit en disant :

— Si je m'attendais à vivre une telle histoire après ma mort !

— On a une destinée étrange. Je ne sais pas où cela doit nous mener.

— Les vivants vont tellement vite à se débarrasser de leurs morts, nous, au moins, nous n'avons qu'à prendre notre temps pour construire notre chemin.

— C'est vrai, tu as raison. La mort est tellement taboue dans ton siècle ; on la gomme, on l'évacue parce qu'elle dérange. Plus personne ne voit de cadavre, alors que de mon temps, ça pouvait être habituel.

— Oui, c'est vrai.

— De mon temps, la mort était bien plus présente ; on veillait les morts plusieurs jours, tous ; la famille à tour de rôle, les amis, les voisins, les proches.

— Maintenant ; le frigo et vite, vite, l'enterrement ou l'incinération…

— J'avais rédigé, une fois, un article sur une pratique des bourgeois de mon époque. Ils avaient l'habitude de prendre en photo leurs morts dans une certaine pose, une certaine attitude ; les morts devaient avoir l'air le plus vivant possible, endormi tout au plus. On relevait les cadavres, on les adossait. On les voulait campés sur leurs pieds : si la raideur cadavérique empêchait la manipulation du corps, on les couchait par terre et on les prenait en photo par-dessus leur corps, bien à la verticale, de manière à ce que le cliché les présente comme debout.

— C'est dingue !

— Entre hommage et superstition, c'était une manière, pour la famille, d'accompagner leurs morts vers l'au-delà. En tout cas, au XIXe siècle, je peux te dire que la mort frappait plus régulièrement : chez les riches, chez les pauvres, chez les jeunes, chez les vieux… Logique que les gens, plus en contact avec elle, l'aient intégrée davantage dans leur vie de tous les jours. Maintenant, lorsque la mort frappe, c'est une catastrophe incompréhensible. Les gens sont perdus, comme s'ils ne pouvaient plus s'y attendre.

De mon temps, on parlait aux morts ; si l'on faisait cela aujourd'hui, on nous prendrait pour des fous. On considérait les disparus ; même absents, les gens leur manifestaient divers égards. On s'en occupait, on ne les oubliait pas.

— Aujourd'hui, on met de côté les choses qui dérangent, les choses pour lesquelles on n'a pas de réponses. On ne prend en compte que ce qui est concret, bancable, efficace et qui nous amène du plaisir et du confort. Ce n'est pas le cas de la mort ou de la maladie, alors, on les écarte. On est vraiment d'une sécheresse au niveau du cœur et de la spiritualité, c'est incroyable quand on y pense…

— Ton siècle est effarant d'égocentrisme capitaliste et de pragmatisme, c'est vrai. Ce que les gens d'aujourd'hui taxeraient de superstition, en voyant faire les gens de mon temps, ces derniers, à l'inverse, dénonceraient leur manque de spiritualité, d'humilité et de respect…

— D'ailleurs, les fantômes étaient plus à la mode de ton temps plutôt que du mien, non ? demanda Sandrine en plaisantant.

— C'est vrai, les gens prenaient au sérieux le passage de la vie à la mort ; ils pouvaient donc tout à fait croire que ce passage n'était pas si évident à passer pour tout le monde ; on envisageait vraiment les âmes perdues, errantes, les fantômes qui hantent les vivants pour en attendre quelque chose ou pour réclamer réparation…

— Si les gens du XIXe siècle croyaient plus en nous, il t'a été plus facile de communiquer avec eux ?

— Oui, je trouve. J'ai pu communiquer avec Marc, bien que ce soit un cas à part ; en tant que croyant et ex-séminariste, il priait avec beaucoup de ferveur parfois. Il se mettait alors dans un état de semi-transe, à moitié conscient, et c'est là que j'arrivais à le rejoindre. Peu après la rencontre avec ta grand-mère, Marc était torturé ; sa fiancée voulait le mariage et lui avait l'impression de me trahir doublement. Fréquenter une femme et en plus s'unir à elle devant Dieu pour fonder une famille alors que c'était notre rêve à tous les deux. Un soir, il s'était mis dans un tel état de désespoir que dans ses prières il m'appelait pour que je le guide et lui dise quoi faire. J'ai eu l'impression d'apparaître face à lui en lui disant « Marie-toi, sois heureux ». Il s'est relevé instantanément, et a dit, les yeux baissés « Merci, je t'aimerai toujours ». Il a sorti de sa sacoche une boîte qui contenait l'alliance de sa mère et l'a mise dans son veston, puis il est parti la rejoindre.

Je dois avouer que c'est plus facile d'interférer dans l'esprit de quelqu'un qui vous réclame. Il y a déjà un lien. Je n'ai jamais cherché à me faire entendre auprès de personnes qui ne me connaissaient pas. Une fois, j'ai poussé ma mère à fermer sa porte à un voisin qui la voulait, mais qui était une ordure malhonnête ; je lui ai fait faire de sacrés cauchemars à son sujet. J'ai aussi poussé ton père à renoncer à sa fugue lorsqu'il était adolescent ; il ne voulait plus vivre sous la coupe d'une autorité paternelle avec qui il n'arrivait pas à communiquer. Je lui ai transmis les pires expériences de solitude et de dénuement dans ses rêves ; il s'est plutôt plongé ensuite dans la peinture.

— C'est tellement dommage que Marc n'ait jamais vraiment parlé à son fils. Mon père aurait compris. Tout.

— Je suis d'accord avec toi. Mais Marc n'a plus voulu revenir en arrière et révéler un passé aux antipodes de ce qu'il avait construit après ma mort. Il s'est crispé sur un modèle paternel fort, pour empêcher son fils de vivre les souffrances qu'il avait vécues. Il avait bien vu la sensibilité de Nyls, et ses aptitudes artistiques, qu'il n'encourageait pas vraiment. Marc a tout fait pour l'écarter de l'homosexualité, c'est sûr.

— Ils auraient pu être si complices…

— La souffrance de Nyls est devenue sa force ; celle qui l'a poussé à s'exprimer dans l'art.

— Il aurait peut-être préféré être heureux avec son père plutôt que d'être bon dans le dessin…

— Probable. On cherche tous le bonheur…

— C'est quoi le bonheur, pour toi, maintenant ?

— Être avec toi, discuter, ne plus être seul, avoir l'impression d'être avec mon âme sœur… Cédric sourit et entoura Sandrine de son bras. Et pour toi ? demanda-t-il avec malice.

— Tout pareil… Être près de toi… Je serais perdue si tu disparaissais.

— Et pourtant, ça peut arriver n'importe quand. Pour toi comme pour moi…

— Si seulement on savait pourquoi on traîne ici ; on pourrait prévoir quand on serait susceptible de partir. On pourrait se préparer.

— C'est sûr. Je me suis demandé maintes fois ce qui me retenait ici : veiller sur la descendance de Marc ? Rétablir sa véritable identité et révéler à sa famille qui il a vraiment été ? Éclaircir ma mort ? La venger ? Aucune de ces options ne me paraît évidente et nécessaire, hormis veiller sur vous tous, ce que j'ai fait depuis toutes ces années.

— J'en suis au même point que toi, maintenant. Je voudrais veiller sur mes hommes ; Tristan et Stéphane. Et sur toi.

Sandrine caressa les cheveux de Cédric, en le regardant avec affection. Elle passait ses doigts dans les longues mèches brunes et

Cédric ferma les yeux de contentement. Cela faisait tellement longtemps qu'il n'avait pas senti le moindre contact tendre.

Soudain, Cédric se redressa. Sandrine fut aussi en alerte. Ils se regardèrent.

— Il se passe quelque chose. Allons voir.

Sandrine acquiesça et lui prit la main ; elle sentit une sorte d'urgence qui la détournait du moment présent, si agréable fût-il.

Ils se retrouvèrent dans le salon de la maison où Stéphane et Tristan finissaient de dîner. Ils étaient muets et abasourdis. C'était leur état de choc qui avait vibré jusqu'aux fantômes. Les deux hommes regardaient le journal d'information à la télé. Sandrine et Cédric tournèrent la tête vers les infos ; Sandrine sentit son sang se glacer ; elle vit un visage sorti des ténèbres. L'anesthésiste, la dernière personne vivante qu'elle avait vue, avec qui elle avait parlé, avant de sombrer. Elle écouta, figée.

« … la vanité et l'ambition d'un anesthésiste marseillais de 38 ans, Frédéric Puget. Il a provoqué les arrêts cardiaques de dizaines de patients en changeant les poches de perfusion pour y mettre des doses létales de potassium et d'anesthésiques, pour mieux les réanimer ensuite. Il se rendait indispensable, il montrait ses prouesses et s'assurait ainsi l'admiration de ses pairs. Plusieurs personnes sont décédées à cause de son imprudence. La plus jeune de ses victimes avait six ans. Notre équipe a pu rencontrer le père du petit Jonathan ; il s'insurge et demande une peine exemplaire… »

Sandrine, les yeux hagards, se tourna vers Tristan qui hurla « Je vais le buter ! Ma parole, je vais le crever ! ». Stéphane se leva pour le prendre dans ses bras pour le calmer. Cédric s'approcha précipitamment et décida d'écarter Sandrine de cette scène ; il lui prit la main et ils se retrouvèrent sur le toit.

— J'y crois pas ! As-tu déjà entendu une mort aussi ridicule que la mienne ? demanda Sandrine en se tordant les doigts nerveusement. Il jouait à l'apprenti sorcier ! C'est juste pour ça que je suis morte. C'est minable… Il a mis en danger la vie de ses patients pour jouer la superstar ! J'ai tout perdu pour glorifier sa vanité !

— C'est un monstre. Lui aussi. Au moins, tu sais que le responsable de ta mort a été arrêté… Il va payer. Les gens vont savoir ce qu'il a fait ; sa noirceur va être révélée à tous.

— Et tu crois que ça va soulager le père du petit garçon mort dont la vie et la famille ont explosé en plein vol ? Tu crois que ça va me soulager ? Mais comment, comment c'est possible ? Le narcissisme d'une seule personne qui conduit à des vies brisées, des familles éplorées, des pertes irrémédiables. C'est insensé…

— Il s'est pris pour Dieu ; faire mourir, faire renaître… La suffisance d'hommes pétris de certitudes et de savoirs scientifiques qui, selon eux, les élèvent au-dessus des autres… Quand je te disais tout à l'heure que beaucoup de gens de ton siècle manquent singulièrement d'humilité…

— Je crois que j'aurais préféré ne rien savoir du responsable de ma mort, comme toi. J'aurais plus été en paix. Là, je suis en colère. Et pire, cette révélation ravive la douleur de ma famille, comme si elle n'avait pas déjà eu son compte… Je crains la réaction de Tristan.

— Moi aussi. On doit agir. Avant qu'il ne se passe une catastrophe, que je sens d'ailleurs toute proche et tangible. Je vais suggérer le calme à Tristan pendant son sommeil. Il faut que je le dissuade d'intervenir et de te venger.

— Oui, je t'en prie, essaie. Moi, je crois que je vais faire une petite visite à ce monsieur Puget…

Cédric fixa Sandrine d'un air interrogatif ; elle n'allait pas tenter de faire quelque chose de regrettable ?

— Ne t'inquiète pas Cédric, je veux juste avoir sous mes yeux Frédéric Puget. Je veux l'observer, juger qui il est. Je veux comprendre.

— Je ne suis pas sûr que cette rencontre te sera profitable. Mais va jusqu'au bout ; fais-le.

Profitable ou pas, il faut que je me soumette à ce face-à-face ; il faut que je rencontre ce salaud. Je ne peux toujours pas lui mettre mon poing dans la gueule, de toute façon… Alors, ça ne peut pas être si dramatique que ça, se dit-elle.

L'instant d'après, Cédric chuchotait mentalement des paroles apaisantes aux côtés de Tristan endormi, dont le souffle se faisait plus régulier et les traits retrouvaient peu à peu une certaine quiétude. Il joignait des caresses à ses paroles ; ses doigts se promenaient dans les cheveux du jeune garçon et redescendaient sur sa joue.

Pendant ce temps, Sandrine se concentra intensément sur l'anesthésiste, et se retrouva dans sa chambre. Elle fut surprise de ne pas le rejoindre en prison. Elle se retrouva face à un spectacle dont elle se serait volontiers passée. Frédéric Puget pilonnait sauvagement une jeune brune à quatre pattes sous lui, qui criait plus qu'elle ne gémissait. Il lui disait des horreurs et lui enserrait parfois le cou, excité par cet étranglement et son sentiment de pouvoir sur elle.

La télé vient de révéler ses crimes et lui, non seulement il n'est pas en taule, mais en plus, il s'envoie en l'air, tranquille, chez lui ! s'insurgea Sandrine scandalisée.

Après un râle de jouissance, Frédéric Puget se cala sur les oreillers, allongé sur le dos, un bras replié sous sa tête, une cigarette au coin de la bouche. Il ne parlait pas à la jolie brune, il ne la regardait même pas. Ce fut elle qui lui manifesta son inquiétude.

— Ta femme ne va pas rentrer, t'es sûr ?

L'homme eut un sourire forcé.

— Avec les belles choses qu'on a sorties sur moi aux infos, crois-moi, elle est partie pour de bon, cette salope. Tu sais ce qu'on dit ; dès que le navire prend l'eau, les rats quittent le navire… Qu'elle aille se faire foutre. Mais tu ne dois pas rester ici pour autant. Avec la pub qu'on est en train de me faire, je suis sûr que ces connards de journalistes vont fouiner autour de chez moi dès demain matin, ces fouille-merdes. Va-t'en.

— Mais tu vas leur expliquer qu'ils se trompent, hein ? T'es sûr que t'as pas besoin de moi ?

— Non, vas-y.

Frédéric Puget ferma les yeux pour se couper du monde et surtout des personnes qui l'emmerdaient, comme de coutume. Seul pour apprécier sa cigarette. Et que la petite aide-soignante déguerpisse, il n'avait certainement pas besoin de gourde pour lui pomper l'air. Maintenant qu'elle lui avait pompé le reste, qu'elle rentre chez elle ! Il devait juste penser au discours qu'il allait servir au maire le lendemain matin, pour que ce gros imbécile le sorte de ce mauvais pas. Pratique d'avoir sympathisé avec les gens importants au moment de leur opération chirurgicale, surtout quand, en plus, on pouvait se taper leur femme dans une salle de repos à peine un peu plus loin…

Sandrine, immobile, fixait cet homme puant. Choquée par son absence de remords, choquée par sa désinvolture et son sentiment de toute-puissance, elle avait en face d'elle le type même du goujat. Si elle avait eu encore un estomac en état de marche, elle lui aurait vomi dessus.

Vas-y, endors-toi, je me charge de tes cauchemars, fais-moi confiance, menaça Sandrine avec un sourire mauvais.

Alors que l'homme glissait peu à peu dans un sommeil sans inquiétude, Sandrine mit toute sa force et sa volonté pour lui asséner des images à faire sombrer n'importe qui dans la terreur et la folie. Elle donnait corps aux victimes de l'anesthésiste qui revenaient d'outre-tombe lui demander des comptes. Elle concrétisait une meute de loups affamés qui le poursuivaient et le dévoraient lentement, pour faire durer l'agonie. Et seulement lorsqu'elle vit que l'homme commençait à s'agiter dans son sommeil avec un visage qui se crispait, Sandrine quitta prestement cet intérieur qui abritait une ordure de la pire espèce.

Elle retrouva avec soulagement sa maison, son toit, Cédric.

— Alors, tu as pu apaiser Tristan ? demanda la mère, inquiète.

— Oui, et avec le rêve que je lui ai suggéré, il associe désormais, vengeance et violence à une arrestation et une condamnation. Dès demain matin, il devrait être refroidi de tout désir de s'en prendre à Frédéric Puget. Et toi, quel genre de type as-tu rencontré ?

— T'as pas idée…

Cédric sourit, pas étonné et vint la serrer contre lui. Dans ses bras, Sandrine avait l'impression de se régénérer. Cette tendresse lui faisait un bien fou. Elle n'avait même plus envie ni besoin de parler de l'anesthésiste. C'était derrière elle, du moment qu'elle sentait le contact de Cédric.

— Tu n'es quand même pas partie sans lui concocter deux ou trois petits cauchemars ? ironisa Cédric.

— Tu me connais tellement bien... je plaide coupable !

— Ma justicière des ténèbres... se moqua gentiment Cédric.

Cédric l'embrassa sur le front.

— Tu ne cautionnes pas ? J'abuse, selon toi ?

— Je pense que ta réaction est commune à tous ceux qui sont dans le même état que nous. C'est fatal qu'on profite un peu du tout petit pouvoir qu'on arrive à avoir sur les vivants pour rendre justice ou pour rétablir une vérité.

Sandrine pensa soudain à quelque chose qui la déstabilisa ; elle s'écarta des bras de Cédric.

— Mais, j'y pense, quand on était vivant, ce que l'on prenait parfois pour une justice ou des manifestations divines, ça pourrait juste être l'œuvre de fantômes qui veillent sur nous... Dieu serait alors la bienveillance de nos disparus ; les hommes eux-mêmes !

— Ce n'est pas impossible. Je ne sais pas si Dieu existe, même après tout ce temps de semi-mortalité... Je peux juste t'avouer qu'à mon sens, il n'y a pas de hasards. On retrouve une logique tout humaine, durant la vie et même au-delà de la mort. Je pense que l'homme, mort ou vivant, ne perçoit pas l'étendue de toutes ses possibilités. Il peut tellement mieux, il peut tellement plus.

— Je voudrais tellement savoir comment tout cela fonctionne. Il y a trop de choses qui nous échappent. C'est frustrant de ne pas en savoir plus alors qu'on est passé par la mort. Cette dernière ne nous offre même pas l'avantage de mieux connaître les clés de l'univers.

— On peut encore garder l'espoir que, lorsqu'on s'évanouira pour de bon, on aura les réponses à toutes nos questions.

— Et tes questions à toi ? Sur ton agresseur ? Tu n'es plus en colère contre lui ?

— Je ressens au plus profond de mes tripes que c'est absolument inutile de maintenir de la colère envers une personne ou de la tristesse envers un évènement et que ça n'a aucun sens. Ça détruit de l'intérieur. Je regrette de ne pas avoir vécu davantage avec Marc, bien sûr, mais ce qui prime, c'est tout ce que j'ai vécu avec lui. Le temps passant, l'esprit se focalise sur le positif de notre expérience. On devient serein et sage. Alors, non, ça ne m'intéresse pas d'en savoir plus sur mon agresseur. Je ne me demande même pas si je lui pardonne ; cet évènement s'est évanoui dans ma mémoire. L'oubli est le pansement de l'âme. Tu vois, un vieux fantôme est un fantôme sage, dit-il en riant.

— Mon vieux fantôme… chuchota Sandrine à l'oreille de Cédric, en lui passant les bras autour de son cou.

— Et tu veux que je fasse remonter du ressentiment alors que tu es là contre moi ? Mais rien que ça peut justifier cent cinquante ans d'existence fantomatique.

Sandrine sourit de se sentir embrassée dans le cou par un vieux fantôme sage, homosexuel et si sexy. Qu'est-ce qui nous attend ? se demandait-elle.

Chapitre 4

Tristan claqua la porte de sa chambre. Exaspéré, il se jeta sur son lit qui absorba en plus un coup de poing rageur. À quelques semaines de sa majorité, son père l'empêchait de sortir le soir avec sa bande de copains. OK, c'était en semaine. OK, il n'y avait pas tous ses copains ; seul Robin sortait le soir comme il voulait ; son père avait déserté la maison lorsqu'il était petit et sa mère, larguée, un peu toxicomane, sortait parfois pour travailler, parfois pour suivre des types louches et camés… Robin se passait évidemment de permissions pour sortir… Tristan prenait le refus de son père comme une injustice. Pourquoi ? Le jeune garçon faisait ce qu'il fallait au lycée pour s'en sortir honorablement. Qu'est-ce qui lui fallait de plus ? En plus, ce soir-là, Ophélie devait les rejoindre au café-théâtre. Sans lui, Robin et Ophélie resteraient en tête à tête ? Pas question.

Il sortit un paquet de cigarettes de son sac à dos. Il sortit son briquet et, comme alerté, Stéphane rentra dans la chambre en se passant de toquer à la porte.

— Eh bien, de mieux en mieux, vas-y, fume ! Quand est-ce que tu comptes passer à la cocaïne ?

— C'est bon, j'ai plus dix ans…

— Justement, je te lâcherai la grappe quand tu seras plus responsable. Là, c'est n'importe quoi ; sortir jusqu'à pas d'heures alors que t'as un devoir surveillé demain… Tu peux pas attendre le week-end, comme tout le monde, non ?

Comment lui faire entendre que c'était une question d'amour, de vie ou de mort, quoi…

Stéphane sortit en réprimant sa colère.

— Et accessoirement, tu peux nettoyer la porcherie qui te sert de chambre !

Et oui, ça, c'est responsable… Passer l'aspirateur. Réviser les cours tous les soirs. Sourire et discuter avec son père. Préparer les repas. Tristan eut l'envie irrépressible de prendre une bouffée d'air frais ; il ouvrit en grand sa fenêtre et passa la tête dehors, en fermant les yeux. Il avait l'impression qu'on le forçait à se comporter comme un homme qu'il n'était pas. Il avait l'impression qu'on le forçait à avoir une vie qui ne lui correspondait pas ; il étouffait. Ne pas satisfaire les attentes paternelles, c'était douloureux, mais moins que ce sentiment de ne pas être à sa place. Il avait besoin d'espace, de liberté. Il avait besoin de faire des expériences, de vivre sa vie. Et cette vie, justement, son père ne la comprenait pas. Tristan voulait faire du théâtre, avec Robin, déjà si doué. Il voulait parfaire sa culture cinématographique. Il voulait traîner au café-théâtre du centre-ville, discuter avec les acteurs et les comiques qui montaient régulièrement sur les planches. Son père, si cartésien, si informaticien, était absent de son univers, il ne l'y poussait pas parce qu'il ne le comprenait pas. Des maths ou de la physique après le bac, voilà l'évidence. Mais l'évidence de Tristan, c'était les lettres, comme sa mère, et le jeu d'acteur. Pourtant Tristan se disait que son père avait bien vécu avec sa prof de lettres de femme durant tant d'années ; ce monde de littérature, il l'avait côtoyé un minimum, il l'avait bien toléré. Pourquoi l'effort auquel il avait consenti avec Sandrine, il ne voulait pas le renouveler avec son fils ? Injuste. Tristan se sentait incompris, non soutenu, en rébellion.

Si sa mère était là… Ce serait plus facile de grandir et d'évoluer à ses côtés. Elle l'aurait compris et encouragé. Comme elle lui manquait !

Il se remémora les cours de français de sixième orchestrés par sa mère. « Madame maman », voilà comment il appelait sa mère et sa prof en même temps. Ça lui avait fait drôle au début de voir sa mère dans son rôle professionnel. Mais très vite, avec la complicité qu'elle savait instaurer avec la classe, ça lui avait paru positif, voire avantageux. Elle pouvait le placer auprès de la bonne personne sur son plan de classe, notamment à côté de jolies filles par exemple. Elle donnait des informations en exclusivité. Tristan, à être le fils de la prof de français, gagnait en importance. Même des filles de troisième venaient le « brancher » pour lui demander si c'était vrai qu'il était le fils de Mme Marino.

Il revit les succès de sa mère cette année-là, au sein de sa classe. Il se souvint des plaisanteries, des moments de franche rigolade, il se souvint des scènes de comédie à écrire et à jouer ; une révélation pour Tristan qui avait adoré l'exercice. Il se souvint de la séquence sur la poésie qui avait fait si peur aux élèves qui, pour toute expérience, se souvenaient de textes poétiques vus en primaire, incompréhensibles et juste bons à apprendre par cœur. Finalement, la plupart avaient adoré, car Sandrine les avait fait écrire à partir des jeux de création poétique des surréalistes. Tristan se souvint de la classe dans le noir, les yeux fermés, le stylo positionné sur une feuille vierge orientée à l'horizontale. Puis le mot « rouge », à partir duquel les élèves avaient dû écrire ce qui leur venait, sans réfléchir avec leur conscience.

Soudain, Tristan fit un arrêt sur image sur cette dernière scène. Se pourrait-il que ? Et s'il retentait l'expérience ?

Il refit comme en sixième ; le noir, la feuille, les yeux fermés. Il fit le vide dans sa tête et tenta de se mettre dans un état de calme et de bien-être. Une fois concentré, il focalisa non pas sur un mot relativement connoté comme en classe, mais sur sa mère. Il fixa son image, répéta son prénom dans sa tête et laissa sa main partir sur la feuille. L'écriture automatique mit du temps à démarrer. Mais son stylo commença à écrire, sans qu'il ait conscience de quoi que ce soit.

Au même moment, Sandrine, qui flottait en communion avec Cédric, se sentit appelée. Elle fut attirée vers la chambre de Tristan et le vit en pleine écriture automatique. Elle sourit, elle aussi se rappelait le moment où elle le lui avait fait faire en classe quand Tristan était petit. Elle s'approcha et vit les premiers mots : « maman, sourire, douceur d'un cœur disparu, manque, absence qui transperce comme un couteau… » Elle tenta de lui dicter ce qui lui venait. « … le néant en larmes, mais l'ange te regarde et t'aime de tout son cœur. Elle veille sur toi. Vis tes rêves et écoute ton cœur, maman sera tout près » Sandrine était un peu prise de court ; elle voulait dire à son fils tellement de choses, mais n'avais jamais concrètement réfléchi aux mots qu'elle choisirait de lui adresser si elle en avait l'occasion… Des banalités plates selon elle, un trésor précieux pour Tristan lorsqu'il revint à lui et découvrit ce que sa main avait tracé. Il vit bien qu'au milieu de ses mots à lui se trouvaient ceux de sa mère. Une preuve de sa présence ; sa mère était morte, mais pas disparue, invisible, mais pas inaudible. Puis, un cadeau ; des mots semés sur son cœur qui faisaient pousser l'espoir et la confiance, l'amour et la présence de sa mère au milieu de son désert. La vie revenait gonfler ses veines et il eut une vision de son propre avenir sûr et tout tracé. Elle était là, elle veillait, il ne pourrait rien lui arriver… Il devait s'écouter, il devait se battre pour réaliser ses rêves, c'était possible.

Soudain regonflé à bloc, il se leva ; il devait aller au-devant de ses envies et de son avenir. Tant pis pour son père. Il ne le croisa pas jusqu'à la porte d'entrée ; il était probablement au garage. Tristan hésita et contint son envie irrépressible de sortir. Il rédigea à la va-vite un petit mot pour informer son père qu'il sortait pour le théâtre, mais qu'il ne rentrerait pas tard, il le promettait. Le jeune homme s'en alla à grands pas vers le centre-ville, impossible de rester statique à attendre le bus ; il fallait qu'il marche, qu'il avance, lui, sa situation et son avenir.

Pendant ce temps, Stéphane, qui n'était pas au garage, mais dans un coin du jardin, avait vu son fils écrire son mot et partir de la maison. Immobile, il ne voulait pas de son rôle de vieux con qui punit sans rien comprendre, image qu'il se doutait bien que Tristan avait de lui en ce moment… Combien c'était difficile de « driver » son fils en sachant que ce dernier n'avait plus l'âge de fonctionner à l'autorité ! Combien c'était difficile d'être seul à faire ce dosage savant entre discussion et négociation pour guider Tristan sans le braquer, pour lui donner des repères sans le brimer ! Sandrine était si forte à ce jeu-là.

Stéphane percevait ses limites imposées par son propre caractère. Il voulait tellement faire au mieux, avec la constante impression que ça n'était jamais assez bien. Sans vouloir le montrer, il doutait sans cesse. Il souffrait sans cesse, aussi. Il éprouvait presque de la colère que sa femme l'ait laissé en plan, comme ça. C'était elle qui savait y faire avec Tristan, elle avait toujours un œil sur son travail scolaire, elle préparait son orientation, elle discutait beaucoup avec lui et était toujours de bons conseils ; elle savait toujours quoi faire, dans n'importe quelle situation. Si Stéphane pouvait être colérique, buté et peu sûr de lui, Sandrine arrondissait les angles et, en douceur, savait apaiser les conflits naissants et faire en sorte que chacun soit satisfait et compris. C'est ça qui lui manquait le plus, semblait-il ; sa facilité de communication et son amour. Rien que cela garantissait une ambiance harmonieuse et aimante dans ce qui était, il n'y a pas si longtemps, une famille unie. À présent, il fallait qu'il s'y mette. Face à ce qui lui posait le plus problème, il était vital qu'il devienne un peu comme Sandrine ; un bon communicant. Sa relation avec son fils en dépendait. Il ne lui restait plus que cela. Et là, dans son bout de jardin ombragé, vu de personne, Stéphane se sentait seul. Mais en même temps, il lui était nécessaire de s'isoler parfois pour réfléchir, s'autoanalyser et décider de quoi dire ou faire, en prenant du recul pour ne pas se tromper et s'emporter. Il lâchait du lest vis-à-vis de Tristan, concernant ses envies de sorties ; c'était naturel, positif même, après son chagrin dû à la perte du pilier principal de la famille. Mais son rôle de père, il le savait, c'était de poser des limites à son fils pour qu'il ne dérape pas, ni dans sa personnalité en construction ni dans ses études. Finalement, le père et le fils étaient un peu dans un même processus d'apprentissage ; comment s'accorder tous les deux et avancer dans leurs vies respectives ? Avant, si Sandrine lui avait permis d'être souvent un « adulescent », maintenant il se devait de devenir très vite un adulte responsable. Et cool. Et efficace. Et compréhensif. Et ferme… Stéphane comprit qu'il n'avait pas fini de tâtonner et de se poser des questions. C'était cela, finalement, être un parent responsable ; douter et faire au mieux.

Tristan se rapprochait du café-théâtre, il ralentit devant une vitrine qui renvoyait son reflet et en profita pour s'arranger les cheveux qu'il avait toujours en bataille. Il vit de loin Robin attablé sur la petite terrasse extérieure. De loin, sans se rendre compte de son jeune âge, on le prendrait volontiers pour un artiste ou un acteur. On voyait avant tout ses longs cheveux retenus en une queue de cheval ramassée en une sorte de chignon, attaché à la va-vite d'où s'échappaient quelques mèches brunes et épaisses. Robin portait des vêtements savamment assemblés : un jean cool déchiré avec une veste de costume bien souvent. Des tenues très oxymoriques qui laissaient planer le doute sur sa personnalité mystérieuse : était-il grunge, classique, jeune ? Robin aimait brouiller les pistes. Il aperçut Tristan et le héla. Tristan s'assit et commanda un cappuccino.

— Alors, t'en as mis un temps pour arriver ! railla Robin.

— Figure-toi que j'ai un être, à la maison qui s'appelle père, et qui m'empêche de faire ce que je veux, comme je veux…

— Ah, ça, je connais pas !

— C'est pour ça que t'es en perdition, mon pauvre ! ironisa Tristan.

— En attendant, tu te « perditionnes » avec moi, mon pote ! Tu devrais vite rentrer chez papa, avant de te fourvoyer, avant de perdre ton âme !

— Fais pas chier. Elle doit bientôt arriver, Ophélie ?

— Ahhh, c'est pour ça que t'as mis la jolie chemise… et, dis-moi, t'as pas essayé de te coiffer, en plus ? Oh, c'est du sérieux… railla Robin volontiers sarcastique.

— Non, c'est pour toi, bien sûr, que je me suis fait beau, ma puce ! se moqua Tristan en prenant son ami au mot.

Robin ne répondit rien et sourit ironiquement en fixant Tristan. Ils parlèrent ensuite de ce que voulait faire Robin les deux mois d'été. Il comptait suivre leur troupe de théâtre au festival d'Avignon. Même s'il n'avait pas de rôle à proprement parler, sa troupe présentait une création comique. Il disait qu'on ne sait jamais, il pourrait remplacer quelqu'un au pied levé. Puis, de toutes les façons, que ferait-il seul chez lui ? Autant vivre la vie d'acteur, même un peu de loin. Il donnerait un coup de main.

— Viens avec moi ! proposa Robin.

— La pièce porte sur des sexagénaires, on ne pourra pas avoir de rôles…

— Pas grave, on proposera notre aide pour le reste et on fera notre virée à Avignon, on verra d'autres spectacles, on aura d'autres contacts.

— Ce serait cool, c'est sûr. Je vais voir avec mon père. Il faut du fric. Mais il faut surtout que je le laisse seul tout l'été… je culpabilise un peu, je ne sais pas si je dois…

— Pousse-le à refaire sa vie !

— T'es malade. Je l'entends pleurer encore presque toutes les nuits…

— Raison de plus, incite-le à voir des gens, à s'inscrire sur un site de rencontres.

— T'as raison, mais je crois qu'il n'est pas encore prêt, c'est peut-être encore trop tôt…

— Qui doit s'inscrire sur un site de rencontres ? s'interposa de façon triomphante Ophélie qui venait d'arriver sans que les garçons s'en soient aperçus.

Tristan tourna la tête et son cœur s'accéléra. Ophélie, toujours avec son look rebelle et gothique, arborait une mini-jupe qui montrait ses longues jambes et un top moulant assez court pour laisser voir un ventre plat et une poitrine ferme et bien formée. Ayant eu l'impression de surprendre les garçons sur un sujet privé, voire compromettant, Ophélie avait ses yeux noirs qui brillaient malicieusement.

— Robin me suggérait d'inscrire mon père sur un site de rencontres, mais je lui disais que c'était trop tôt.

Ophélie reprit son sérieux et opina de la tête, compréhensive.

— Attends un peu, mais ce n'est pas une mauvaise idée.

— L'idée qu'il rencontre quelqu'un ne me pose pas de problème, j'ai bien conscience qu'il refera sa vie, il est jeune. Mais j'ai peur de ce genre de site, j'ai pas envie de voir défiler toute une ribambelle de grognasses en chaleur qui viennent pour se faire sauter ou pour mettre le grappin sur mon père et son chéquier…

— J'ai de très bonnes antennes, si tu veux, tu me montreras les touches qu'aura ton père, et je te dirai tout de suite si la nana vaut le coup ou pas, proposa Ophélie souriante en mettant la main sur l'épaule de Tristan.

— Et moi, j'irai enquêter sur chacune d'entre elles, plaisanta Robin. Comme ça, en s'y mettant tous, on y arrivera vite !

— Si mon père entendait ce qu'on est en train de dire !

Tristan souriait, touché de l'implication de ses amis dans les inquiétudes qu'il ressentait par rapport à sa nouvelle vie à réorienter et réorganiser. Il eut une bouffée d'affection envers eux deux en se disant combien il avait de la chance de les avoir à ses côtés.

Ils discutèrent ensuite de tout et de rien, ils plaisantèrent et apprirent à se connaître davantage. Ophélie était à l'aise avec les deux amis. Ils avaient la sensibilité en commun. Tristan regarda Ophélie un peu différemment : elle montrait une forte personnalité face au groupe classe, mais il la découvrait à l'écoute, calme et complice. Il aima cette facette de sa personnalité qu'on ne pouvait découvrir d'elle que si on l'approchait de manière plus intime. Et il était vraiment heureux d'avoir ce privilège ce soir-là. Il aurait voulu que cette soirée dure indéfiniment. Il n'avait d'yeux que pour elle. Et cela n'avait pas échappé à Robin qui, la soirée s'avançant, décida de s'éclipser tôt de manière à les laisser seuls. Il consulta son portable et prétexta l'obligation de rentrer à la maison. Une aubaine pour Tristan qui ne demanda même pas la raison de ce départ anticipé, d'autant que, s'il y avait bien quelqu'un sans obligation de rentrer à la maison, c'était bien Robin… Avant de partir, ayant son portable à la main, Robin proposa une série de selfies où ils prirent la pose tous les trois ; une photo où ils souriaient, un autre où ils grimaçaient, une autre encore où leurs visages et leurs poses devenaient de plus en plus improbables… Et Robin partit.

Sur le chemin du retour, Robin regardait les photos qu'il venait de prendre ; il souriait à la vue d'Ophélie tirant une langue énorme, les yeux écarquillés. Il ne sourit plus à la vue de Tristan, de trois quarts, faisant un clin d'œil et un sourire craquant.

Ophélie posa des questions à Tristan sur Robin. Au point où le jeune homme commençait à ressentir la morsure de la jalousie, se demandant si elle n'avait pas des vues sur son ami, en fin de compte.

— Il a une copine ?

— Pas que je sache, mais il est toujours plein d'histoires de filles, tu sais. Il y en a pas mal qui lui tournent autour, en général.

— Mais finalement, tu l'as déjà vu avec quelqu'un ? Vraiment ? Il a vraiment eu une relation sérieuse ?

— Parfois, il nous a dit qu'il voyait sa voisine. Puis une fille qu'il avait rencontrée pendant les vacances… Peut-être d'autres encore, mais je m'en souviens pas. Je ne tiens pas un journal sur les aventures de Robin, ironisa Tristan.

— Non, bien sûr, mais c'est bizarre que personne ne l'ait jamais vu avec quelqu'un du lycée, alors qu'il a autant de succès…

— Je crois qu'il ne se laisse pas approcher si facilement que ça. Sa famille, c'est tellement n'importe quoi qu'il essaye d'avoir des amis stables, qui tiennent la route…

— Et toi, tu vois quelqu'un en ce moment ?

— Non… Et toi ? osa timidement demander Tristan.

— Non plus.

Ophélie lui sourit. Tristan sentit le feu lui monter aux joues. Il baissa les yeux.

— On décolle ? On rentre ?

— OK.

Tristan partit payer leurs consommations et Ophélie l'attendit, un petit sourire aux lèvres, trouvant mignon que le jeune garçon prenne la note en charge.

— Je te raccompagne vers chez toi ? Histoire que tu ne te fasses pas attaquer, proposa Tristan chevaleresque. J'ai mon permis, je l'ai passé à seize ans, mais je ne prends pas la voiture de mon père si je suis seul. Alors c'est juste à pied que je peux te raccompagner.

— Oh, je n'habite pas bien loin de toute façon.

Ophélie plaisanta en imaginant des scénarios d'agressions, tous plus horribles les uns que les autres, et Tristan qui sauvait la situation, de manière plus ou moins chevaleresque, mais surtout rocambolesque. Tristan se sentit moqué, il était gêné et baissait les yeux. Ophélie sentit son désarroi. Elle lui prit doucement la main en lui adressant un sourire réconfortant. Tristan releva les yeux et la regarda, rassuré et heureux. Arrivés devant l'immeuble d'Ophélie, celle-ci se plaqua contre lui en lui passant les bras autour du cou. Elle attendit qu'il l'embrasse. Tristan s'approcha lentement de ses lèvres. Ils s'embrassèrent longuement. Tristan sentit son désir gagner en intensité et sentit celui d'Ophélie faire de même ; elle releva une jambe pour l'enserrer contre elle. Elle se frottait lascivement contre lui. Tristan allait exploser ; il lui caressa les seins. Elle glissa sa main entre les cuisses du jeune homme excité et enserra son membre dans sa main en le frottant dans un mouvement de va-et-vient. Tristan glissa alors lui aussi sa main sous la jupe d'Ophélie et la caressa. Il passa ses doigts sous son string et sentit son sexe chaud et humide. C'était la première fois qu'il s'aventurait aussi loin avec une fille. Elle avait visiblement plus d'expérience que lui ; et ça le soulageait.

— Monte chez moi, ma mère travaille cette nuit, elle est infirmière. Elle ne rentrera que demain matin.

Tristan acquiesça et la suivit. Il monta au troisième étage, toujours la main d'Ophélie dans la sienne qui le tirait derrière elle. Ils traversèrent l'appartement dans la pénombre, qu'Ophélie ne prit pas la peine d'éclairer. Elle l'entraîna, en l'embrassant vers sa chambre où elle commença à le déshabiller. Il lui enleva son haut et put admirer deux petits seins ronds ; il les embrassa pendant qu'elle tentait de lui enlever son jean. Ils finirent de se dévêtir précipitamment. Elle se jeta nue sur son lit et Tristan la suivit. Elle était si belle ! Ses yeux buvaient la splendide silhouette, ils ne parvenaient pas à s'en détacher. Il lui caressa le corps ; elle avait la peau si douce. Il caressa son clitoris et, encouragé par les gémissements de la jeune fille, il rentra son doigt dans son vagin et le bougea. Elle lui demanda d'exciter son clitoris avec la langue en même temps. Tristan s'exécuta, attentif à toutes ces nouvelles sensations. Il fixait les images, les sensations, les bruits ; il savait qu'il était en train de vivre un des moments les plus intenses de sa vie. Ophélie l'arrêta brusquement, avant sa jouissance. Elle s'occupa de lui, ensuite. Elle l'embrassa en descendant sur son corps ; elle passait ses lèvres et sa langue sur son visage, dans son cou, sur son torse et joua avec son pénis ; elle passait sa langue tout autour et le prit dans sa bouche. Tristan allait défaillir. C'est sûr, il ne pourrait plus se passer de cela, désormais. Sa tête allait éclater. Ophélie s'interrompit et grimpa sur Tristan, face à lui. Elle se positionna pour se faire pénétrer par lui et commença à bouger, Tristan focalisant sur ses seins qui remuaient par saccades. La jouissance des deux ne fut pas longue.

Allongés l'un contre l'autre, le temps n'existait plus. Ils flottaient dans une dimension spatio-temporelle indéfinie. Un bien-être extraordinaire ouvrait Tristan vers un état de perception des choses agrandie. Tout était parfait. Il fallait que ça le reste. Pourtant, Ophélie le ramena à la réalité :

— Il est tard, tu devrais rentrer.

Fin de l'expérience divine ; le surhomme redevint le jeune garçon qui se pressa de rentrer chez lui pour ne pas se faire engueuler par son père. Tout le trajet du retour Tristan se repassa le film de sa première expérience sexuelle. Galvanisé, il banda de nouveau la moitié du chemin. Il tenta de rentrer chez lui le plus doucement possible ; il était trois heures du matin, si le père se réveillait, il passerait un mauvais quart d'heure. Le père se réveilla, mais ne broncha pas, il préféra attendre le lendemain matin pour réagir, il aurait ainsi plus de temps pour décider quelle attitude il adopterait. Tristan se doucha, le membre raide, se coucha le membre raide et s'endormit, difficilement, toujours le membre raide. Il ne voulait qu'une chose, recommencer vite ses galipettes avec la si jolie Ophélie.

De son côté, Ophélie rêvait de lui, elle était touchée par sa simplicité et sa douceur. Elle pensait qu'ils pourraient vivre une vraie relation, durable. Elle revoyait son corps musclé, ses yeux verts lumineux, sa bouche avec ses lèvres charnues si sensuelles. C'était un vrai délice de l'embrasser. Il lui tardait de retrouver son corps à embrasser, à explorer, à aimer. Elle qui était si seule, sans père, sans famille ni véritables amis, avec une mère peu disponible, elle avait envie de se raccrocher à Tristan et imaginer une complicité qui remplirait sa vie. Même si elle avait plutôt l'habitude de barricader son cœur et de se protéger, elle était tentée de lâcher prise et de lui laisser une vraie place.

Le lendemain matin, Stéphane buvait son café lorsque Tristan fit son apparition, les cheveux en bataille, deux fentes brillantes pour tout regard, à cause du manque de sommeil.

— La soirée a été bonne, je suppose ?

— Oui, je suis rentré plus tard que prévu. Désolé, grogna Tristan, la voix rocailleuse.

— Eh bien ça va donner quelque chose de bien, ton DS de maths de ce matin…

— J'avais déjà révisé en début de semaine.

— Bon sang, mais qu'est-ce que t'as foutu jusqu'à trois heures du matin ? explosa Stéphane.

Tristan n'eut pas envie de lui raconter des salades et de partir dans les embrouilles et les mensonges ; il avait la tête trop lourde et il n'était pas en état de soutenir un face-à-face tendu ce matin-là. De plus, il ressentait encore une certaine euphorie en repensant à son expérience de la soirée de la veille, même dans cet état de fatigue. Il avait envie de dire à la terre entière qu'il n'était plus le même, qu'il avait connu l'amour et qu'Ophélie voulait de lui.

— C'était pas prévu, mais j'ai passé quelques heures dans le lit d'une fille, avoua carrément Tristan.

Stéphane manqua de s'étouffer avec son café trop chaud. Il lui fallut quelques secondes pour engranger l'information et décider de sa réaction. Il ne se serait pas douté de ça ! Qu'en dire ? Qu'aurait dit sa mère ? Tristan lui confiait quelque chose d'important, il ne pouvait pas lui tomber dessus. Stéphane n'aurait pas eu ce courage et cette franchise à sa place ; il n'avait jamais rien raconté de ses expériences amoureuses et encore moins sexuelles à ses parents. Certes, ce n'était pas la même génération, mais, quand même… Il fut presque touché d'être convié dans l'intimité de son fils, preuve de sa confiance. Stéphane se sentit désarmé. Toute tentation de sermon ou de punition s'évanouit. Une vague de conseils, de peurs et de besoin de protéger son fils déferla sur le père soudain inquiet pour Tristan sur un tout nouveau sujet qu'il n'avait pas anticipé.

— Ah… T'as pris tes précautions ?

— Mmm, acquiesça Tristan, autant endormi que gêné.

— Et t'es sûr que la fille était d'accord ?

— Pas de doute là-dessus, lâcha Tristan, un brin ironique, un léger sourire aux lèvres.

Stéphane soupira, leva les yeux au ciel ; à présent, c'était garanti que le DS de maths était vraiment foutu… À présent, c'était garanti aussi que son fils était un homme et qu'il ne pouvait plus le guider à sa guise. Il prit conscience à ce moment que son fils lui avait échappé, qu'il était adulte et que son père devait rester à l'arrière, si besoin, seulement. Cela le soulagea.

— Et, c'est qui ?

— Une fille de ma classe, tu connais pas…

— Fais gaffe, elle n'a pas dix-huit ans, si ses parents l'apprennent, ça peut devenir compliqué pour toi ! s'inquiéta Stéphane.

— Pas de risques ; elle est majeure, elle n'a plus son père et sa mère travaille de nuit, elle est infirmière.

— Pratique…

— Ouaip…

Tout était dit. Chacun partit se préparer de son côté. Stéphane, en se lavant les dents, pensa aux probables dommages collatéraux ; le chagrin d'amour en premier lieu. Si cela arrivait, que fallait-il qu'il fasse ? Laisser une distance pudique ? Le prendre dans ses bras et le consoler ? Le raisonner et dédramatiser ? C'est si compliqué… Mais, on n'y était pas encore. Pourtant, il fallait y réfléchir.

Tristan, de son côté, ne risquait pas de réfléchir à quoi que ce soit en se lavant les dents. Il ressentait encore ce bien-être électrique typique des débuts d'histoires d'amour. Il était juste pressé de retrouver Ophélie en cours. Allaient-ils s'afficher devant les autres ? Tristan aurait bien aimé, ça serait si flatteur pour lui. Peut-être préférerait-elle maintenir leur relation secrète ? Il verrait bien. L'important était maintenant d'arriver à se coiffer…

Robin rattrapa Tristan aux abords du lycée, peu avant huit heures.

— Alors, comment va mon pote ce matin ? questionna Robin, les yeux pleins de malice.

— Dans le coaltar, mais ça va…

— Fatigué ? Ça veut dire que ta soirée s'est prolongée ?

— Suis rentré à plus de trois heures du mat', suis crevé, lâcha Tristan.

— Non ! Ça y est ? Tu l'as fait ? Avoue, avoue !

Tristan continuait de marcher, imperturbable, un petit sourire aux lèvres.

— Allez, bouge, on est à la bourre…

Robin s'excitait autour de lui, lui tournait autour. Il lui fallait des détails.

— Ah non, tu t'en sortiras pas comme ça ! Dis-m'en plus !

Tristan ne put avancer sans rien dire, harcelé par Robin qui voulait tous les détails. Tristan, même fier et heureux, ne parvenait pas à tout raconter, ayant l'impression de trahir Ophélie, de lui manquer de respect. C'était leur intimité ; tant que cela n'appartenait qu'à eux, c'était beau. Mais, devoir raconter les détails rabaissait leur acte d'amour à une série de gestes et pratiques scabreuses sans aucun sens, vidés de la magie qui les imprégnait la veille. Robin ne percevait pas cela. Il commençait à se braquer, déçu par ce qu'il prenait comme un manque de confiance de la part de son meilleur ami.

— Allez, quoi, tu peux bien me raconter !

— Tu voulais pas que je filme non plus ? Pour mieux te montrer ce qu'on a fait et comment on l'a fait ! s'impatienta Tristan.

— Oh ça va…

— C'est vrai, pourquoi tu veux les détails ? Pour savoir comment on fait avec les filles ? Pourtant, t'as déjà fait ça avec plein de nanas, non ?

Robin s'immobilisa. C'était le moment de parler. Plus possible de faire autrement, sinon, leur relation allait se déliter à cause de trop de non-dits et de malentendus. Il ne voulait pas perdre Tristan, mais il ne voulait surtout pas, non plus, qu'il ait l'impression que Robin l'avait pris pour un imbécile si longtemps.

— Si, je l'ai déjà fait, dit sourdement Robin, qui commençait à trembler.

— Alors ? questionna Tristan qui se retourna, prenant conscience que son ami n'avançait plus.

— Je l'ai fait. Mais pas avec une fille… souffla Robin, le cœur presque à l'arrêt.

Tristan resta interdit, immobile, face à son ami qu'il méconnaissait finalement depuis si longtemps. Ses yeux s'agrandirent alors qu'il tentait d'afficher une mine détachée pour ne pas montrer le trouble que cette révélation avait entraîné en lui. Comment avait-il pu passer à côté ? Ne l'avait-il pas senti ? Il se rapprocha de Robin transi.

— Pourquoi tu ne me l'as pas dit, pourquoi tu n'en as jamais parlé ? demanda doucement Tristan.

— Peur… Peur que tu m'envoies balader. Peur que le groupe me rejette.

— Tu penses que je suis comme ça ?

— Peut-être pas toi, mais pense à Axel par exemple…

C'est vrai que ce déconneur d'Axel traitait tout le monde de tapette et de taffiolle dès qu'il avait un reproche à adresser. Tristan opina de la tête, signifiant qu'il comprenait son ami et son appréhension.

— C'est pour ça qu'on t'a jamais vu avec une fille au lycée, lâcha Tristan qui éclairait les dernières zones d'ombre dans le sillage de son ami.

Robin haussa les épaules, la tête penchée et un petit sourire contrit : eh oui… Tristan se sentit mal de ne pas avoir ni compris ni écouté Robin ces dernières années. Il devait rattraper son retard d'ami : pas question d'aller au lycée après ça et de le laisser sur cet aveu, comme si de rien n'était.

— Viens, on va boire un café, proposa Tristan.

Robin, reconnaissant, le suivit, content et soulagé de ce poids dont il venait de se débarrasser.

Il n'y eut pas de DS de maths, ce matin-là.

Les deux amis s'attablèrent dans un café non loin du lycée, qui récupérait tous les élèves peu motivés, ou peu préparés aux tests du jour.

— Tu te sens homo depuis toujours ou pas ? interrogea Tristan.

— Depuis toujours je crois, même si j'ai tenté de me fondre dans le moule. Tu te rappelles, je suis quand même sorti avec Vanessa en cinquième.

Tristan se souvint de Vanessa de Rougemont dans leur classe ; une jeune fille un peu précieuse, assez jolie, mais plutôt prétentieuse.

— C'est vrai, je l'avais oubliée… Et c'est ce que t'as vécu avec elle qui a été décisif ?

— L'embrasser, la tenir dans mes bras m'a paru bizarre ; ce n'était pas vraiment transcendant ni agréable pour moi, mais en plus, je ne me sentais pas à ma place, comme un usurpateur. Je me retrouvais avec sa langue dans ma bouche et je me disais ; « qu'est-ce que je fais là ? » Ça a été ma première et ma dernière tentative avec une fille.

— Et t'as connu beaucoup de garçons ? osa demander Tristan.

— Pas au collège, mais ces deux dernières années, j'ai eu une relation avec trois garçons. Je vous ai parlé de ma voisine, tu te rappelles ? Eh bien, cette voisine s'appelle Thierry, il est plus vieux que moi, il a déjà son appartement, il travaille depuis peu dans une banque. Il a été mon premier amour et ma première expérience sexuelle. Il a été super avec moi ; doux, patient. On a beaucoup parlé et il m'a aidé à mieux cerner qui je suis. Il m'a décomplexé. Par contre, ça n'a pas duré longtemps, car il multipliait trop les rencontres et les amants. J'avais trop de mal avec ça, je me suis éloigné assez vite de lui.

— Et ta première expérience ? Ça s'est bien passé ? T'as senti que ça te convenait ?

— Complètement, j'étais en phase avec moi-même et j'ai tout aimé.

Robin, bizarrement, parlait librement de ce qu'il avait caché depuis tant d'années. Contre toute attente, il n'était ni gêné, ni honteux, ni angoissé de la réaction qu'il pouvait provoquer chez Tristan ; il avait vite compris que son ami ne le rejetterait pas. Il se révélait, enfin, en toute confiance. Tristan, lui, appréciait bien sûr la franchise et le naturel de son ami. Il avait juste l'impression de le voir pour la toute première fois.

— Et ta mère, elle est au courant ?

— Oui, mais elle l'a appris… brusquement, on va dire…

— Comment ça ?

— Elle a surpris mon deuxième copain dans mon lit. On dormait et elle est rentrée une nuit à la maison, alors qu'elle n'y avait plus remis les pieds depuis je ne sais plus combien de jours…

Les yeux de Tristan s'agrandirent ; le choc pour la mère ! Le choc pour Robin ! Et le choc de Tristan qui apprenait des choses graves arrivées à son ami pour qui il n'avait pas été là. Et le choc d'apprendre aussi que Robin minimisait les virées irresponsables de sa mère et son attitude qui légitimerait l'intervention des services sociaux…

— Elle a mal réagi ?

— Pire, elle n'a pas réagi. Trop stone, sans doute. Elle a été ironique au réveil en me demandant si j'avais passé une bonne nuit et si elle devait préparer un chocolat chaud pour ma nouvelle conquête en boxer dans le lit… C'est tout.

— Tu m'as pas dit qu'elle partait en cacahuète à ce point, ta mère…

— Du moment qu'elle ramène assez d'argent pour qu'on puisse vivre décemment, je ne m'interpose pas. Je veille…

— Pfff, je t'en voudrais presque de m'avoir rien dit depuis tout ce temps ; à quoi j'ai servi, moi, alors que tu vivais des moments compliqués ?

— T'inquiète ! Vous étiez tous là, tous les jours et votre présence m'a bien soutenu plus d'une fois.

— Alors, reprends, j'ai coupé ton histoire ; qui était le second ?

— Enzo fait partie de l'équipe du centre social jeunesse où je donne des cours de théâtre aux petits, tu sais, ça fait des sous ! Lui, il donne des cours de judo. On a sympathisé et j'ai été son premier partenaire sexuel. Il a un corps de folie ! On a vécu une relation très intense, très passionnée, trop peut-être ; excessive. Trop de jalousie, de disputes. Il était très possessif. Ça m'a fait peur et j'ai voulu prendre un peu le large, au bout d'un moment. Ça m'oppresse, ce genre de caractère.

— Tu ne le vois plus ?

— Non, on se côtoie au centre, mais il a quelqu'un d'autre maintenant. Et ça me soulage !

— OK…

Tristan faisait alors le travail déroutant de rassembler les informations dont il n'avait pas idée concernant Robin, et de l'intégrer aux informations qu'il connaissait depuis toujours, comme s'il devait fusionner deux personnes différentes en une seule.

— Et arrive le troisième sur la liste.

Robin avait l'estomac noué, retourné, transpercé. Il fixa Tristan intensément, sans dire quoi que ce soit, comme pour l'inciter à deviner ce qu'il voulait dire et lui éviter ainsi une révélation trop difficile à formuler. Tristan le regardait, attentif, attendant la suite. Le regard de son ami devenant de plus en plus insistant, le jeune homme sentit comme un malaise. Il n'écouta pas ce que lui laissait entendre son instinct.

— Eh ? se hasarda Tristan, brisant ainsi le silence gênant.

— C'est toi.

Coup de marteau. Coup de massue. Coup de tonnerre. Tristan se liquéfia. Quoi dire pour ne pas blesser ? Il était plein d'Ophélie. Il ne voyait qu'Ophélie, il rêvait de se retrouver dans le corps d'Ophélie. Il fallait pourtant couper court à cette attirance qu'il ne partageait pas.

— Écoute Robin, ça fait des années qu'on se connaît, je t'aime comme un frère, mais je ne suis pas…

— Te casse pas, je sais que tu n'es pas comme moi. Je sais que t'es maintenant avec Ophélie. Ne t'inquiète pas, je ne vais pas te traquer, je sais que je n'ai aucune chance. Mais, il me faut un peu de temps pour que je me détache de toi et que je m'amourache de quelqu'un d'autre. Malheureusement, on n'est pas maître de nos sentiments…

— Bien sûr, je comprends, il n'y a pas de problème. Ne t'inquiète pas, toi non plus, ce que tu m'avoues ne changera rien à notre amitié et à notre manière de fonctionner. C'est bien qu'on ait parlé. Franchement, merci de ta confiance, c'était super courageux de ta part de tout me dire.

— Merci à toi de ne pas mal me juger ou m'envoyer balader.

— J'ai besoin de mon partenaire de scène, je compte bien continuer le théâtre avec toi, ça ne change rien.

Et pourtant, ça changeait tout. Mais Tristan ne le réalisait pas encore. Et surtout, il ne voulait pas le concevoir. L'aveu de Robin n'était qu'un petit nuage gris dans son ciel bleu aux couleurs d'Ophélie. Un peu de vent, et hop, le nuage s'éloignait. Seulement la météo de nos vies est parfois capricieuse ; il suffit que le vent tourne, et hop, les nuages menaçants reviennent en force…

Les jeunes garçons retournèrent en cours, en milieu de matinée, juste après le DS de maths qui ne les léserait finalement pas, au grand bonheur de Stéphane qui, pour le coup, justifierait volontiers son absence auprès du secrétariat du lycée.

Tristan revit Ophélie lors de la récréation. Elle vint tout de suite à lui.

— Tu t'es pas levé, ce matin ? demanda malicieusement la jeune fille en lui faisant les yeux doux.

— J'ai effectivement eu du mal, ce matin, mais il a fallu que je fasse un truc avec Robin.

— T'as raté le DS de maths.

— Pas bien grave…

— Je m'inquiétais, moi… roucoula Ophélie en lui passant les bras autour de son cou.

Tristan posa ses mains sur ses hanches et l'amena contre lui. Ils s'embrassèrent, sans se soucier du public autour d'eux. La nouvelle du couple du jour se propagea en quelques heures. Avant le repas du midi, tout le monde savait qu'Ophélie sortait avec Tristan.

Robin observait la scène, tentant de focaliser sur le bonheur manifeste du beau Tristan, devant amoindrir sa peine, du moins l'espérait-il. Le voyant embrasser Ophélie, il s'imaginait à la place de la jeune fille. Et ça ravivait sa douleur. Il détourna finalement le regard et discuta avec Baptiste qui lui expliquait les exercices du DS que Tristan et lui avaient séchés.

Durant cet instant, il y avait une autre personne qui observait la scène du baiser, qu'aucun ne vit. Cédric, sensible aux émotions fortes de ses proches sur lesquels il veillait, se retrouva mêlé à la foule d'élèves qui ne percevaient évidemment pas sa présence. Il regarda Tristan avec Ophélie dans ses bras. Il eut un petit sourire et contempla quelques secondes Tristan, les yeux fermés, dans son monde, tout entier tourné sur son désir pour Ophélie et sur ses sensations. Il était touchant. Et, comme Robin, sans que personne ne le sache, il s'imagina à la place d'Ophélie.

Cédric avait ressenti un tsunami de sensations la veille, concernant Tristan : il s'était téléporté dans la seconde, inquiet. Voyant la scène d'amour entre lui et Ophélie, il fut rassuré et s'éclipsa vite, en ayant quand même eu le temps d'observer le corps de Tristan, son torse musclé, sa peau claire, son sexe dressé, ses yeux remplis d'étranges lueurs de désir. Cédric le trouvant tellement beau, tellement ressemblant à son arrière-grand-père Marc à son âge…

Chapitre 5

Cédric rejoignit Sandrine sur le toit de chez elle. Elle était assise, le visage tendu vers la lune qui l'éclairait d'une lueur étrange et scintillante. Il s'assit à côté d'elle et se prit à jouer avec ses cheveux ; il passait ses doigts au travers de la lourde chevelure brune de son amie et les laissait glisser jusqu'au bout des longues mèches brillantes.

— Tu es une belle femme. J'aime tes longs cheveux, ta peau claire, ta poitrine et surtout tes grands yeux bleus qui laissent tellement voir ce qui t'anime. Ton regard est si expressif, on est toujours en train de s'y noyer et de ressentir les émotions que tu y renvoies.

Sandrine tourna la tête vers lui et lui sourit. Sensible à ce compliment, elle appréciait d'autant plus ne jamais devoir vieillir davantage en tant que fantôme.

— T'es pas mal non plus, pour un vieux fantôme de cent cinquante ans… Bien conservé !

— Ton fils te ressemble. Il a tes cheveux et ton regard. Mais il ressemble encore plus à Marc quand il était jeune, lorsque je l'ai connu. C'est son portrait craché, c'en est troublant…

Sandrine le regarda en coin et se sentit soudain mal à l'aise.

J'espère qu'il n'est pas en train de me dire qu'il trouve Tristan à son goût… Ce n'est pas que je craigne pour mon fils, Cédric ne peut rien lui faire, mais s'il commence à en pincer pour lui, la relation entre nous va devenir un peu glauque…

— Tu ne vas pas tomber amoureux de mon fils, quand même ?

— Je revois Marc en lui, et ça me trouble, c'est tout ce que je dis, répondit Cédric en lui adressant un sourire rassurant.

De toute façon, rassure-toi, il est pris !

— Pardon ? dit Sandrine, surprise.

— Il voit une fille de sa classe.

— Comment tu le sais ?

— Je suis connecté à lui, comme avec toi. S'il ressent quelque chose de fort, ça vibre jusqu'à moi et je vais vérifier s'il n'est pas en danger. C'est là que je l'ai vu avec elle.

— Et pourquoi je ne l'ai pas ressenti, moi, sa mère ?

— C'est un sens que tu as, mais tu n'y es pas forcément attentive systématiquement, surtout au début de ton nouvel état de fantôme. Tu vas le sentir de façon de plus en plus nette et précise, avec le temps.

— Et, qui c'est cette fille ? Je connais sa classe, si tu me la décris, je pourrais peut-être la reconnaître.

— Elle a toujours une tenue un peu extravagante. Elle se maquille avec beaucoup de noir autour des yeux.

— Je sais, c'est Ophélie.

— Tu as l'air contrarié.

— Non, mais c'est une fille dont la situation est un peu compliquée ; elle vit seule avec sa mère qui a des horaires impossibles, qui travaille souvent la nuit. L'établissement a déjà tenté maintes fois de téléphoner à la mère pour le manque d'assiduité de la fille. Ophélie est en rébellion, elle affiche toujours une certaine insolence ; ce n'est pas la fille la plus douce et la plus équilibrée que je connaisse… Et ça m'inquiète un peu.

— Elle est torturée, Tristan l'est aussi ces derniers temps, c'est logique qu'ils s'entendent et se rapprochent, non ?

— Oui, dit comme ça, c'est sûr… J'espère quand même qu'il ne va pas en tomber trop amoureux, il peut s'y casser les dents…

— Trop tard, j'ai envie de dire…

Sandrine lui lança un regard interrogateur.

— Qu'est-ce qui te fais dire ça ?

— On s'attache toujours à notre première relation sexuelle.

Les yeux de Sandrine s'agrandirent.

— Quoi, ça y est, il a fait ça, avec elle ?

— Oui, et il en a encore des étoiles dans les yeux, si tu veux savoir… ironisa Cédric.

— Oh non, je veux pas savoir ! Pas trop… Enfin, s'il est heureux. C'est de son âge, réfléchit posément Sandrine, qui laissa place ensuite à la mère anxieuse et nostalgique.

Mon fils… Mais c'est mon bébé… Oh, ça va trop vite.

Cédric la prit dans ses bras réconfortants. Sandrine s'y laissa aller en appréhendant le futur chagrin d'amour probable de Tristan, qu'elle ne pourrait pas soigner en chair et en os…

Plus tard, Sandrine eut besoin de voir son fils. Instantanément dans la chambre de Tristan, elle le vit endormi dans son lit. C'était vrai que son visage était détendu ; il était beau, indéniablement. Normal, c'était son fils ! Elle refit le geste de caresser sa joue et de passer ses doigts dans ses cheveux toujours emmêlés, en désordre. Elle eut l'impression que son fils esquissait un sourire dans son sommeil. Attendrie, elle se posa toutefois la question : sourit-il parce qu'il sent ma présence ou parce qu'il pense à sa chérie ? Peu importe, finalement… Il était bien, c'était l'essentiel. Elle le contempla un long moment. Puis il lui vint une idée. Depuis un certain temps, elle voulait en savoir plus sur le meurtre de Cédric. Freinée par le manque d'intérêt du beau fantôme concernant son propre assassinat, elle voulait avoir le fin mot de l'histoire, car elle pensait que ça pourrait aider Cédric à mieux comprendre son parcours.

Peut-être que Tristan serait capable de nous aider… Il faudrait qu'il soit juste alerté sur la personne de Cédric Lambert. Il ferait alors des recherches sur internet pour savoir de qui il s'agit et ce qu'il lui est arrivé. On aura peut-être une trace de cette affaire, même si cela remonte à longtemps… Ça vaut la peine d'essayer.

Elle se concentra au maximum de ses possibilités pour insuffler le prénom et le nom de son ami fantôme. Elle tenta de lui faire passer aussi son image. Elle répéta des heures durant les mots et l'image qu'elle voulait lui faire passer. Il lui sembla que les lueurs du jour naissaient à peine lorsqu'elle cessa son effort de la nuit.

Avant de disparaître de la maison, elle voulut faire un tour dans sa chambre pour voir Stéphane. Elle vit son mari endormi, en position fœtale, les draps repoussés d'un côté, la couverture de l'autre. Il ne passait toujours pas des nuits sereines. Peinée, elle s'assit à côté de lui et accomplit les mêmes gestes qu'elle avait eus pour son fils ; elle lui caressa la joue et passa ses doigts dans ses cheveux. Elle se pencha et lui chuchota à l'oreille « Mon amour, je vais bien, il faut que tu vives ta vie. Refais ta vie, profite de la vie, elle est belle et précieuse. Je t'aime. » Elle répéta plusieurs fois cela. Il lui sembla que le visage de Stéphane se relâchait un peu. Elle l'embrassa sur les lèvres et allait partir quand elle l'entendit grommeler en plein sommeil « Moi aussi, je t'aime... » Sandrine fut touchée et reconnaissante de pouvoir encore communiquer avec ses amours. Cela la regonflait de vigueur et d'optimisme.

Ophélie discutait avec ses amies lorsque Tristan arriva, peu avant le début des cours. Il ne savait jamais s'il était bienvenu qu'il s'approche, qu'il lui fasse signe de venir ou qu'il attende, en retrait... Ophélie le vit et coupa court à ses interrogations ; elle vint à lui et lui sauta au cou.

— T'as une sale tête encore ce matin, mon cœur. T'as pas bien dormi ?

— Si, si, mais j'ai fait des rêves qui m'ont embrouillé le cerveau, je crois bien.

— Ah bon, t'as rêvé de moi ? demanda malicieusement la jeune fille.

— J'aurais préféré ! j'ai ressenti la présence écrasante d'un mec dans mon rêve et je ne sais pas qui c'est. Juste sa présence, il ne se passait rien.

— Tu rêves d'un homme ? Mmm, pas bon signe, ça ! plaisanta Ophélie, l'air faussement soucieux.

— Tu veux que je te prouve encore mon hétérosexualité ? questionna Tristan, l'œil brillant et son demi-sourire craquant habituel.

— Ma mère travaille de 20 heures à 6 heures du matin, je crois... précisa Ophélie, d'un air entendu.

— Cool, à tout à l'heure...

Tristan l'embrassa et ils rejoignirent leurs groupes d'amis pour partir en cours.

Tristan avait un peu de mal à suivre les cours ; comme s'il n'avait pas dormi. Pourtant, en termes d'heures, il avait dormi normalement… Il lui revenait la présence de l'homme de son rêve. Pendant le cours d'histoire, il prit une feuille de brouillon et tenta de fixer l'image de son rêve en griffonnant au crayon. Il n'avait pas les talents de dessinateur de son grand-père Nyls, mais il n'avait jamais été ridicule avec un crayon jusqu'à présent. Il réussit à représenter les détails importants : une grande silhouette en costume du siècle passé, une chemise blanche, une large carrure, un doux visage avec une petite barbe en pointe, des cheveux jusqu'aux épaules, des yeux noirs… Il tenta de se remémorer son nom qu'il savait, d'instinct… Eric Lambert, a priori… Il l'inscrivit au côté du dessin, plia la feuille et la rangea dans son cahier de textes.

Rentré chez lui à 17 h 30, Tristan joua un moment avec son chien ; ils goûtèrent ensemble, comme d'habitude. C'est à ce moment que son père passa la porte, rentrant du travail plus tôt qu'à l'accoutumée. Stéphane avait pris la décision d'arrêter ses heures supplémentaires, le soir, au travail lorsqu'il avait réalisé qu'il les faisait plus pour retarder le moment de rentrer dans sa maison vide, que pour cumuler les sous… Il fallait qu'il se reprenne en main. Pour Tristan, pour lui.

— Tristan arrête de lui faire manger des cochonneries à ce chien, il va vraiment devenir obèse !

— T'as raison, avoua Tristan. Et, rajoutant à voix basse : Les Pims framboises, c'est pas trop son truc, lui, c'est les Choco BN, hein mon pépère… C'est bon, hein, les Choco BN ?

Wallee, tout à fait d'accord, remua vivement la queue. Mais ce n'est pas pour ça qu'il en vit la couleur, des Choco BN…

Soudain, on tapa à la porte. Stéphane, en train de s'enlever son costume et de mettre des vêtements plus confortables, demanda à Tristan d'aller ouvrir. Le jeune homme fut surpris de deviner une femme inconnue à travers la partie vitrée opaque de la porte d'entrée. Il entrebâilla la porte et reconnut une voisine qui habitait deux maisons plus loin, seule avec une fille d'une douzaine d'années.

— Bonjour, dit prudemment Tristan.

— Bonjour, j'espère que je ne te dérange pas, je voulais juste apporter à toi et à ton père un plat que j'ai cuisiné en trop grosse quantité. Je me suis dit, deux hommes seuls, faire la cuisine, c'est pas évident… Alors, voilà, si vous aimez le poisson, les légumes et les pommes de terre, ça pourra vous plaire, peut-être…

La femme, d'une quarantaine d'années, parlait trop vite, ce qui dénotait une certaine nervosité. Visiblement mal à l'aise, elle tendit vite son plat à Tristan qui, un peu surpris, mit du temps à réagir avec correction.

— Ah, c'est gentil, mais il ne fallait pas, on se débrouille. Mais rentrez ! Je dois mettre ça au frigo ?

— Oui, il faudra le mettre vingt minutes au four.

Entendant une voix féminine inconnue, Stéphane passa la tête dans le salon et vit son fils, un plat dans les mains et une voisine dont il ne se souvenait même pas du nom, et encore moins de son prénom, dans l'éventualité qu'il l'ait su un jour…

— Bonjour, madame… se hasarda Stéphane, en jogging violet.

— Bonjour monsieur Marino, c'est Carine Esposito, votre voisine…

Et la voisine resservit au père le même discours qu'elle avait adressé au fils.

— C'est très gentil, mais il ne fallait pas ! dit Stéphane intimidé.

— Oh, c'est rien du tout, je sais combien votre femme cuisinait bien, elle m'avait souvent fait passer des plats ou des gâteaux pour ma fille et moi quand j'ai aménagé ici, elle était tellement gentille… Quand j'ai appris son décès, j'ai été tellement désolée pour vous deux…

— C'est très gentil à vous, mais asseyez-vous, vous voulez boire quelque chose ? proposa Stéphane.

— Oh non non… je vous laisse. Passez le gratin vingt minutes au four à 190 degrés. Vous me rendrez le plat plus tard… Bonne soirée !

Et Carine Esposito s'éclipsa rapidement. Les deux hommes se regardèrent étonnés, Tristan tenant toujours dans ses mains une subtile tentative de rapprochement de voisinage… Le gratin de poisson fut vraiment très bon. Carine Esposito devint alors une voisine intéressante et reconnue. Les jours suivants, Tristan ne manquerait pas de charrier son père sur la voisine qui voulait le charmer à coup de gratin de poisson… Stéphane, amusé, se sentait surtout gêné. Cette nouvelle situation le déstabilisait. Il ne l'aurait pas supportée quelque temps auparavant ; il aurait mal pris cette ingérence. Mais à ce moment-là, il était juste déstabilisé ; il ne savait pas quoi en penser… Si Tristan avait raison, si Carine voulait se rapprocher de lui, comment réagir ? Est-ce qu'il la trouvait attirante ? Ça faisait si longtemps qu'il ne regardait plus les femmes comme cela… Le positif de l'affaire, c'est que c'était flatteur pour lui. Il se sentait un peu comme un homme neuf ; un nouvel homme, célibataire, qui pouvait refaire sa vie… Il y avait des moments où il pensait trahir Sandrine lorsqu'il raisonnait de la sorte, il y avait des moments où il se sentait dans son bon droit, sans faire de mal à qui que ce soit. D'autant que Tristan, en plaisantant sur Carine, n'affichait pas de rejet ou de réticence… Alors…

Stéphane, un soir, prit le plat qui garantissait une seconde visite et décida d'aller le rendre à Carine Esposito. Il fut surpris de se sentir nerveux comme à ses seize ans lorsqu'il allait aborder une fille. Il n'arrivait toujours pas à dire si Carine était jolie ou non. Il allait le vérifier. Il comptait poser des yeux d'homme sur cette voisine débarquée comme par miracle. Il hésitait sur le chemin à prendre, il doutait même de taper à la bonne maison. Mais, plus de doute, son nom était visible sur sa porte. Il sonna. Carine vint ouvrir, essoufflée, visiblement dérangée. Ça n'arrangea pas le malaise de Stéphane.

— Bonjour, excusez-moi de vous déranger, je venais vous rapporter votre plat…

— Oh, c'est vous ! Vous ne me dérangez pas, rentrez, je vous en prie !

Carine ouvrit en grand pour l'inciter à passer, elle était un peu en sueur, en tenue de sport. Stéphane put poser son regard sur son corps, tout à fait harmonieux, et entretenu, de surcroît. Elle n'était pas apprêtée ni vraiment maquillée. Stéphane put voir qu'elle était vraiment charmante, plutôt petite, blonde, les yeux marron, très en amande, avec un corps attirant. Il pourrait envisager quelque chose avec une femme comme ça, il le réalisait, maintenant. Il devint alors nerveux.

— Je ne voulais pas vous déranger !

— Non, non, vous ne me dérangez pas, je faisais ma séance de sport, je m'excuse d'ailleurs de ne pas être très présentable ! Venez, asseyez-vous ! Je vais aller chercher deux bières.

— Je voulais vous dire que Tristan et moi, nous nous sommes régalés avec votre gratin, merci encore !

— Avec plaisir ! Tant mieux si ça vous a plu.

Stéphane se lança.

— La prochaine fois, c'est vous qui viendrez goûter notre super cuisine de mecs célibataires, si vous aimez le risque !

— Pourquoi pas ? Ça pourrait être le début d'un tournoi culinaire entre voisins…

Stéphane sentit une petite boule de chaleur partir de ses tripes jusqu'au crâne. Ça se précisait ?

Carine lui tendit une bière et ils discutèrent de leur vie, leur boulot, leurs difficultés d'être parent isolé… Stéphane apprit qu'elle était comptable, divorcée depuis onze ans, juste une année qu'avait pris son ex-mari pour réaliser qu'avoir un enfant perturbait son quotidien d'enfant unique et gâté par sa mère… Depuis, Carine vivait seule, avec parfois de rares histoires, difficiles à stabiliser soit par la personnalité du compagnon qui ne s'y prêtait pas, soit parce qu'il était trop difficile pour Carine de concilier vie sentimentale et vie de maman avec une petite fille en bas âge. Stéphane fut surpris de réaliser qu'il était finalement facile de discuter avec elle ; Carine avait visiblement la tête sur les épaules et un caractère souple. Il craignait les complications et là, ce risque s'éloignait. Ils avaient des points communs, une vie assez similaire et une simplicité qui laissait à leur portée une chance de bonheur à deux. Stéphane pouvait envisager une suite entre eux deux, c'est vrai, mais il n'était pas du tout pressé pour autant. Il lui fallait du temps, il ne voulait rien précipiter pour ne pas prendre le moindre risque et surtout, cette séduction naissante était agréable à vivre. La situation de flirt qui pouvait arriver était euphorisante, il fallait en profiter. Laisser les choses arriver tranquillement, voilà la meilleure ligne de conduite à tenir. Il aurait le temps de s'y faire et d'appréhender une nouvelle situation personnelle, en douceur. C'est avec le sourire que Stéphane rentra chez lui deux heures plus tard, Tristan l'attendant en grommelant pour déguster ses fameuses pâtes au beurre-jambon. Le jeune garçon était pressé, il devait être chez Ophélie vers vingt heures, vingt heures trente…

Stéphane regarda partir précipitamment son fils douché, bien coiffé pour son rendez-vous galant. C'était en semaine, ça ne lui convenait pas trop, mais, à peine sorti de chez la voisine, il était mal placé ce jour-là pour dire à son fils de limiter ses escapades érotiques… Peut-être aurait-il dû lui proposer sa voiture ? Il s'affala sur le canapé, Wallee allongé contre lui, et regarda un film d'action, serein et avec cette agréable sensation d'être le patron à la maison, alors que cet état de solitude l'angoissait il n'y avait pas si longtemps…

Tristan parvint à l'appartement d'Ophélie pas trop en retard. Elle lui ouvrit la porte en sous-vêtements. Tristan la regarda avec ravissement ; admirer de façon hypnotique son corps mis en valeur avec des dessous violets et noirs, il en eut juste le temps. C'est presque au pas de course qu'ils finirent nus sur le lit défait d'Ophélie. Enfin ils se retrouvaient, comme si toute la journée s'était déroulée au ralenti dans l'unique but d'arriver à ce moment précis, précieux, prélude à des jeux délicieux inventés par eux qui n'auraient jamais de fin… Ces moments passés avec elle étaient, pour Tristan, toujours teintés d'irréalité, de magie. Elle bougeait, variait les poses, lui chuchotait des mots qui l'électrisaient, avec ses seins parfaits sans cesse en mouvement, des seins illustrant la toute-puissance des femmes et en même temps leur vulnérabilité et leur douceur. Tristan se serait damné pour les seins d'Ophélie. Il apprenait les endroits secrets qui faisaient vibrer la jeune fille, les gestes de plus en plus assurés, et il en apprenait plus aussi sur ses propres désirs ; ce qu'il aimait, ce qui le faisait réagir, ce qu'il adorait qu'elle lui fasse… Leur chair enfin repue, ils restaient allongés l'un contre l'autre à discuter de leurs envies, de leurs sentiments, de leurs attentes, de leurs espoirs, bref, ils discutaient d'eux-mêmes. Il n'y avait pas de place pour autre chose dans leur dimension espace-temps. Ils avaient besoin l'un de l'autre, ils se confiaient et se construisaient au travers de leurs intimes échanges, ils se sentaient ainsi tellement plus forts, tellement plus entiers, tellement plus eux-mêmes. Grâce à l'autre, chacun apprenait à se définir vraiment.

Tristan se rhabilla comme un automate, le moment de rentrer chez lui était la fin du rêve qui l'amenait à accomplir les gestes d'une réalité quotidienne comme un enchaînement d'actions incompréhensibles, ridicules, inintéressantes et du même coup, mal assurées. Tristan, sans s'en rendre compte, se retrouva avec la braguette de son jean non boutonnée, les boutons de sa chemise décalés ; lundi avec mardi, mercredi avec jeudi et ainsi de suite… Il embrassa une dernière fois Ophélie et se résolut à partir. Il courut jusque chez lui ; il n'avait plus besoin d'assurer, dans ce sens, un trajet sans transpirer.

Arrivé à destination à plus de minuit, il se redoucha. L'eau sur sa peau le revigora et il ne put se coucher tout de suite. Il s'attabla à son bureau et voulut vérifier ce qu'il y avait à prévoir pour le lendemain de cours. Son croquis réalisé la matinée glissa de son cahier de textes. L'homme du rêve. Éric Lambert. Les yeux de Tristan fixèrent le dessin, puis se posèrent sur son ordinateur portable. Il n'y avait que quelques clics à faire pour vérifier si tout cela correspondait à quelque chose de concret… Le jeune homme alluma son laptop et tapa lentement le prénom et le nom inscrits sur le dessin, comme avec hésitation. Il vit une entreprise de maçonnerie dans le nord de la France et une imprimerie dans le sud-ouest. Peu inspiré, il revint sur le dessin. Ce n'était peut-être pas le bon nom ou le bon prénom ? Il se concentra pour se replonger dans son rêve de la veille pour s'imprégner de cet homme.

Au même moment, sans qu'il puisse s'en douter, Sandrine était à ses côtés, triomphante et ravie que ses suggestions nocturnes de la veille aient fonctionné. Elle admirait le dessin réalisé par son fils avec grande satisfaction, elle n'aurait pas fait mieux, loin de là. C'était bien Cédric. Elle eut un moment d'arrêt lorsqu'elle lut le prénom inscrit, qui était erroné. Elle se concentra intensément et souffla à son fils, en boucle « Cédric Lambert, Cédric Lambert… »

Tristan, les yeux fermés, le crayon à la main inscrivit à côté du dessin une autre proposition, quasiment en écriture automatique : Cédric Lambert. Il effectua une seconde recherche sur son ordinateur. Là encore, les premières propositions du web l'orientaient sur une ferme pédagogique dans l'Aveyron ou une boutique de réparation de VTT dans la Drôme. Ses yeux parcoururent la liste des liens trouvés. Rien n'attirait son attention. À ses côtés, Sandrine, très attentive, suivait, elle aussi, les recherches de son fils. Tout en bas de la page, la référence inconnue d'un journal apparut. Sandrine, d'instinct, voulait cliquer sur ce lien, cela pouvait correspondre. Elle tenta d'influencer Tristan sur ce choix. Tristan allait tout fermer, son curseur était déjà sur la croix en haut à droite qui allait mettre un terme à toute possibilité de renseignement. Soudainement, le curseur s'immobilisa et fila vers le bas de la page. Tristan cliqua, sans trop savoir pourquoi, sur le dernier lien. Une fenêtre s'ouvrit sur un site qui collectait les vieux numéros de journaux datant du XIXe siècle. Tristan déroula la page et tomba tout de suite sur un article dont le titre était « le tueur d'homosexuels ». Il lut l'article, intrigué. Sandrine faisait de même, penchée par-dessus l'épaule de son fils, retenant son souffle.

« Le tueur d'homosexuels » qui sévissait depuis des semaines a enfin été arrêté au matin du 24 avril 1865 aux abords du Vieux-Port, dénoncé par sa propre épouse. Charles Rossi, âgé de quarante-trois ans, a traqué et assassiné plus d'une douzaine d'homosexuels, des jeunes hommes pour la plupart. Il avait choisi de terminer son expédition punitive sur son propre fils de dix-sept ans qu'il soupçonnait aussi d'homosexualité ; il l'a roué de coups et l'a poignardé à vingt reprises. C'est avec ce même mode opératoire qu'il a assassiné les victimes suivantes : Henri Bozon, vingt et un ans, Philippe Bertucci, quarante-six ans, Cédric Lambert, trente-cinq ans… Les yeux de Tristan s'arrêtèrent net sur l'évocation de l'homme du rêve, qui avait été bien réel. Il agrandit la taille de l'article qui affichait les photos de chaque victime. Il reconnut sans hésitation la photo de Cédric Lambert. Le visage correspondait à son esquisse, quoique plus détaillé. Son rêve n'était pas un hasard. Tristan alluma son imprimante et tira un exemplaire de l'article et ses photos. Après la surprise de voir cette trace concrète de cet homme, la question était évidemment, maintenant, pourquoi cette résonance jusqu'à lui aujourd'hui, en 2020 ? Quel pouvait être le rapport entre ce Cédric Lambert et lui ? Qu'est-ce qui pourrait les relier ? Et pourquoi ce disparu se manifesterait-il, après tout ce temps ?

Sandrine, quant à elle, eut le temps de lire l'article jusqu'au bout. Elle savait toute l'affaire maintenant. Un fou furieux, tellement homophobe et abruti qu'il en était venu à tuer son propre fils ! Sandrine était horrifiée. Mais elle s'interrogeait, allait-elle tout révéler à Cédric ? En avait-elle le droit ? Compléter les pièces du puzzle de son meurtre le libérerait-il ou le replongerait-il dans un tourment qu'il voulait définitivement derrière lui ? Sandrine comprit son indiscrétion et s'avoua que c'était surtout pour elle qu'elle avait voulu ces détails, plutôt que pour son ami. De plus, Tristan, maintenant, n'allait pas savoir quoi faire de ces informations ; allait-elle le laisser dans l'expectative ? Elle n'avait pas assez réfléchi, elle avait agi sur un coup de tête. Elle s'était servie de son fils pour récupérer les informations dont elle avait besoin. Que faire maintenant ?

Elle rejoignit Cédric qui se trouvait dans le jardin, à côté de son rosier, Wallee face à lui, remuant la queue. Il tentait de communiquer avec le chien, la main tendue vers son museau. L'animal tourna la tête vers Sandrine qui venait d'apparaître, sa queue remuait de plus belle.

— Les animaux sont décidément plus sensibles que les humains, remarqua Sandrine.

— Oui, les chiens et les chats sont très réceptifs à notre présence, informa Cédric.

— Tristan aussi a été réceptif ces jours-ci… insinua Sandrine qui décida d'être franche. Je lui ai suggéré ton nom une nuit et il a reçu l'information, il a même trouvé un article de journal sur internet qui précise l'histoire de ton agresseur et son arrestation. Je sais, j'aurais dû t'en parler, j'aurais dû te demander si tu voulais que je le fasse. J'ai agi inconsidérément, je m'en excuse… Je voulais éclaircir tout ça pour toi, t'aider à mieux comprendre…

Cédric la fixa intensément, décontenancé. Il mit un moment à reprendre la parole.

— J'imagine que, sachant tout de vous tous depuis tant d'années, je ne peux pas te blâmer de vouloir en savoir plus sur mon histoire, surtout que j'ai conscience que c'est parti d'un bon sentiment. Je suis juste surpris du brusque retour de toute cette histoire, au bout de plus de cent cinquante ans. Je sais maintenant qu'il a été arrêté, et que ce qu'il a commis a été révélé au public…

Le fantôme se tourna vers la vue du jardin qui laissait apercevoir la mer au loin ; comme si la contemplation du paysage accompagnait sa réflexion et l'aidait à cheminer correctement.

— Veux-tu savoir toute l'affaire ? demanda timidement Sandrine, assez honteuse.

— Non. Je crois que si j'ai tant tenu à ne rien savoir, c'est que j'avais peur que ça reste un acte impuni ; que ce soit encore un cas de justice où l'homosexualité ne soit pas traitée avec les lois dont bénéficiait pourtant tout un chacun, même en 1865… Et là, tu viens de m'apprendre que cet assassin a été arrêté. Ses actes ne sont donc pas restés impunis…

Cédric revint planter son regard pénétrant dans les yeux clairs et compatissants de Sandrine.

— Il a été condamné, oui… avoua-t-elle d'un souffle.

Cédric se prit à sourire.

— Merci pour le bien-être que tu m'offres en me révélant cela, murmura Cédric.

Mais je ne désire pas en savoir plus. Le reste n'a plus d'importance.

— Je comprends. C'est peut-être au travers d'affaires comme celle-ci que les mentalités sur l'homosexualité et l'homophobie ont pu évoluer un peu…

— C'est possible… En attendant, j'aurais tellement préféré vivre avec Marc en 2020… Les homos peuvent s'afficher, aujourd'hui, ils n'ont plus à se cacher, ils peuvent revendiquer les mêmes droits que les hétéros, ils peuvent vivre ensemble, se marier et même fonder une famille ! Tout cela représente une telle avancée par rapport à mon époque ! Rends-toi compte, de mon temps, on ne distinguait même pas les homosexuels, qu'on nommait alors plutôt pédérastes ou sodomites, des masturbateurs ou des pédophiles. Tout cela représentait un même crime, ou plutôt un même profil monstrueux, contre nature puisque ces pratiques ne concouraient pas à la procréation. Après avoir brûlé bon nombre d'homosexuels sur le « bûcher de Sodome », mon siècle a prétendu qu'il s'agissait d'une anomalie médicale, de travers psychiques qu'il fallait corriger, traiter, soigner, en enfermant ces pauvres hommes dans des asiles d'aliénés. Merci professeur Tardieu… La médecine nous cataloguait comme des malades et des fous. C'était l'occasion rêvée pour l'église de justifier la traque de ces « pêcheurs » désormais qualifiés de malades… À partir de là, des brigades de police entières se sont mises à nous traquer nuit et jour, alors que le crime de sodomie avait été aboli en 1791. Mais le nouveau Code pénal de l'époque napoléonienne a durci le traitement de l'homosexualité. Si elles ne pouvaient pas nous arrêter chez nous, ces brigades pouvaient le faire dès lors que des hommes pratiquant la sodomie seraient susceptibles d'être vus par les gens aux bonnes mœurs ou les mineurs. La police surveillait évidemment les lieux publics avant tout, comme les bains publics, les parcs, les urinoirs, mais elle pouvait venir arrêter les pédérastes même dans des lieux fermés comme des cabarets, des bars, des maisons de prostitution, des voitures fermées, des auberges…

— Et qu'est-ce qu'un homosexuel risquait en cas d'arrestation ?

— On le fichait, on le condamnait s'il y avait une victime à proprement parler ; soit on considérait une atteinte à la pudeur, soit une incitation de la jeunesse à la débauche. On faisait en sorte, tu t'en doutes, de forcer le trait pour aboutir invariablement à l'un ou l'autre de ces crimes. Je me souviens d'une affaire à Paris, avant ma mort, qui avait fait grand bruit : l'affaire de la rue des Remparts. Il s'agissait d'un meurtre ou d'un vol, ou peut-être des deux, je ne me souviens plus très bien, mais le procès qui en a découlé a voulu mettre en avant un vrai réseau d'homosexuels. Je me rappelle surtout qu'on avait entretenu l'idée du lien entre la criminalité et l'homosexualité. Ce dérapage a quand même conduit à plus d'une quarantaine d'arrestations lourdes…

— Comment tu expliques l'arbitraire de cette justice ? Ils étaient effrayés par l'homosexualité ?

— Bien avant le 19e siècle, la religion n'a pu concevoir qu'une hétérosexualité dans le but pour l'homme de se reproduire. Les pratiques sodomites étaient condamnées par l'église ; elles éloignaient l'homme de la femme, elles ne permettaient pas la procréation ; c'était un péché mortel. La peine de mort concluait la plupart du temps ces états de fait. Mais avec la séparation de l'église et de l'État, de mon temps, l'homosexualité a été traitée de manière plus judiciaire. Les mentalités n'avaient pas changé pour autant : l'homme devait, disait-on, contenir ses fluides pour garantir l'équilibre de sa santé ; il ne devait ni pleurer, ni se masturber, ni pratiquer la sodomie…

— Ah oui ! La théorie des humeurs de l'antiquité… La femme peut couler, pas l'homme. La masturbation entraînait des maladies, voire la mort, disait-on…

— C'est ça. Le terme « perversion sexuelle » apparaît peu avant ma mort ; notamment à la suite d'un militaire nécrophile arrêté. On y range tout un tas de catégories d'hommes, dont les pédérastes. Et même si l'église se fait moins entendre lors de la condamnation des homosexuels, les hommes de mon époque sont issus des campagnes napoléoniennes et prônent la toute-puissance de l'homme, viril, fort, honorable, ne craignant pas la mort, prêt au sacrifice… On le voit dans les textes de lois régissant la famille qui montrent deux grands oubliés ; la femme et l'enfant. Aussi, beaucoup d'hommes ne se sont pas sentis correspondre à ce profil masculin ; ils en ont souffert, et pas que les homosexuels…

— Oui, c'est l'époque des dandys, d'ailleurs assimilés la plupart du temps à l'homosexualité. Baudelaire, Barbey d'Aurevilly, Proust… L'époque aussi où certaines œuvres licencieuses sont attaquées comme Les Fleurs du Mal, Madame Bovary… Mais je pense que ce rejet de l'homosexualité était plus fort chez la classe bourgeoise ; question de respectabilité, d'argent, de transmission de patrimoine…

— C'est sûr. Après la Belle Époque plus permissive du moment que les homos étaient très discrets, j'ai vraiment vécu pendant une période où les homos risquaient leurs vies. En Grande-Bretagne, à ce moment-là, on pendait les sodomites. Il y a pourtant eu un Allemand, peu avant ma mort, qui m'avait beaucoup intéressé, j'avais d'ailleurs demandé à le rencontrer pour écrire un article sur son travail, mais comme tu peux t'en douter, on me l'a refusé. C'était un magistrat qui abordait autrement la question des homosexuels qu'il appelait les « uranistes » ; il parlait d'un troisième sexe où il considérait un corps d'homme abritant une âme de femme. Pour lui, l'homosexualité était innée, non pathologique. Aussi, il a commencé à militer pour la dépénalisation de la sodomie. Il s'appelait Ulrichs, je crois.

— Sauf que, plus tard, les nazis ensuite détruiront tous ces efforts.

— Encore un retour en arrière, visible même en France, puisque le pays a reconnu depuis peu, avoir envoyé des homosexuels dans les camps de concentration…

— Les triangles roses, oui… Ça donne vraiment l'impression de faire un pas en avant, trois pas en arrière, sans arrêt… Tu te rends compte qu'on a sorti l'homosexualité de la liste des maladies mentales de l'OMS seulement depuis 1990 !

— Et le PACS apparaît neuf ans plus tard… et la loi pour le mariage civil homosexuel en 2013…

— On va dans le bon sens, reconnut Sandrine en haussant les épaules. Mais tu te rends compte qu'on a toujours catalogué les gens par rapport à ce qu'ils faisaient dans leur lit, et avec qui ils le faisaient. J'ai du mal à comprendre le rapport entre pratique sexuelle et respectabilité sociale, je t'avoue… À part bien sûr des violeurs ou des pédophiles, pourquoi ne laisse-t-on pas la liberté totale à chacun de faire comme il l'entend ? Entre adultes consentants, où est le problème ? Qui ça regarde ? Et je suis sûre qu'aujourd'hui, ceux qui dénigrent le plus les homos sont des hétéros qui trompent leurs épouses, qui font les pires cochonneries avec d'autres femmes, et même avec des hommes… C'est d'une telle hypocrisie ! s'écria farouchement Sandrine.

— C'est le modèle chrétien qui, depuis des siècles, a imposé la cellule familiale traditionnelle et si acceptable que l'on connaît. L'espèce perdure, c'est bien pour l'équilibre des enfants d'imposer un père, une mère pour toute une vie. Mais d'autres schémas sont possibles. Pas tout le monde ne rentre dans le cadre qui correspond à la structure familiale des années cinquante…

— L'amour peut trouver d'autres chemins… murmura Sandrine en fixant intensément Cédric.

Cédric reçut son regard et son sous-entendu.

— Et ils sont acceptables ! En tout cas, dignes de respect, affirma Cédric.

— Entre filles ou garçons, jeunes ou vieux, entre personnes d'ethnies différentes ou de religion différente, pourquoi dans certains cas l'amour serait-il bienvenu, mais dans d'autres cas, non ? L'amour, c'est l'amour, c'est tout ! déclara spontanément Sandrine.

— Depuis toutes ces décennies que j'observe le monde et son évolution, je pense que la seule chose qui compte et qui vaille le coup, c'est l'amour. C'est la seule chose qui montre le plus bel aspect chez l'homme. Il faudrait l'encourager, non l'entraver…

— Tu as tellement raison.

— C'est durant l'âge adulte qu'on perd l'amour de vue, trop souvent. Surtout pendant ce siècle ; il faut être performant, gagner de l'argent, consommer, consommer ; symbole de réussite sociale… Et pour les hommes, et pour les femmes aussi maintenant, de plus en plus. Je n'ai pas connu une telle spirale individualiste et capitaliste de mon temps : on avait alors un métier ; maintenant on a de l'argent.

Vous perdez votre âme, vos idéaux. Et le rythme de vos vies est tellement effréné que vous n'avez plus le temps de la réflexion pour changer les choses… Les gens veulent aujourd'hui tout, tout de suite, sans faire le moindre effort, mais quelle illusion ! Ils veulent de l'argent, sans rien faire. Tous les corps de métier en souffrent ; il n'y a plus de personnel réellement compétent et encore moins consciencieux. Tout est fabriqué en vrac, sans penser une seule seconde aux utilisateurs ; seule compte la marge de rentabilité. Vous vous empoisonnez vous-même, vous condamnez les générations à venir, vous foutez en l'air la planète ! Et le pire, c'est qu'une majorité en est consciente, mais elle a tellement pris l'habitude d'être passive, dans un confort léthargique, que les puissants corrompus continuent de faire n'importe quoi et de se remplir les poches ! s'emporta Cédric, d'habitude si posé.

— Je comprends tellement ta colère ! Tu observes le monde qui change depuis si longtemps, tu as un recul sur les choses qui te rend tellement lucide. C'est frustrant de n'être qu'un spectateur passif, en tant que fantôme… dit doucement Sandrine, compatissante, en lui posant la main sur l'épaule.

Cédric sembla confus et esquissa un petit sourire contrit

— Je m'emporte un peu, excuse-moi. Mais je ne me censure pas avec toi, je sais tellement que tu peux me comprendre.

— C'est le cas, murmura Sandrine en lui prenant la main.

— Tu es mon âme sœur.

Sandrine l'enserra contre elle. Durant ce tendre contact, ils fermèrent les yeux et laissèrent aller leurs sensations. Alors, l'un comme l'autre, ils eurent des flashs, des images derrière leurs paupières. Cédric se vit promener ses mains sur la poitrine de la jeune femme, il sentait l'odeur de sa peau, il découvrait la douceur de son contact. Sandrine déboutonnait la chemise de Cédric, se lovait contre sa chaleur et caressait son dos. Les images s'accéléraient et s'hachuraient de plus en plus. Leur émotion allait crescendo et ils ouvrirent enfin les yeux, le souffle court, sans savoir combien avait duré ce moment mentalement érotique. Gênés, ils s'éloignèrent l'un de l'autre en n'osant pas se regarder dans les yeux, se demandant s'il fallait parler de ce moment mi-personnel, mi-partagé.

Sandrine se décida.

— On a vécu un genre de rêve éveillé érotique commun, non ?

— Je crois… Je ne sais pas. Tu es ma première…

Ces paroles firent fondre Sandrine qui cala son visage contre le sien. Cette sensation d'être importante pour quelqu'un était si délicieuse, si fondamentale.

Pendant ce temps, Tristan dormait. Plongé dans les limbes de l'inconscience, il ouvre les yeux, saisi par la fraîcheur qu'il sent sur tout son corps et sur son visage. Sa main agrippée fermement au pommeau de sa selle, il accompagne le galop de son cheval brun duquel il sent la puissante musculature en action. Les sabots martèlent le sol terreux de façon rythmique et de la vapeur sort des naseaux au fur et à mesure de la respiration cadencée de l'animal. L'humidité et le froid environnants associés à la vitesse piquent les oreilles du cavalier. Le soleil faible dissipe les nappes brumeuses résidant autour des arbres ; de grands pins, aux longs troncs fins, posés sur un sol terreux avec ça et là, des fougères bordant le large chemin en lacet. Au loin, un monticule de terre avec quelques buissons et de grosses pierres posées dessus. Le jeune cavalier sent la morsure de la lanière de son carquois au creux de son épaule droite, cela lui tire en arrière sa tunique sombre pourtant enserrée par une large ceinture de cuir. Il y a un peu de sang qui s'écoule de son genou gauche, tachant sa jambière, sans être en proie une réelle douleur. Le jeune homme ressent une forte angoisse, une peur d'être rattrapé, découvert. Il fuit. Il jette un regard derrière son épaule droite, mais il ne voit personne. Il décide alors de bifurquer à gauche, de quitter le chemin principal pour sillonner à travers les arbres, pour plus de sécurité. Son cœur bat la chamade ; il s'emballe au point de réveiller Tristan qui, une fois de plus, se retrouva en nage dans son lit. Il faisait ce rêve très régulièrement depuis qu'il était enfant. Mais comme chaque fois, cette scène s'interrompait à ce moment-là, sans aller plus loin, sans rien révéler de plus.

Chapitre 6

— Papa, il faut donner le chèque pour le voyage scolaire demain ! rappela Tristan à son père, en rentrant du lycée.

— Je te le fais tout de suite. Tu as eu le détail du programme de la semaine ?

— En gros, oui, mais j'aurai le papier demain matin. On prend le train lundi 23 mars à six heures du matin, arrivée à Paris dans la matinée, dépôt des bagages à l'hôtel et on part ensuite pour le premier théâtre qu'on visite l'après-midi. Ensuite, les journées se dérouleront entre la visite de sites culturels, des musées pour la plupart, et la visite de plusieurs théâtres avec des pièces auxquelles on va assister le soir, avec parfois des entretiens avec les acteurs.

— Il n'y a que ton groupe de théâtre ?

— Oui, avec ceux des classes de seconde et de première. On doit être entre trente et quarante élèves, avec le prof de théâtre, la prof de français et le prof d'histoire.

— Ça va être intéressant, non ?

— Ça devrait ! Le programme est cool.

— C'est ton copain Robin qui doit être content. Il y va, non ?

— Je pense que ça va pouvoir se faire. Il n'a pas vraiment le fric, mais vu sa situation familiale, l'APEL va financer les trois quarts. C'est le seul du groupe qui a besoin d'un coup de main, alors la secrétaire lui a laissé entendre que ça devrait être bon.

— Bon, tant mieux. Ce serait dommage qu'il ne puisse pas y aller.

— Un voyage à Paris sur le thème du théâtre sans Robin, c'est juste pas possible ! Je crois que le prof de théâtre aurait même été prêt à la lui payer, sa place ! C'est obligé qu'il vienne.

— Et il y aura ta copine ? demanda Stéphane en voulant savoir s'il devait prévoir une boîte de capotes en plus des autres affaires à empaqueter pour son fils.

— Non… Elle ne fait pas théâtre.

— Ah, dommage, dit hypocritement le père un peu soulagé. Il voyait déjà venir les complications inhérentes à un couple quasi adulte surveillé par les accompagnateurs. « Allo, bonjour monsieur, votre fils a passé la nuit dans la chambre d'une de ses camarades de classe, je vous informe de son renvoi définitif ; veuillez trouver rapidement un autre établissement scolaire qui voudra bien l'accueillir la semaine prochaine… »

— Oui, dommage… dit sincèrement Tristan, déçu de ne pas pouvoir être avec Ophélie nuit et jour pendant ce voyage durant lequel il aurait aimé profiter des visites avec elle. Même si elle n'avait pas pris l'option théâtre, Tristan était sûr qu'elle aurait aimé ce voyage…

— Dis-moi, fils, je dois te demander un truc. Est-ce que tu peux rester à la maison vendredi soir ?

— On devait se faire une soirée jeux vidéo avec les potes.

— C'est pas ta copine que tu devais voir ?

— Non, je la vois samedi soir ; ce vendredi, sa mère travaille encore la journée. C'est le week-end qu'elle bosse la nuit.

— Et tes potes, ils doivent venir ici vendredi ?

— On tourne ; la dernière fois, on est allé chez Baptiste. Cette fois-ci, ça doit être ici, effectivement.

— Tu peux leur dire de venir vers vingt-deux heures, pas avant ?

— C'est possible, mais pourquoi ?

— J'ai invité Carine et sa fille à manger vendredi soir. On les reçoit correctement à partir de dix-neuf heures et ensuite, tu t'enfermes dans ta caverne avec tes potes quand ils arrivent, ça te va ?

Tristan releva la tête, un peu surpris, et réalisa que ça se précisait vraiment entre son père et la voisine. Il eut conscience que son père attendait, probablement avec un peu d'anxiété, sa réaction ; ce repas était important. Il prit quelques secondes de réflexion, et décida de dire franchement et sérieusement les choses. Il répondit à la question implicite, plutôt qu'à la question explicite.

— C'est bien que tu te rapproches de Carine, elle est chouette. Tu dois refaire ta vie, un jour ou l'autre. Je sais que, ni toi ni moi, on oublie maman. Mais tu dois avancer ; alors OK, je dirai à l'équipe des bras cassés de venir un peu plus tard, et je tâcherai de bien présenter vendredi pour ne pas te griller devant ta copine… se moqua gentiment Tristan.

Stéphane, surpris que la réponse de Tristan aille plus loin que sa simple demande d'emploi du temps, fut touché, reconnaissant et fier ; il lui sourit, incapable de formuler une autre réponse. Il apprécia la délicatesse de son fils qui le soutenait, qui le comprenait et qui était capable de calmer clairement ses appréhensions confuses. Durant toute la journée, Stéphane s'était demandé comment aborder la question de l'invitation. Devait-il d'abord demander l'accord de Tristan pour fréquenter Carine ? Devait-il parler de l'invitation, en voyant bien si Tristan allait être partant ou pas. Décliner l'invitation reviendrait alors à refuser d'imaginer son père avec une autre femme. Stéphane fut soulagé que Tristan parle simplement de la situation et fut fier de voir son fils avec un recul sur les choses et une intelligence qui l'incitaient à aller de l'avant. Tristan n'était décidément plus un enfant ; son père en eut clairement conscience à ce moment-là. Il montrait les dispositions de sa mère ; il savait faire preuve de finesse et de bienveillance. Stéphane se sentit, l'espace d'une seconde, à la place d'un enfant qui demandait une faveur à son père, et le père était son propre fils qui accédait à sa demande avec discernement, sagesse et amour. Stéphane ressentit pour son fils, en plus de l'amour, une véritable considération, ce soir-là.

Stéphane s'éloigna dans la pièce voisine pour téléphoner à Carine ; il ne lui avait rien proposé encore. Attendant le feu vert de son fils qu'il ne voulait ni brusquer ni mettre au pied du mur, il devait maintenant inviter Carine et sa fille vendredi. Les choses allaient décidément dans le bon sens ; la voisine accepta l'invitation en proposant de préparer le dessert. Super, pensa Stéphane, toujours ça de moins à penser, préparer ou acheter.

Maintenant, qu'allait-il prévoir à dîner ? Il alla se plonger dans les livres de cuisine de Sandrine, comme on se plonge de manière décidée dans une notice technique pour réparer un chauffe-eau en panne. Sans prétendre pouvoir concocter un repas extraordinaire, il voulait ne pas paraître ridicule ; c'était le premier repas officiel, avec les enfants… Il cherchait une recette pas trop technique, pas trop compliquée. Des lasagnes au poulet n'étaient pas minables ni ostentatoires… Il nota consciencieusement la liste des ingrédients à acheter, il lut deux ou trois fois la recette à exécuter, jusqu'à visualiser les étapes à suivre, les gestes à faire. Ensuite seulement, il s'autorisa à se détendre sur le canapé avec le chien. Les choses étaient sous contrôle et allaient dans le bon sens.

Pendant tout ce temps et sans que les garçons le réalisent, Sandrine était dans le salon pour voir ses hommes. Elle avait assisté à la conversation entre son mari et son fils.

Carine ? La voisine ? Steph voit Carine Esposito ? Il la fait venir à la maison ? Et Tristan qui cautionne…

Elle fut surprise, elle se retrouva au-dehors, aux côtés de Cédric dont elle eut besoin.

— Stéphane voit quelqu'un d'autre, annonça Sandrine un peu sous le choc.

Cédric se retourna vers elle et la fixa attentivement.

— Ça y est ? C'est la voisine ? La petite blonde ?

— Oui, comment tu le sais ? questionna Sandrine, surprise du temps d'avance qu'avait toujours Cédric.

— Je l'ai aperçue un soir qui venait taper à la porte. J'y ai pensé tout de suite. Et qu'est-ce que cela te fait ? Tu es en colère ? Jalouse ? Tu te sens trahie ? demanda Cédric qui se rapprocha d'elle pour la prendre dans ses bras, avec un air compatissant.

— En colère ? Non ! C'est normal qu'il refasse sa vie. Je l'ai même souhaité. Mais ça fait juste bizarre de voir qu'il en est là…

— C'est trop tôt selon toi ?

— Non ! Je l'ai vu tellement mal, tellement seul… C'est bien… finit par dire Sandrine, décidée à s'en convaincre.

— Oui, c'est bien, pour lui et pour Tristan. Il est jeune, il doit refaire sa vie, et cette femme semble plutôt bien pour lui. Et Tristan sera soulagé de voir son père aller de l'avant, il aura moins le souci d'être là pour lui, de le seconder. Il pourra davantage vivre sa vie d'ado.

— Tu as raison et je sais tout cela. C'est juste étrange d'assister à cette page qu'ils tournent sous mes yeux. Ils font place vide. Je sais bien qu'ils ne m'oublient pas, Tristan l'a bien dit tout à l'heure. Mais je commence à sentir le décalage entre la vie que j'ai laissée et la vie que Steph et Tristan commencent à réorganiser sans moi…

— Ça te rend triste ?

— Je ne peux pas dire cela. C'est juste le fait que j'assiste à ces changements. Je ne devrais pas être là et me rendre compte de cette évolution. C'est de la jalousie, tu crois ?

— Je sais tellement ce que ça fait… Le mot le plus juste, je crois, c'est l'injustice. C'est le sentiment d'injustice qui blesse. C'est injuste qu'on soit mort, c'est injuste de voir la souffrance de ceux qu'on aime sans rien pouvoir faire, c'est injuste de les voir aller mieux et avancer sans nous alors qu'on est toujours dans leur sillage…

— Oui, c'est ça. Parce que je suis sincèrement heureuse pour Steph qu'il puisse retrouver le sourire. Je ne peux pas être mécontente à l'idée d'un nouvel équilibre qui fasse du bien à mon mari et à mon fils, c'est sûr !

— C'est sûr. Et pourtant… C'est douloureux de voir le temps qui continue à dérouler chez les vivants, le temps qui répare, le temps qui offre de nouvelles chances de bonheur. Alors que pour nous, tout est figé, rien ne change pour les fantômes… Jusqu'à un certain point… Notre rencontre est quand même assez extraordinaire ! rajouta Cédric d'un ton caressant.

— Oui, j'en suis certaine. On a de la chance.

Cédric lui sourit en la regardant tendrement. Il se pencha et déposa un baiser sur le bord de ses lèvres. Sandrine fondit et apprécia ce baiser si réconfortant. Elle s'écarta ensuite doucement en pensant à son expérience à lui.

— Comme tu as dû avoir mal, tout seul, en voyant Marc refaire sa vie…

— Les débuts de son mariage, je n'y ai pas trop assisté ; c'était effectivement trop douloureux de l'observer, avoir les mêmes gestes tendres, les mêmes baisers pour sa femme, qu'il avait eus pour moi… Mais dès lors que des enfants sont arrivés petit à petit, j'ai recommencé à faire des apparitions. J'ai, malgré tout, bénéficié de leur bonheur familial ; j'ai assisté à l'évolution des enfants… Jusqu'à toi… Jusqu'à l'apparition de mon âme sœur que j'ai suivie avec tant d'émotion jusqu'à ton arrivée. Tu ne me connaissais pas, tu te méfiais de moi, tu me repoussais, alors que pour moi, c'était comme des retrouvailles que j'avais espérées toute ma mort… Mon errance a cessé dès que tu es apparue. Je me suis dit que j'avais attendu plus d'un siècle pour ce moment, pour pouvoir enfin te rencontrer.

Sandrine écoutait avec émotion ces paroles qui la rendaient si unique, si aimée, et cela pansait la scène précédente où elle s'était sentie oubliée par les siens. Elle n'était pas dupe, elle savait que Cédric disait exactement ce qu'elle avait besoin d'entendre, il avait cette sensibilité et cette délicatesse. Elle voyait bien qu'il cherchait à la recentrer sur leur relation à eux deux, si tendre et si particulière, pour lui éviter d'être peinée à observer sa famille qui l'écartait fatalement de plus en plus de leur vie. Elle lui était reconnaissante.

— J'ai vraiment eu de la chance de te rencontrer.

— Est-ce que, tout ça n'est qu'une question de chance ? sourit Cédric, d'un air un peu ironique. Je ne suis pas sûr. Il n'y a pas de hasard. On devait se retrouver à un moment ou à un autre.

— Oui, c'est possible…

Le train roulait à vive allure, emportant les lycéens vers Paris et vers leurs rêves d'acteurs. Tristan, côté fenêtre, regardait les paysages défiler en pensant à Ophélie qui resterait seule pendant toute une semaine ; une éternité… Robin, assis à ses côtés, les écouteurs sur les oreilles et les yeux fermés, semblait assoupi, mais son pied battait la mesure de la musique qu'il écoutait.

— Oh, Robin, tu dors ?

— Mmm ? Quoi ?

— J'ai la dalle, file-moi mon sac à côté de toi, je crois que j'ai un paquet de galettes que j'ai pu sauver de la boulimie de mon chien. T'en veux ?

— Pourquoi pas !

Tristan lui tendit un biscuit que Robin tardait à prendre.

— Oh, tu dors ou quoi ?

— Un peu, je crois.

— Je t'ai tiré d'un super rêve ?

— Oh non, les rêves que je fais en ce moment sont pas oufs… Les tiens doivent être plus funs, avec Ophélie à poil dedans, ironisa Robin.

— Et bien figure-toi que je ne rêve quasiment jamais d'elle. J'ai par contre une scène dont je rêve depuis mes cinq ou six ans, et ce rêve revient souvent, il est très récurrent.

— T'as un corps de bodybuildeur et les nanas tombent sur ton passage, c'est ça ?

— Laisse mon corps de bodybuildeur anémié où il est… Non, dans mon rêve, je ne suis pas moi.

— Raconte.

— C'est une scène très courte, mais très intense, très précise. Je vois tous les détails et je ressens beaucoup de sensations. Il fait jour, mais sans une énorme lumière ou un énorme soleil, je suis un jeune garçon à cheval sur un alezan foncé qui est au petit galop et je suis dans une forêt qui n'est pas de chez nous. Je vois des arbres fins et très hauts, mais pas trop serrés, on dirait des conifères. Il n'y a pas vraiment de verdure au sol, c'est terreux, marron et un peu sec. Le chemin plat et large serpente en légers lacets et plus loin, il y a des monticules avec des rochers, des buissons. Il fait frais, je vois la vapeur s'échapper des narines du cheval. Je décide de couper à travers la forêt pour quitter le chemin. Je ne sais pas pourquoi, mais je veux fuir, m'échapper, je ne veux pas qu'on me retrouve. Je zigzague autour des arbres. Je suis peut-être poursuivi, mais je jette un coup d'œil derrière moi et je ne vois personne. Je sens la morsure sur mon épaule droite d'une lanière en cuir, légèrement en diagonale. Elle me gêne. J'ai un peu de sang qui coule de mon genou gauche, mais je ne ressens pas de douleur. J'ai juste beaucoup d'adrénaline et d'angoisse, j'ai l'impression que ma vie est en danger et qu'il faut absolument fuir et me cacher.

— Et c'est tout ? Ça ne va jamais plus loin ? T'as pas de réponses sur ta course-poursuite ?

— Non, ça s'arrête toujours là, ce qui prime, c'est ce sentiment d'oppression, de peur panique qu'on me mette la main dessus.

— T'as dû faire une connerie, toi…

— Peut-être, mais je ne sais pas laquelle.

— Et tu ne devines pas où ça pouvait se passer ?

— Instinctivement, je te dirais dans une forêt du nord.

— Nord de France ? Angleterre ? Pays nordiques ?

— Aucune idée.

Ainsi, les deux amis finirent leur trajet en train en discutant de choses et d'autres. Tristan n'osait aborder des questions plus personnelles à Robin, de peur que celui-ci ne soit pas parvenu à faire taire l'attirance qu'il avait avoué avoir pour lui. Robin, quant à lui, évitait le sujet. Ils parvinrent à Paris, posèrent leurs bagages à l'hôtel et commencèrent leurs visites.

Le lendemain, ils passèrent l'après-midi à la Comédie française. La scène et les somptueux balcons saisirent Tristan qui ressentait l'effervescence dégagée par ce lieu pourtant figé, désert et silencieux lors de la visite. Au bout de la galerie des bustes, il vit un fauteuil défraîchi dans un caisson de verre. La guide présenta ce vestige comme le fauteuil de Molière, le dernier utilisé par le dramaturge lors des représentations du Malade Imaginaire. La guide raconta l'histoire du fauteuil. Tristan, n'écoutant que d'une oreille, avait ses yeux posés sur les blessures de la relique, le cuir tâché, bruni, fendillé d'où sortait de la bourre. La guide demanda alors si quelqu'un connaissait la teinte initiale du fauteuil. Tristan répondit à la seconde : « noire ! ». La guide lui sourit en le félicitant de ses connaissances. Tristan se figea, réalisant qu'il avait sorti cette réponse sans qu'aucune réflexion ne l'eût amené à dire cela. Aucune source, aucun souvenir, aucun reportage n'avait jamais évoqué ce fauteuil. Comment le savait-il puisqu'il n'y avait plus aucune trace de noir ? Et comment sortir du tac au tac une réponse qu'on ne voit même pas venir ? Robin remarqua son trouble et, chuchotant, lui demanda quel était le problème. Tristan lui expliqua qu'il avait donné une réponse qu'il ne connaissait pas et pour autant, qu'il savait certaine. Robin lui demanda comment il savait que ce fauteuil était noir. Tristan réfléchit un instant et lui dit « J'ai dit noir, parce l'espace d'une seconde, je crois que je l'ai vu noir. » Il ne dit pas qu'il lui avait aussi semblé voir l'ombre furtive du maître, assis dessus, dans une pose travaillée, déclamant son texte avec emphase. Robin haussa les sourcils et ne donna pas suite. Conscient de l'extrême sensibilité de son ami, il était cependant dérouté à l'idée que cela puisse dépasser le cadre de la réalité concrète et tangible. Il préféra se dire que l'information du fauteuil avait dû parvenir un jour à Tristan, mais ce dernier ne s'en souvenait plus.

Le soir venu, Tristan, Robin et deux autres garçons de terminale, Mathis et Bastien, rejoignirent leur chambrée. Deux paires de lits superposés les attendaient. Tristan choisit le sommeil à l'étage et Robin resta sur un sommeil terre à terre, vers le sol. Après de longues paroles, vannes et réflexions pleines de testostérone, ils s'endormirent tous les quatre vers deux heures du matin.

Tristan, tiré peu à peu de son sommeil, entendit des bruits qu'il identifia comme de légers gémissements. Il ouvrit les yeux, c'était la nuit noire, les deux autres garçons ronflaient plus loin. C'était Robin. Il s'accouda, tourna la tête et regarda au-dessous de lui. Son ami, enroulé dans son drap et sa couverture, tressautait et avait des mouvements saccadés. Il semblait en proie à un sommeil agité. Tristan attendit quelques secondes, mais voyant que Robin ne se calmait pas, il eut peur que Mathis et Bastien ne se réveillent. Il se leva à descendit précautionneusement la petite échelle. Il s'assit près de son ami qui gémissait de plus belle. Il posa sa main sur l'épaule gauche de Robin qui venait de se tourner face au mur, dos à Tristan. « Robin ! », chuchota Tristan à l'oreille de son ami. « Robin, réveille-toi ! ». Robin remua encore en marmonnant des paroles incompréhensibles, puis il s'arrêta net. Il tourna la tête vers Tristan, inquiet.

— Ah, c'est toi ! Pourquoi tu me réveilles ? bougonna Robin endormi.

— Tu bouges, tu parles, tu fais trop de bruit, tu vas réveiller tout le monde. Ça va ?

Robin s'assit péniblement et se frotta les yeux.

— Je faisais encore des rêves à la con.

— Quoi, comme rêve ?

— Ah, moi, je ne galopais pas dans une belle forêt, comme toi… Je tentais de casser la gueule à tous ces mecs qui emmerdent ma mère. Mais j'arrive jamais à frapper assez fort, à tous les éloigner, à tirer ma mère de là.

— Tu le fais souvent, ce rêve, pas vrai ? devina Tristan.

Robin acquiesça. Tristan eut tant de compassion en cette seconde, il l'entoura de son bras au niveau des épaules et du cou.

— Tu ne peux passer ta vie et surtout tes nuits à veiller sur une adulte qui ne veut pas que tu t'occupes d'elle…

— Je sais…

Tristan, ému, vit une larme couler des yeux de Robin… Il comprenait peu à peu la difficulté de son ami de jouer son rôle de fils auprès d'une mère qui serait plus pour lui une petite fille, dont il faudrait s'occuper. Un fils qui doit être le père de sa propre mère… De son autre main, il glissa ses doigts dans les cheveux en bataille de Robin qui lui tombaient sur les yeux. Il les lui remit en arrière et ramena doucement sa main, il lui frôla la joue au passage. Robin fixa Tristan qui devint prisonnier de la détresse de Robin, des sentiments de celui-ci et de son besoin de réconfort. Tristan, alors, laissa aller. Il s'approcha doucement et posa ses lèvres sur celles de Robin qui s'était statufié. Immobile et surpris, Robin répondit ensuite au baiser de son ami. Un baiser tendre. Un baiser doux. Un baiser pur. Puis, Tristan recula doucement et se releva sans rien dire. Il pressa d'une main l'épaule de son ami et remonta se coucher. Robin, allongé, les yeux fermés, tentait de calmer les battements de son cœur. Le tsunami qu'il y avait en lui faisait plus de bruit que les ronflements de Mathis et Bastien.

Le lendemain matin, les deux jeunes garçons firent comme si de rien était. Les discussions anodines, les visites, les repas tous ensemble ; tout cela reprit dans une extrême bonne humeur, même si Robin se surprenait à fixer Tristan un peu plus intensément qu'il aurait dû, surtout devant les autres. Ils devaient tous assister le soir même à la pièce de Musset ; Les Caprices de Marianne. La pièce les intéressait tout autant que l'entretien prévu ensuite avec les acteurs. Avalés par le métro, ils remontèrent à la surface, sortie quatre – septembre. Le groupe s'achemina vers l'entrée du théâtre de la Michodière. Il fallait attendre l'heure d'ouverture, ils se regroupèrent sur le côté pour casser la croûte. Les quatre garçons de la chambrée sortirent leur sandwich et grignotèrent en discutant.

— Eh Tristan, si tu ne veux plus de tes chips, je te dépanne, je les prends, dit Mathis en tendant déjà la main pour chiper le paquet.

— Calme-toi, tiens-toi bien, on rentre bientôt dans un théâtre, tu te rappelles ? ironisa Robin.

— Il est capable de demander du pop-corn dans la salle, tu paries ? renchérit Bastien.

— Oh ça va, je suis en pleine poussée de croissance, j'ai besoin de nourriture, s'exclama Mathis hilare.

— À ce stade, c'est plus un estomac, c'est un puits sans fond ! se moqua Tristan.

— Eh les gars, vous avez vu là-bas, le groupe « chelou » ? demanda Bastien en tournant légèrement la tête pour désigner derrière lui un groupe de trois jeunes en train de fumer.

— On dirait des SDF, chuchota Mathis.

Tristan tourna discrètement la tête et vit trois jeunes garçons sales, cigarette au bec, qui les regardaient d'un air mauvais.

— On dirait des mecs des pays de l'Est, répliqua Tristan. Ne vous en occupez pas, mais, de toute façon, on est en nombre, face à eux, vous croyez pas ?

— Sûr, mais pour autant, ils ne semblent pas être impressionnés par notre groupe de trente-cinq personnes. Ils regardent vers nous sans arrêt, remarqua Robin.

— On est trop stylés, c'est pour ça, rajouta Bastien en souriant, tout en pianotant sur son portable.

— Filez-moi tous vos papiers, on met tout dans un seul sac et j'amène ça à la poubelle là-bas, proposa Tristan.

Tous s'exécutèrent et Tristan s'éloigna. Il déposa le sachet dans la poubelle qui était à une vingtaine de mètres du groupe. Il revenait vers ses amis quand son portable se mit à sonner. Il le sortit de sa poche et vit que c'était Ophélie qui appelait. Il décrocha en souriant.

— Salut !

— Alors, comment tu vas ? Comment ça se passe ? demanda joyeusement Ophélie.

— Super ! On visite plein de trucs, je te raconterai. Et là, on va bientôt rentrer dans le théâtre pour voir Les Caprices de Marianne.

— Trop bien ! J'aimerais être là.

— C'est clair, ça aurait été trop bien que tu viennes, tu me manques, dit Tristan à voix basse.

Il ralentissait l'allure en parlant au téléphone, il tardait à rejoindre le petit groupe qui était alors en train de regardait une vidéo sur le portable de Bastien. C'est là que le revers du destin s'abattit sur lui comme un rapace sur sa proie.

Les trois jeunes SDF foncèrent sur lui en trois secondes. L'un lui envoya un violent coup de pied dans les jambes pour le faire tomber. L'autre lui envoya un puissant coup de poing dans le visage et le troisième lui arracha le portable des mains. Sans avoir le temps ni le réflexe premier de crier, Tristan serra instinctivement le portable dans sa main. Voyant qu'il y avait de la résistance, celui qui tentait de lui prendre le téléphone sortit un couteau de son autre main et le lui planta instantanément dans le ventre. Un éclair de douleur transperça Tristan qui s'écroula complètement au sol. Il perçut à peine les fuyards qui partaient avec son portable et des cris venant du groupe d'adolescents. Rassemblant ses forces, il parvint péniblement à se relever pour retrouver le groupe, afin d'obtenir de l'aide pour sa blessure. Son regard orienté sur son ventre, il voyait le sang rougir son pull clair. L'auréole s'étendait vite, très vite. La tête lui tournait, il n'arriverait pas à tenir très longtemps debout. Une douleur vive, aiguë le pliait en deux. Il releva la tête et vit tout le groupe des élèves se précipiter vers lui. La scène parut s'hachurer et se dérouler au ralenti. Il observa, venant vers lui, des yeux écarquillés, des bouches ouvertes desquelles aucun cri ne sortait. Il perçut le courant d'air des silhouettes qui arrivaient à lui. Il vit des gestes saccadés. Et, il réalisa avec surprise que les jeunes gens le dépassaient. Il les vit s'agglutiner plus loin, certains tombés à genoux, d'autres penchés vers le centre du regroupement. Sans comprendre, il voulut crier, il voulut les interpeller, mais en vain. Tristan, se vidant de son sang, se rapprocha avec difficulté, prêt à s'écrouler. Jetant un regard par-dessus les épaules de ses camarades devant lui, il voulut voir ce qui captait leur attention à tous, alors que des secours étaient si urgents pour lui à cet instant. Il se vit. Pétrifié, il vit son corps par terre baignant dans son sang. Il vit son visage contracté par la douleur ; ses yeux étaient fermés. Il ne voulait pas comprendre. Il refusait de concevoir la réalité de sa propre mort qui s'étalait alors sous ses yeux. Il ne bougeait plus et ne savait plus quoi faire. Il était pourtant bien là, debout, il ressentait une telle souffrance, tout cela était bien réel. Et ses yeux balayaient celui qui était inanimé, en sang, au sol. Il voulut se rapprocher, revenir dans l'unité de son corps, ne faire plus qu'un avec une seule version de Tristan et l'inciter à ouvrir les yeux, à se relever. Il eut alors la sensation d'être tout à côté de son double inerte, par terre, son visage près de celui dont les yeux étaient clos. Il leva les yeux, eut conscience ensuite de l'agitation autour de lui et vit Robin à genoux. La dernière image nette que Tristan perçut fut le visage de son ami qui se penchait sur lui, les yeux affolés, ses mèches de cheveux retombant sur ses joues.

À la même seconde, Sandrine et Cédric furent secoués par la même vibration. Ils se regardèrent et instantanément se retrouvèrent sur les lieux, attirés par la douleur de Tristan. Sandrine, figée d'horreur, mit une seconde ou deux de plus que Cédric pour se pencher sur Tristan qui se vidait de son sang. Elle eut l'impression de hurler « Non ! … » Cédric tentait de toucher le corps autour de la blessure, de parler à l'oreille du jeune garçon agonisant. Robin s'enleva son tee-shirt et boucha la plaie avec, en la comprimant pour limiter le saignement. L'ambulance arriva à ce moment-là. Les ambulanciers emmenèrent Tristan accompagné d'un professeur tremblant et de Robin qui ne laissa pas le choix aux adultes ; il venait aussi, point barre. Il tremblait, son cœur s'emballait, il se disait qu'il aurait dû accompagner son ami à la poubelle, puisqu'ils avaient déjà tous repéré ces jeunes. Il s'en voulait terriblement. Bien entendu, Sandrine et Cédric étaient aussi les passagers invisibles en prime. Les constantes vitales de Tristan devenaient préoccupantes ; l'ambulance forçait l'allure. Un pompier demandait les détails de l'attaque à Robin qui parvenait tout juste à parler. L'équipe s'affairait autour du corps de jeune garçon qui sombrait.

Sandrine, penchée sur son fils, lui caressait la joue en le suppliant de se réveiller. Cédric la soutenait en lui tenant les épaules.

Soudain, Sandrine et Cédric virent ce qu'ils redoutaient ; la dissociation. La version embrumée de Tristan se souleva de son corps meurtri et il se retrouva face à eux, immobile, marqué par la souffrance, les yeux écarquillés de surprise et de peur. Ses yeux s'agrandirent encore à la vue de sa mère. Sandrine le prit dans ses bras, entre la joie de ce contact et l'infinie tristesse de sa mort. Pressé contre sa mère, présence si réconfortante, Tristan regarda autour et vit Robin dont les larmes coulaient de ses yeux qui ne lâchaient pas Tristan.

— Oh, mon fils, je suis heureuse de te retrouver, souffla Sandrine qui ne parvenait pas à se détacher du corps de son fils.

— Maman, je suis mort ?

— Je crois…

Tristan n'arrivait pas à se faire à l'idée. Il ne sentait plus la douleur physique de la blessure, mais il ressentait la peine, le refus de cette mort prématurée. Il pensa à Ophélie, il pensa à son père. Il regarda

Robin qui devenait l'allégorie de la tristesse et du deuil. Non… Il ne pouvait pas finir comme ça… Sa vie commençait à peine.

— Qu'est-ce qui va se passer maintenant, maman ?

— Je ne sais pas. Peut-être que tu resteras ici, comme moi ?

— Je ne veux pas disparaître…

— Je sais, mon amour. On ne peut rien faire…

Sandrine s'était reculée pour mieux le voir et sa main caressa la joue de Tristan. Elle sentait la morsure du chagrin, l'injustice de cette mort inacceptable. Son cœur s'enfla et elle tourna la tête vers Cédric dans l'espoir d'une solution de sa part. Celui-ci était tête basse et les regardait, désolé.

Au comble de la douleur, elle eut l'impression soudaine d'un changement d'état. Comme si l'affliction avait provoqué quelque chose. Elle perçut qu'elle partait. Elle prit le visage de son fils dans ses mains et l'embrassa, paniquée.

— Reste avec Cédric, il t'expliquera, il t'aidera. Je t'aime tellement…

Elle sentit ensuite comme un souffle qui l'aspirait en arrière. Elle eut à peine le temps de se retourner vers Cédric à qui elle tendit une main qu'il parvint à frôler. Médusés, Cédric et Tristan virent l'ombre de Sandrine s'évanouir et s'éloigner peu à peu jusqu'à disparaître complètement.

Cédric, saisi, ne parvenait pas à y croire. Pourquoi elle ? Pourquoi la faire partir alors que son fils venait à peine de la rejoindre ? Pourquoi ne pas l'avoir pris, lui ? Le chagrin et la colère se mêlaient. Crispé, il ferma les yeux. Il voulait crier, pleurer, insulter un dieu, faire quelque chose pour changer le fil du destin. Il rouvrit les yeux et vit face à lui Tristan, si désemparé, des larmes qui coulaient silencieusement de ses joues encore rondes de l'enfance. Il fallait prendre soin de lui. Cédric se raccrocha à cette urgence. Il fit face à Tristan, esquissa un petit sourire, le plus réconfortant qu'il put, et tendit la main pour la lui poser sur l'épaule.

— Tristan, viens avec moi, je peux t'expliquer bien des choses. N'aie pas peur, je suis là pour t'aider.

Tristan le fixa.

— Je vous reconnais… Vous êtes l'homme de mon dessin…

Cédric se rappela les recherches que Tristan avait effectuées sur internet, sous l'impulsion de Sandrine lorsqu'elle avait voulu connaître les tenants et les aboutissants de son assassinat.

— Je m'appelle Cédric Lambert, je connais ta famille, viens, on rentre chez toi.

— L'homme qui avait été assassiné dans les années 1800…

— Oui, c'est ça. Allez, viens, je te ramène.

Tristan se laissa entraîner. Cédric le tint par l'épaule et ils s'éloignèrent vers le sud, laissant en plein désarroi le professeur qui tentait de soutenir Robin anéanti depuis que le cœur de son ami avait cessé de battre.

Chapitre 7

Cédric avait choisi le toit de la maison de Tristan, sur lequel il avait passé tant de moments forts avec Sandrine.

— Assieds-toi, regarde la mer, on a une belle vue d'ici, non ? proposa doucement Cédric.

Les lueurs du matin commençaient à poindre ; une clarté laiteuse immédiatement suivie de traînées d'or éclairait l'immensité bleue au loin.

— J'ai tellement de questions que je n'arrive pas à commencer à vous les poser. Et… Je me sens vidé, triste. C'est la deuxième fois que je perds ma mère… dit Tristan d'une voix sourde en fixant Cédric.

— Je comprends. Mais tu verras, la peine va vite s'estomper.

— Qu'est-ce qui va m'arriver ? interrogea Tristan, de l'angoisse dans la voix.

— On ne peut pas savoir. Certains s'en vont tout de suite, certains restent ici, comme moi, comme ta mère jusqu'à… Cédric, la boule dans la gorge, ne parvint à finir sa phrase.

— Et vous, pourquoi êtes-vous toujours ici depuis tout ce temps ?

— Comme je l'ai déjà dit à ta mère, je n'en sais trop rien. Je n'ai pas de quête, de mission, de choses primordiales à terminer… Je suis là, c'est tout. J'ai appris à m'y faire et à veiller sur ceux qui m'importent.

— Quel lien avec ma mère, avec moi ? Vous êtes de la famille ?

Cédric esquissa un petit sourire ; c'était encore le moment de parler de Marc, de son amour… Il lui raconta son histoire, son lien avec Marc, l'arrière-grand-père de Tristan. Il passa par contre sous silence le lien particulier qui l'unissait à Sandrine. Le jeune garçon écouta attentivement sans l'interrompre. Jusqu'à l'épisode du meurtre.

— C'est vous qui m'avez incité à faire des recherches sur cette série de meurtres ? demanda Tristan.

— Non, c'est ta mère qui t'a chuchoté à l'oreille toute une nuit ce qu'elle voulait que tu fasses. Elle voulait m'aider à mettre un point final sur cette affaire de meurtres, alors que je n'avais jamais cherché le fin mot de l'histoire.

— Pourquoi n'avez-vous pas cherché à savoir, à comprendre ? On accepte mieux si on sait tout, non ?

— J'avais trop peur d'être déçu, de n'avoir été qu'une proie à abattre pour rétablir certains principes politiquement corrects, et que, finalement, le tueur ait été vu comme le « héros » qui avait eu le courage d'éliminer les dégénérés…

— Pourquoi ?

— Tu sais Tristan, l'homosexualité n'était pas tolérée à l'époque… Pas comme maintenant.

Tristan eut une pensée pour Robin qui devait être désespéré ; il eut un pincement au cœur.

— Je peux vous rassurer là-dessus, ce fou furieux a bien été arrêté, condamné et incarcéré.

— Je sais, ta mère me l'a dit. Ça m'a réconforté de savoir que la justice avait défendu des hommes tels que moi, mais ça ne change rien au fait qu'il y aura toujours de l'incompréhension et du rejet pour les homosexuels…

— Mais, vous savez, votre assassin, ce n'est pas un homme qui prônait l'homophobie ou qui défendait sa cause, c'était un vrai furieux. Rendez-vous-en compte, il a même tué son propre fils ! On parle ici d'une vraie folie, ce n'est pas autre chose…

Cédric resta songeur et réfléchit un moment sur cette dernière remarque.

— Tu as raison Tristan. On a peut-être tendance à attribuer des arguments désespérément valables aux criminels pour atténuer leurs actes horribles. On ne peut pas accepter la folie de l'homme. Mais il est comme ça parfois : fou, aveuglé, violent, sauvage. Et ça, évidemment, ça fait tache, dans notre société civilisée.

— L'homme n'est qu'un barbare depuis tous ces siècles, je crois.

— Si tu regardes bien, il n'y a que la folie qui a été à l'origine de nos morts à tous. La folie d'un homophobe, pour moi, la folie d'un médecin qui s'est pris pour un dieu, pour ta mère, la folie d'un pauvre hère prêt à tuer pour récolter un peu d'argent, pour toi…

Tristan sentit son cœur se serrer ; même si l'intensité de ses émotions s'amenuisait, il s'en rendait compte, il ressentait le pincement de l'injustice en lui. Il repensa et revécut la scène de son attaque, il revit les yeux fous du jeune au couteau, des yeux noirs, implacables, haineux, déterminés et excités. C'était lui, le visage de la mort. Elle y était, cette folie séculaire, au fond de son regard de ténèbres.

— Tristan, tu peux aller voir ton père si tu veux, mais sache que tu ne pourras communiquer avec lui. Peut-être pourras-tu lui faire ressentir quelque chose, veux-tu essayer ?

— D'accord, mais pouvez-vous m'accompagner ?

Tristan redoutait chez son père ses pleurs, ses cris, sa peine qu'il avait déjà vus lors du deuil de sa mère. Il savait combien c'était dur d'assister à cela, surtout sans pouvoir apporter le moindre réconfort. La force venait à lui manquer.

Cédric acquiesça et se rapprocha de Tristan en souriant doucement. Sa main se posa sur son bras et il lui dit : « on y va ».

Ils se retrouvèrent dans la cuisine déserte. Le salon l'était tout autant. Visiblement, Stéphane n'était pas à la maison. Wallee par contre était allongé sur le canapé. Il releva la truffe à l'arrivée des deux présences masculines fantomatiques. Le chien remua la queue et ses yeux étaient bien dirigés vers Tristan qui eut un élan d'affection. Il se mit accroupi et caressa son chien en lui disant des petits mots tendres. Wallee semblait écouter et réagir aux caresses, il remuait la queue de plus belle et lançait de petits aboiements étouffés. Tristan enserra son chien et resta ainsi sans bouger quelques instants. Il se releva et regarda vers Cédric qui restait en retrait, discret et attendri.

— J'aimerais voir quelqu'un, mais elle n'est pas par ici, elle habite en ville.

— Je peux t'aider à aller voir Ophélie si tu le souhaites.

— Vous… Vous connaissez Ophélie ?

— Oui, je t'ai déjà vu avec elle, avoua Cédric en souriant légèrement.

Tristan se demanda alors jusqu'à quel point il les avait vus ensemble… Soudain gêné, il n'eut plus envie d'avoir cette présence pourtant rassurante quelques instants auparavant.

— Expliquez-moi comment aller d'un endroit à un autre, je me débrouillerai et je vous laisserai un peu tranquille, proposa Tristan.

Cédric se retint de pouffer et, très conscient qu'il ne pouvait que gêner ce moment, il acquiesça.

— Projette-toi mentalement sur le chemin, puis sur ta destination. Ton trajet va t'apparaître en pointillé, mais tu devrais vite y arriver.

— Alors, à tout à l'heure !

— Oui, je t'attends sur le toit. À tout à l'heure !

Tristan s'essaya au déplacement mental. Effectivement, il eut quelques bribes d'images des rues, de bruits, de gens qui déambulaient, puis l'immeuble, où tant de fois il s'était rendu le cœur battant.

Elle était sur son lit, la tête incrustée dans son oreiller qu'elle inondait de larmes. Son portable était juste à côté. Elle avait assisté à l'attaque, à l'autre bout du combiné, elle avait entendu les cris, elle avait compris. Immédiatement, elle avait tenté de joindre Robin qui n'avait pas répondu. Elle avait tenté un autre appel, une amie qui faisait partie du groupe de théâtre. Elle s'était effondrée lorsque cette amie, très choquée, en sanglots, lui avait raconté la scène, le départ en ambulance et le retour de Robin et du prof pour leur annoncer la terrible nouvelle de la mort de Tristan. Son cœur s'était déchiré, elle se disait que rien ne se serait passé si elle ne l'avait pas appelé à ce moment-là. La perte du garçon qu'elle aimait et sa part de responsabilité dans cette tragédie la poussaient vers un précipice duquel elle ne cessait de tomber. Une chute sans fin. Une déchirure qui ne se terminerait jamais. La souffrance fut telle qu'elle eut un moment d'inconscience. Et personne pour elle à ce moment-là. Sa mère était au travail. Elle sombrait seule.

Tristan fut secoué à la voir ainsi. Il ne savait que faire. Il s'assit près d'elle, lui caressa les cheveux et lui murmura des mots d'amour, des mots réconfortants, en espérant qu'elle les percevrait, qu'elle les ressentirait. Tristan ne sut dire si cela fonctionnait, mais peu à peu, les larmes se tarirent, les spasmes, les sanglots laissèrent place à une léthargie tout aussi inquiétante. Puis, Ophélie ferma les yeux et se laissa emporter par un sommeil qu'elle appelait à elle comme une issue pour fuir une réalité insupportable. Un sommeil-évasion, un sommeil-oubli, agité et pesant comme une enclume, un sommeil empoisonné qui vous perd et vous laisse seul au bord du chemin. Tristan continuait son monologue tendre. Un spasme secoua le bras d'Ophélie ; sa main se déplaça et se posa sur celle de Tristan. Il sourit et posa son autre main sur la sienne. La respiration de la jeune fille commença à se faire plus régulière. Tristan resta longtemps, à veiller sur son sommeil, à la contempler. Il n'arrivait pas à réaliser qu'elle lui était désormais inaccessible. Il aurait voulu pleurer.

Les ambulanciers ouvrirent brutalement les portes des urgences, amenant Tristan qui ne montrait plus aucun signe de vie. Un pompier pratiquait depuis moins de dix minutes un massage cardiaque. Le chirurgien qui le prit en charge donnait un flot de directives précises pour neutraliser la blessure. « On le choque ! » dit-il. Et le corps de Tristan, malgré toute cette effervescence, ne réagissait à rien. Jusqu'au choc électrique externe. Le cœur reprit un faible rythme. Tristan fut alors plongé dans un coma artificiel pour laisser le temps à son organisme de récupérer, s'il en avait la force. Stéphane, prévenu dès l'arrivée à l'hôpital, prit le premier avion et se précipita au chevet de son fils. Sa femme était partie, il était hors de question que son fils le laisse aussi. Ce n'était tout simplement pas envisageable. Partagé entre la conscience du risque médical de le perdre et l'impossibilité d'envisager la mort de son fils, l'esprit de Stéphane vacillait, flottait entre deux mondes. Il se laissait aller à la tentation de prier, mais son esprit n'allait pas au bout. Il parvenait juste à fixer Tristan, à l'appeler de toute son âme. Il enserrait la jeune main dans la sienne. Il lui sembla, les heures passant lentement, que tout reposait sur ses épaules à lui ; il fallait réussir ce test d'endurance, cette mise à l'épreuve consistant à interpeller Tristan de toutes ses forces, sans relâche. Robin l'appela.

— M. Marino ? demanda Robin d'une voix mal assurée.

— Oui, souffla le père trop éprouvé pour avoir envie de discuter avec qui que ce soit.

— Où êtes-vous ? On vous a prévenu ? Robin n'osait pas être trop explicite, au cas où il lui faudrait annoncer la terrible nouvelle.

— Oui, je suis à l'hôpital, et j'attends, j'espère…

— Vous espérez ? Robin se sentit secoué suite à cette réponse à laquelle il ne s'attendait pas.

— Les médecins ont réussi à faire repartir son cœur, mais l'état reste très alarmant, Tristan a été plongé dans un coma artificiel pour que l'on puisse avoir une chance de le guérir.

Robin eut l'impression de prendre une gorgée d'air vitale qu'il n'avait pas pu prendre depuis trop longtemps. Il y avait un espoir !

— Je pourrai venir le voir, avant qu'on reprenne tous le train demain ?

— Oui, si tu veux.

En raccrochant, Robin, transformé, cria la nouvelle à tout le groupe qui retrouva un peu le sourire. Il pensa à Ophélie. Il composa son numéro.

Ophélie, toujours prostrée, regarda le numéro et le nom correspondant à l'appel s'afficher. Elle eut un temps d'arrêt, pas sûre de vouloir répondre. Très peu pour elle de pleurnicher de concert avec tous les autres. Elle n'était pas tous les autres. Son lien avec Tristan la plaçait à part, et en tête au niveau du chagrin. Mais sa main hésitante saisit le portable, comme un membre autonome non régi par son cerveau.

— Ophélie ?

— Oui, Robin.

À entendre sa voix, aucun doute qu'elle savait la tragédie.

— Tristan a été poignardé, tu le sais ?

— Oui, il est mort, je sais.

— Non, les urgences l'ont ranimé, mais il est dans le coma. Son état est grave, mais on peut espérer une amélioration. Je vais le voir à l'hôpital demain, avant de redescendre en train. Je te rappelle juste après pour te dire ce qu'il en est.

— Il est en vie, tu es sûr ?

— Oui, je te rappelle demain, promis !

— OK, rappelle-moi, n'oublie pas !

— Promis, salut !

— Salut... Et merci, Robin !

Ophélie eut l'impression d'enfin pouvoir ouvrir les yeux, de retrouver tous ses sens. Elle eut besoin d'air ; elle ouvrit grand sa fenêtre et inspira l'air du dehors. C'était comme un souffle vital qui se propageait en elle, qui la régénérait. D'un état léthargique, elle passa ensuite à une sorte d'excitation fiévreuse, ayant besoin de bouger, d'agir pour insuffler des ondes positives à Tristan, même à distance. Elle se chaussa, et sortit de chez elle, sans avoir une idée précise d'une destination. Elle n'était pas très belle à voir, mais c'était le dernier de ses soucis. Elle arpenta la rue et regardait le soleil en face ; elle défiait les Dieux et les commandait d'agir. Elle pensait à Tristan si fort qu'elle se surprenait à lui parler à mi-voix. Elle marcha une petite demi-heure ainsi jusqu'au détour d'une rue où elle ralentit face à une façade qu'elle connaissait, mais à laquelle elle n'avait jamais vraiment prêté attention ; l'église Sainte Rita, sainte des causes désespérées. À ce moment, cela fit sens. N'ayant jamais vraiment mis les pieds dans une église, elle s'y engagea pourtant résolument. Elle ouvrit la porte et, en entrant, elle fut saisie par la fraîcheur du lieu et son calme. Exactement ce dont elle avait besoin après avoir déambulé à la chaleur au milieu des passants bruyants. Il n'y avait personne.

Elle s'avança et s'arrêta devant le bénitier. Elle connaissait les usages. Mais elle ne ferait pas le geste. Même dans la détresse, elle ne trahirait pas qui elle était. Et Ophélie était une fille forte, qui avait appris à s'en sortir toute seule puisqu'elle n'avait jamais été réellement épaulée. Dieu avait brillé par son absence si elle regardait son passé. Tout comme son père d'ailleurs qui avait vite foutu le camp lorsqu'il avait réalisé l'importance du rôle de père et de compagnon. Seule avec une mère absente et débordée, elle n'avait pas eu le loisir de vivre une enfance épanouissante. Elle avait grandi avec le sentiment constant d'être un poids dont on ne savait pas trop quoi faire. Et là, pour une fois que quelqu'un s'intéressait vraiment à elle, pour une fois qu'on l'aimait, elle ne pouvait concevoir qu'on lui vole Tristan. Elle voulait être capable de faire ce que jamais personne n'avait fait pour elle : se battre par amour, déplacer des montagnes, aller dire à Dieu ses quatre vérités. Alors elle releva la tête, et fixa de ses yeux pleins de défi le fond de l'autel et la croix du Christ. Avec une démarche menaçante, elle parcourut la nef pour se planter devant le transept, au pied des deux petites marches donnant sur le chœur. Elle ne savait pas prier, ne l'avait jamais fait. Mais elle savait dire aux gens ses ressentiments. C'est ce qu'elle fit, face à Jésus crucifié ; elle lui chuchota d'abord toutes les raisons qu'elle avait de lui en vouloir. Elle crachait sa rancœur face à la divinité qui passa un sale quart d'heure. Elle exposa ses griefs pour ce qui la concernait et élargit la critique aux problèmes de l'humanité pour lesquels le Christ sauveur ne levait pas le petit doigt ; la violence, la pollution, le monde corrompu par l'argent… Elle en vint enfin à Tristan. « Dans ce monde qui grouille de mesquinerie, d'absence de sens et de consistance, je te demande une seule chose, c'est de sauver la seule personne qui me donne envie de vivre dans ce monde pourri, la seule personne qui arriverait à me faire croire en l'avenir, la seule personne qui transforme en beauté tout cette laideur. Ramène-le-moi. Ramène-le-moi. Ramène-le-moi, ramène-le-moi, ramène-le-moi… » Sans supplier, sans humilité, elle adressa sèchement ses injonctions. Comme si Dieu devait se sentir obligé de lui rendre ce petit service, alors qu'il s'était manqué tant de fois avec elle… En répétant sa demande, cela faisait comme une incantation qui se chargeait de force au fur et à mesure qu'elle était prononcée, encore et encore. C'est ainsi qu'Ophélie, païenne hérétique, fit le tour des travées, en murmurant sa formule chamanique. En faisant le tour de l'église, elle se prit à regarder les tableaux. Au fur et à mesure qu'elle devenait attentive à ce qui l'entourait, son incantation baissait en intensité. Elle s'arrêta à plusieurs reprises face à des tableaux qui mettaient en scène la vie de Jésus, ainsi que des statues. Frappée surtout par les visages, les attitudes et les expressions des personnages qui, tour à tour, souffraient ou adoraient, la jeune femme sentit son amertume devenir moins consistante. Il n'y avait pas qu'elle qui avait mal, mais des milliers d'individus, depuis la nuit des temps ; cela la réconforta. Le soleil de fin d'après-midi baissant, un rayon passa à travers un vitrail multicolore et vint éclairer le doux visage de la statue de Marie tenant son enfant. Ce rayon lumineux rendit une vision surnaturelle, comme un signe incitant Ophélie à focaliser sur Marie. Elle admira les douces rondeurs du visage caressées par le soleil, elle admira l'adoration et la béatitude imprimées dans le regard et l'attitude de cette mère aimante et heureuse. Ophélie aurait été irritée de voir ça quelques instants auparavant, mais, calmée, elle réfléchissait à la raison qui faisait qu'elle trouvait cette statue sublime. L'allégorie de l'amour le plus pur. C'est ce qu'était finalement Marie. C'est ce vers quoi Ophélie devait aller ; c'était cela la réponse. L'amour seul rend la réalité belle, l'amour seul pourra sauver Tristan. Elle devait lui faire ressentir la force de ses sentiments pour lui, afin de le pousser à revenir vers elle. Il fallait qu'elle le voie. Il fallait qu'elle le touche, qu'elle lui dise des mots d'amour, qu'il entende sa voix et perçoive sa présence. Finis son attitude de provocation, les soins qu'elle apportait à se protéger, à se barricader au niveau des sentiments. Elle se leva et se dirigea vers la lourde porte en tournant une dernière fois le regard vers le dieu qu'elle ne regardait plus avec défiance. Avait-elle cheminé seule dans sa tête pour retrouver de la sérénité et une ligne de conduite, ou avait-elle été aidée ? Ophélie ne chercha pas à répondre à cette embarrassante question. Elle sortit dans la tiédeur de la fin de journée et revint sans se presser chez elle. De nouveau dans sa chambre, elle fit défiler les photos de Tristan sur son portable. Elle se prit à sourire, elle lui parlait dans sa tête, elle tentait de se connecter à lui, elle donnait d'elle, elle ouvrait son cœur et envoyait des appels, tant qu'elle pouvait. Enfin, elle priait.

Stéphane, lui aussi, faisait d'endurants efforts pour extirper Tristan de sa nuit. Des heures à l'interpeller, lui parler. Il n'avait pas mangé ni dormi. Avachi dans son fauteuil rapproché du lit de son fils, il luttait contre la fatigue. C'est ainsi que le trouva Robin qu'un professeur avait accompagné, en l'attendant dehors.

— M. Marino ? chuchota Robin.

— Ah, Robin, c'est toi ! Rentre, rentre.

Robin s'exécuta. Il referma la porte derrière lui et s'approcha doucement. Il alla directement vers Tristan qui semblait dormir, à ceci près qu'il y avait quelques tuyaux par-ci par-là qui rappelaient que Tristan n'était pas exactement en train de dormir. Robin le fixait plein d'espoir, dans l'attente d'un tressaillement, d'un infime mouvement de ses paupières ; preuve que Tristan revenait vers lui. L'immobilisme de l'alité poussa Robin à tourner son regard vers Stéphane.

— Les médecins ont dit quelque chose ?

— Il faut laisser le temps à la blessure de guérir…

— Est-ce qu'il restera ici ? On ne peut pas le rapatrier sur Marseille ?

— J'ai déjà posé la question. Ce n'est pas exclu. Mais il faut qu'il soit bien stabilisé pour faire le voyage. On doit me dire cela bientôt.

Stéphane invita Robin à s'asseoir au bas du lit. Robin s'installa précautionneusement et, fatigué de parler, fixa Tristan en lui disant mentalement, de toute la force de ses sentiments, combien il fallait qu'il revienne, qu'il avait tant de choses à vivre, à faire… De longues minutes passèrent. Stéphane s'assoupit. Robin se sentit moins gêné dans ses appels silencieux sur lesquels il se concentra encore davantage. Plus il sommait Tristan de revenir, plus son émotion était forte ; des larmes coulaient sans que Robin puisse y faire quoi que ce soit. Il ne les essuyait même pas. Il continuait à fixer Tristan qui devenait plus flou et qui se déformait sous l'effet des pleurs. Cela convenait à Robin, il avait l'impression que ses prières agissaient puisqu'elles faisaient bouger Tristan, à travers l'écran de ses larmes. Robin se pencha sur son ami et lui prit la main. Il aurait voulu lui parler à voix haute, lui caresser la joue, l'embrasser. Ces contacts appuieraient certainement ses appels. Il se rapprocha sans faire de bruit. Il chuchota à l'oreille de Tristan : « Reviens, tu me manques. Je t'en supplie, reviens… » Robin ne put s'éloigner du visage tranquille de Tristan. Il jeta un coup d'œil vers Stéphane toujours endormi. Son regard revint vers son ami. Ses lèvres effleurèrent celles de Tristan et sa main releva les boucles brunes qui encombraient le front du jeune homme endormi.

Tristan retrouva Cédric à la nuit tombée, sur le toit face à la mer.

— Alors Tristan, ça t'a fait du bien de rester avec Ophélie ? Ou ça t'a frustré et démoli davantage ?

— Mmm, j'avoue, c'est un peu des deux.

— Tu sais, tu as beaucoup d'amour autour de toi… Beaucoup d'énergie et de prières. Tu ne le ressens pas ? La mort d'un jeune est si injuste que cela provoque des vagues d'émotions très fortes auprès de ceux qui te pleurent.

— Je ne sais pas trop…

— Rentrons.

Les deux hommes se retrouvèrent dans le salon, face à une photo de famille posée sur le bahut. On y voyait Tristan entouré de Stéphane et de Sandrine qui enlaçaient leur fils. Tous souriaient. Cédric reprit.

— Pense à ceux qui te sont le plus proche. Lorsque tu les as en tête, ne ressens-tu pas la force de leur amour et de leurs appels ? Essaie, vas-y.

Tristan ferma les yeux et pensa à son père. Il lui sembla le voir penché sur son lit d'hôpital, les yeux implorants et humides. Il sentit comme une sorte de chaleur à l'intérieur de lui. Il pensa à Ophélie qu'il venait de laisser un peu plus paisible, se souvenant de sa peine immense en le sachant mort. L'image de Robin vint ensuite dans sa tête. Lui aussi, Tristan eut l'impression de le voir penché sur lui endormi, en train de poser ses lèvres sur les siennes, les yeux rougis par les larmes. Enfin, le jeune homme eut une sorte de vision ; celle d'un dessin au crayon qui le représentait. Et, au fur et à mesure des traits de crayon que l'on y rajoutait, son visage devenait plus net, plus réel, comme s'il prenait vie. Comme poussé par l'intérieur, soufflé par les lames de fond provoquées par la peine et l'espoir de ceux qui l'aimaient le plus, il vacilla et faillit perdre l'équilibre. Cédric le rattrapa et lui sourit.

— Tu vois la force de leur attachement ? Ce lien est si fort, il bouleverse ton équilibre si tu en es bien conscient, si tu te sens connecté avec eux.

— Oui, j'ai l'impression d'être projeté vers eux… dit Tristan, les yeux agrandis, en fixant Cédric et en lui attrapant le bras.

— Alors tu peux peut-être repartir… Laisse-toi emporter, cherche à les rejoindre !

Cédric hésita une seconde avant de prononcer ce dernier conseil. Si Tristan repartait ? Sandrine qui n'était plus là… Il sentit une angoisse l'étreindre. Il ne voulait plus rester seul à errer. Puis, pour veiller sur qui ? Tristan ? Après l'avoir eu en face, avoir tant aimé sa présence touchante, sa fraîcheur, sa jeunesse, sa beauté. Se sentir de nouveau éloigné ? Le poids des années se fit soudain sentir sur les épaules de Cédric. Il était las. Il ne voulut plus continuer seul. Il regarda Tristan qui avait fermé les yeux pour mieux se concentrer. Il l'enviait ; il y avait tant de promesses de joies s'il parvenait à revenir dans son existence d'être vivant. Cédric voyait sur son visage de la candeur, de la douceur, de l'affirmation, toutes ces énergies positives qui laissaient entrevoir quelle belle personne Tristan allait devenir. Sa main n'avait pas desserré le bras du jeune homme ; aussi, il ressentait les vibrations qui parcouraient le corps de Tristan. Ce dernier avait comme des spasmes, de plus en plus rapprochés et violents. Cédric devait le retenir de ses deux mains pour éviter qu'il ne s'affaisse. Toujours les yeux fermés, des bribes de phrases sortaient en un souffle de la bouche de Tristan : « Reviens, tu me manques. Je t'en supplie, reviens… ». Qui lui disait cela à ce moment précis ? Cédric ajouta son propre écho, contribuant à la force qui secouait Tristan : « rejoins-les, rejoins-les, vas-y… » Assaillie de toute part, la conscience de Tristan finit par faire déferler la vague qui l'emportait. Il se projetait vers la vie, vers les visages qui l'accompagnaient si intensément. Son corps se souleva et regagnait lentement la lumière. Cédric eut juste le temps de caresser le visage de Tristan qui ouvrit soudainement les yeux. Le vieux fantôme sourit à cet ange qui prenait son billet retour pour la vie. Tristan avait de l'or dans le regard, il semblait transfiguré, une aura brillante autour de lui et adressa un sourire d'une incroyable douceur à Cédric qui resta avec cette vision sublime, rasséréné. Puis l'obscurité.

Cédric se retrouva dans la pièce sombre et silencieuse, seul comme il ne l'avait jamais été. Abattu, il restait immobile. Aucune pensée ne le traversait. Juste une immense impression de vide. À cet instant, il aurait bien appelé la mort si celle-ci ne s'était pas déjà occupée de lui… Au bout d'un long moment, il décida de quitter définitivement cette maison. Ouvrant les yeux, il passa devant le miroir sur pied, près du petit couloir de l'entrée. Tristan y avait laissé sur le côté sa veste en jean, toujours accrochée. Cédric se surprit à sourire faiblement. Il se rapprocha du vêtement sur lequel il promena ses doigts. À cet instant précis, Cédric sentit un souffle soulever quelques mèches de ses cheveux. Redevenu attentif à son environnement, suite à ce phénomène inexplicable, il promena son regard autour de lui. Un air léger se répéta une seconde fois ; Cédric se rendit compte qu'il le ressentait dès lors qu'il se trouvait face au miroir. Ainsi, il scruta celui-ci. La surface du miroir devint légèrement plus claire, comme si le verre était éclairé faiblement par-derrière. Alors, un point se dessina au fond et grossit, car cette masse sombre se déplaçait. Elle avançait au-devant du miroir. La silhouette se fit de plus en plus précise. Cédric observait intensément ce qui se déroulait sous ses yeux, interdit. Il voyait la forme d'un homme qui marchait doucement vers lui. Le faible éclairage derrière cette silhouette empêchait Cédric d'en voir les détails. À contre-jour, il perçut un homme en costume dont le haut du corps et l'allure de la coupe de cheveux firent battre le cœur de Cédric de façon anarchique. Non, ça ne pouvait pas être lui… Plus la silhouette se rapprochait, plus Cédric était saisi. Frémissant, il dut reconnaître qu'il voyait Marc à travers ce miroir… Marc, l'amour de sa vie qu'il n'avait pas revu depuis plus de cent cinquante-cinq ans. Marc, à l'époque où il l'avait violemment quitté. Pétrifié, les sanglots dans la gorge, Cédric se pensa en proie à une hallucination. Le visage de Marc se dessina de plus en plus clairement. Cédric put y voir le plus doux des sourires. Instantanément, les larmes coulèrent des yeux de Cédric qui ne respirait plus, n'osant bouger de peur de rompre le charme. Soudain, la main de Marc s'avança doucement jusqu'à la paroi du miroir qui se déforma comme s'il s'agissait d'un plastique transparent qu'on aurait tendu à partir de l'encadrement en bois du miroir. Tel un miracle, la main de Marc traversa la limite de son univers pour inviter Cédric à venir dans le sien. N'osant y croire, tremblant, Cédric tendit sa main fantomatique vers celle plus irréelle encore. Le contact se fit. Cédric sentit la chaleur de la paume et des doigts de Marc, leurs mains s'entrelacèrent. Cette incroyable sensation lui fit relever les yeux vers le visage de cette extraordinaire apparition. Marc remua les lèvres sur lesquelles Cédric comprit « Viens ». N'hésitant pas une seconde, Cédric traversa le miroir avec la sensation qu'enfin, son nouveau départ heureux était là, il l'avait suffisamment attendu et mérité. C'est avec le cœur plein de reconnaissance et de joie qu'il disparut.

Tristan ouvrit lentement les yeux, et, ébloui par la lumière, il cligna plusieurs fois des yeux avant de s'habituer à cette nouvelle clarté. Une chambre peinte en blanc. Le jour qui rentrait à flot dans la chambre, à travers une porte vitrée. Puis, son père, assoupi dans un fauteuil tout près de son lit. Il voulut parler, mais n'y parvint pas. Il voulut bouger ses bras, ses mains pour signaler son éveil, pour tester la réactivité de ses membres, pour s'assurer qu'il était bien là, ancré dans une réalité tangible. Il dut réussir puisque Stéphane, qui avait gardé la main de Tristan dans la sienne, sentit un mouvement. Il s'éveilla en une fraction de seconde. « Tristan ? » interrogea Stéphane alors qu'il ouvrait à peine les yeux. À la vue du visage de Tristan conscient, qui le regardait, Stéphane se leva d'un bond et se pencha vers son fils en répétant son prénom, comme pour s'assurer qu'il ne rêvait pas, que Tristan était bien là, conscient et les yeux ouverts. Il s'effondra en pleurs ensuite sur le bord du lit, contre son fils, remerciant le ciel de le lui avoir ramené.

Tristan ne se souvint pas de tout clairement dans l'ordre, ensuite. Parmi le ballet d'infirmières et de médecins qui gravitaient sans cesse autour de lui, il y eut le retour à Marseille, les soins, les examens. Tristan se remettait peu à peu. Sa blessure se refermait. Son cœur était reparti. Il se sentait très faible, mais il était bien là. Il fallait réapprendre les gestes du quotidien, la marche. Dès son retour, Ophélie se précipita à l'hôpital de la Timone pour le voir. Stéphane les laissa seuls, un peu inquiet qu'elle le fatigue trop, mais il s'éclipsa sans mot dire. Ophélie, pleine d'émotions, ayant tant de choses à lui dire, ne put s'exprimer. Elle lui prit le visage dans ses mains et l'embrassa, les yeux mouillés de larmes. « Ne meurs plus jamais, promis ? » furent les tout premiers mots qu'elle parvint à lui adresser. Le petit sourire contrit de Tristan servit de réponse. Plus tard, les premiers mots de Tristan pour elle seraient « t'es belle ». Tristan était saisi de la netteté des choses qu'il voyait, des couleurs intenses et tranchées ; c'est là qu'il réalisa qu'au-delà de la vie, on percevait les choses de manière plus floue. Moins d'éclat et de profondeur. En lien avec les impressions et les sentiments qui vont en se délitant. Il se demanda même s'il n'en était pas venu à voir en noir et blanc, juste avant de revenir parmi les siens.

C'est pendant ses moments d'endormissement lourds, mais hachurés, toujours interrompus, que Tristan se remit à faire le rêve récurrent dont il avait déjà parlé à Robin ; le jeune cavalier qui voulait s'enfuir, dans une forêt aux arbres hauts. Toujours la même scène, sans avant ni après. Tristan se réveillait parfois perdu, sans plus savoir dans quelle réalité il se trouvait, car le rêve proposait des images tout aussi nettes que ce qu'il pouvait voir dès qu'il ouvrait les yeux. Sans vraiment pouvoir parler à ses proches pour le moment, du fait des cachets qui le shootaient, des tuyaux qui le gênaient, il raisonnait souvent dans sa tête, il se parlait à lui-même. Il se disait qu'après l'expérience post-mortem qu'il avait vécue, après avoir vu sa mère, après avoir rencontré et discuté avec Cédric mort depuis plus de cent cinquante ans, il se disait que la récurrence de ce rêve ne pouvait être un hasard. Il avait conscience qu'il faudrait pouvoir chercher la raison pour laquelle cette scène remontait à la surface sans cesse. Et puis, il y avait autre chose qui le travaillait : il ne savait pas s'il fallait qu'il raconte son expérience avec les « fantômes », il ne savait pas s'il pouvait révéler sa preuve que la mort n'était pas réellement la fin. À qui l'avouer, l'expliquer ? Comment le dire ? Comment serait la réaction face à ce récit qui bousculait les idées préconçues des gens ? Comment réagiraient-ils en sachant ce qu'il pouvait y avoir de l'autre côté, alors que ce sujet est si tabou depuis la naissance de l'humanité ? Prendre la responsabilité de révéler des informations tellement lourdes lui donna le tournis ; il prit la résolution de se laisser du temps, de différer ces aveux. Il verrait à qui il pourrait dire tout cela, en fonction d'un moment qu'il faudrait propice, en fonction d'une réelle confiance en la personne qui ne rejetterait pas violemment ou catégoriquement la teneur de son discours. Tristan avait peur de cela. Il ne se sentait pas les épaules pour faire des révélations fracassantes sur un sujet tel que la mort. Il n'était rien ni personne ; qui l'écouterait, le prendrait au sérieux, réceptionnerait comme il faut ses paroles ? Il décida donc de passer sous silence son expérience au-delà des frontières entre la vie et la mort. De toute façon, il se sentait trop faible pour raconter cela, pour l'instant.

Quelque temps après, Tristan put enfin rentrer chez lui finir sa convalescence dans un cadre moins glacial et impersonnel que l'hôpital qui crie la souffrance et le manque de personnel jour et nuit. Wallee était au comble de la joie d'avoir son porteur de galettes toute la journée, à disposition. Stéphane reprit le travail et revenait le voir entre midi et quatorze heures. Et les potes défilèrent… Ophélie passait tous les jours, Robin un peu moins régulièrement, mais il était là fréquemment. Et, pour terminer cette joyeuse ronde, des infirmières et des kinés. Tristan avait finalement peu de temps pour lui et pour se reposer. Il avait appris à apprécier ces moments de solitude où il pouvait se centrer sur ce qui lui importait. Il ressentait le besoin d'être régulièrement au calme et laisser ses pensées vagabonder, car, au bout d'un moment, elles se fixaient toujours sur des points importants. Tristan réalisait que ces moments de méditation devenaient vitaux pour son équilibre. Avant, sa vie d'ado n'était qu'une course. Là, il lui fallait ces instants de recentration et de régénération. Il devait désormais concilier l'ado qui se réintégrait dans sa vie de lycéen et le Tristan qui avait gagné en profondeur, qui en savait plus que les autres et qui avait une attitude plus posée et plus sage que le commun des mortels. Il fallait de la place pour les deux entités.

Un soir après les cours, ses copains débarquèrent. Axel, Baptiste et Robin venaient aussi pour lui amener des éléments de cours synthétiques que les profs lui préparaient, après s'être mis d'accord avec Stéphane. Ce dernier avait demandé à l'équipe pédagogique des fiches récap. pour que Tristan, dès qu'il serait en état de travailler un peu, ne décroche pas complètement, même si l'on était proche de la fin d'année. Il se disait aussi que ça le pousserait à se remettre plus vite puisqu'on le projetait déjà vers un état de santé quasi normal, lui permettant de reprendre sa scolarité. De plus, le père bienveillant trouvait cela positif que ses copains passent pour les cours et discutent du lycée. Ça aussi, cela pouvait le pousser vers le haut.

— Alors comment elle va la feignasse, toujours au lit, t'as pas honte ! s'exclama Axel, toujours très fier de son humour douteux.

— Quel connard… T'es vraiment un connard, toi ! objecta Robin, dépité.

— Tu connais Axel, s'il ne fait pas sa petite vanne à l'arrivée, ça n'ira pas, remarqua Baptiste, philosophe et résigné.

— C'est la grande forme, vous, n'est-ce pas ? ironisa Tristan d'une petite voix.

— Oh ça va, les pleureuses, qu'est-ce que vous feriez si je n'étais pas là pour vous faire marrer, hein ? demanda glorieusement Axel.

Les trois autres se regardèrent d'un air entendu.

— Alors j'ai droit à quoi aujourd'hui ? demanda Tristan en souriant.

— Au menu du jour, fiches de maths… commença Baptiste, en sortant les fiches de son sac. Il s'interrompit à la vue de la grimace de Tristan. Et, fiches d'histoire sur la guerre froide.

Tristan garda sa grimace.

— Tu veux un citrate de bétaïne pour digérer tout ça ? demanda Robin en souriant.

— C'est pas comme si j'étais déjà gavé de médocs… Sans ça, oui, j'aurais bien pris ton citrate… Ça n'a pas l'air de faire rêver, vos trucs…

— Mais si, faut juste que tu y mettes du tien, tenta Baptiste pour le motiver.

— En vrai, c'est clairement pas bandant, je te l'accorde, avoua franchement Robin.

— Et sinon, des potins ? demanda Tristan qui préférait penser à autre chose.

— La prof de français s'est encore fracassée en voiture ; au moins un mois d'absence, on a eu l'accord pour le bal de promo fin juin, et Bastien sort avec Emma, résuma Robin.

Cette énumération en gradation d'importance donna lieu à des commentaires quelque peu dévalorisants concernant le choix amoureux de Bastien qui se portait sur une jeune fille pour qui, curieuse et avide de savoirs, il ne manquait que Bastien à sa liste de travaux pratiques… Ils discutèrent un moment, jusqu'à ce que le portable de Baptiste sonne ; son père passait le chercher. Baptiste, suivi d'Axel qui habitait deux rues plus loin que Baptiste et qui voulait bien bénéficier du transport retour, dit au revoir à Tristan. Robin dit qu'il restait encore quelques minutes. Il ne savait pas trop s'il fallait qu'il reste en tête à tête avec Tristan, il était un peu mal à l'aise. Le baiser de Tristan la nuit dans le dortoir à Paris, puis le sien sur le lit d'hôpital… L'avait-il perçu, d'ailleurs ?

— Peut-être que tu préfères que je m'en aille ? interrogea Robin.

— Non, reste si tu veux, répondit Tristan.

— Tu veux peut-être te reposer. Je ne veux pas déranger, précisa Robin.

— Arrête, tu ne déranges pas, tu le sais, rassura Tristan.

Un silence s'installa, comme lorsque des personnes ont trop à dire, mais se retiennent et n'osent pas aborder les vrais sujets de conversation. Robin préféra ne pas parler de leur lien, si particulier, et de son attirance. Sans trop réfléchir, il embraya sur un sujet a priori plus anodin.

— Est-ce que tu te souviens de quelque chose de particulier pendant que tu étais dans le coma ? Tu entendais, tu sentais la présence des gens autour de toi ?

Tristan redoutait cette question. Il s'était préparé à cette situation si cela avait été son père, l'énonciateur de la question. Il lui aurait dit que non, tout était flou, il n'avait pas de souvenirs. À quoi bon lui dire qu'il avait pu voir sa mère quelques instants avant qu'elle parte à nouveau, définitivement. À quoi bon lui confirmer qu'elle était là tout ce temps tout près d'eux ? Cela aurait réactivé le chagrin de Stéphane, pour rien, finalement. D'autant qu'il reparlait un peu de Carine, la voisine, qui prenait régulièrement des nouvelles par téléphone, sa délicatesse la poussant à rester en retrait durant l'épreuve de Tristan.

Mais là, c'était Robin… Que lui répondre ? Il avait confiance en lui, là n'était pas la question. Il se dit qu'à trop s'épancher, il pourrait être ambigu avec lui et lui faire croire que Robin devenait la personne la plus proche de lui. En connaissant les sentiments de Robin, il fallait être réfléchi et délicat. Il décida de ne pas tout dire.

— J'ai du brouillard dans la tête, il n'y a pas de souvenirs précis. Je pense que j'ai fait des rêves, comme dans tout sommeil normal. Et ça, ça se mélange aux quelques images d'avant l'arrivée à l'hôpital et celles d'après, dès mon réveil. C'est comme une grosse cuite, je pense, conclut-il avec un petit sourire.

— J'ai essayé de te faire revenir, tu sais… Je t'ai serré la main, je t'ai parlé.

Tristan fit une moue faisant comprendre à son ami que tout cela ne lui disait rien du tout.

— Mmm, non…

— … Je crois que je t'ai même embrassé, avoua doucement Robin.

Tristan releva les sourcils en le regardant, mais afficha ensuite la même moue, signifiant qu'il ne se souvenait de rien.

Robin, embarrassé, baissa les yeux.

— Il y avait ton père dans la chambre, mais il était complètement endormi, j'avais vérifié.

— Quoi ? s'exclama Tristan soudain inquiet.

— Je te promets, il ronflait, ne t'inquiète pas, mec, répliqua Robin avec un sourire.

— T'aurais pu être rapidement dans le coma toi aussi, si mon père s'était réveillé, plaisanta Tristan.

— Eh bien, j'aurais pu alors te ramener de chez les morts de mes propres mains !

— T'es con, dit Tristan en souriant.

— En tout cas, c'est cool que tu sois de nouveau parmi nous, affirma sérieusement Robin, en cessant de sourire.

— Mais je vais t'avouer un truc, depuis mon réveil, je refais encore plus souvent le rêve dont je t'avais parlé une fois, tu te rappelles ?

— Quel rêve ?

— Celui où je suis à cheval dans une forêt avec des arbres hauts et fins, et je…

— Ah oui, je m'en souviens, interrompit Robin. T'as la trouille et tu veux fuir.

— Oui. Ce rêve me hante. Je ne sais pas pourquoi.

— Est-ce qu'il y aurait une raison ? On ne peut pas avoir l'explication de tous les rêves !

— Non, bien sûr, mais quand cela devient trop insistant, tu te poses des questions…

— Et quelles explications peux-tu imaginer ? demanda Robin surpris et embarrassé de ne pouvoir aider concrètement son ami.

— Je ne sais pas…

— Tu me parles de quoi ? De réincarnation ? Tu penses que tu as été ce mec-là ?

— J'en sais rien.

— Quoi, un fantôme t'a soufflé cette scène pour que tu fasses quelque chose pour lui ? ironisa Robin. Comme dans Sixième Sens ?

Tristan eut une seconde d'arrêt pensant que lui seul pouvait savoir que cela pouvait être possible.

— Je sais pas, moi. Il peut peut-être y avoir d'autres raisons qu'on ne connaît pas, auxquelles on n'a pas pensé… Regarde, nos ancêtres nous transmettent bien leurs gènes, leurs maladies ; pourquoi des épisodes marquants ne seraient-ils pas inscrits aussi dans les séquences génétiques qui arrivent jusqu'à nous ? Comme une empreinte…

— Oui, ou sinon, il y a la voie de l'animisme. La forêt te parle et t'appelle…

— Quoi ?

— J'y pense parce que tu me dis que cette scène est probablement ancienne. Il y a longtemps, il y a bien eu des civilisations animistes qui croyaient que tous les êtres vivants et même les objets pouvaient être le réceptacle d'esprits. À ce moment-là, ça peut être le lieu qui résonne en toi, pourquoi pas ?

— Tu crois à ce que tu dis ?

— Qui peut dire ? Qui on est, nous, pour dire si c'est vrai, ou c'est des conneries ? Je n'en sais pas plus que toi…

— L'esprit de la forêt m'appelle, selon toi ? demanda Tristan amusé.

— Qui sait ? T'as plus qu'à faire toutes les forêts du monde pour en avoir le cœur net, tête de nœud !

— Faut que j'investisse dans des chaussures de marche, alors…

— Arrive à te lever, déjà, ce sera un grand pas, tu crois pas ? répliqua Robin, un sourire en coin.

— Allez, aide-moi, alors.

Tristan se releva sur un coude et voulut tenter de se redresser. La tête lui tourna. Robin le soutint, et le jeune garçon parvint à se positionner assis sur son lit.

— Sérieux, tu veux essayer de te lever ? T'as le droit ? demanda Robin inquiet.

— T'es là pour me rattraper au cas où, non ?

Robin entoura gauchement le buste de Tristan de ses bras, pas à l'aise. Tristan ne devait pas se lever sans la présence du kiné, mais tant pis. Il se laissa glisser au sol et se retrouva en équilibre sur des jambes hésitantes. Il voulut faire quelques pas ; sa démarche était saccadée. Il s'avança vers la fenêtre et se tint à l'encadrement. Au loin, le soleil baissait et la violence des couleurs et de la chaleur s'atténuait. Robin l'encadrait précautionneusement, juste derrière lui.

— Reviens t'asseoir, tu me fous la trouille, proposa Robin un peu anxieux.

Tristan semblait sourd et parti au-delà de la fenêtre, au loin. Dans un souffle, il murmura à Robin ou à lui-même : « J'irai partout. Je la trouverai, cette forêt. Faut que je comprenne… »

Et Robin répondit dans sa tête : « Et je te suivrai, n'importe où, si tu me le demandes… »

Tristan, debout depuis trop longtemps, vacilla légèrement ; sa jambe ne le soutenait pas fermement. Il pencha vers le côté. Robin le retint et l'emprisonna contre lui. Ils restèrent ainsi un long moment, sans rien dire, leur regard vers l'horizon.

Chapitre 8

L'obscurité. Le silence. Le tournis. Elle se souvint du puissant tourbillon qui l'avait aspirée. Elle se souvint que sa violence l'avait fait sombrer. Des flashs. Tristan et ses grands yeux verts désemparés. Cédric si loin maintenant.

Sandrine ouvrit doucement les yeux et fut surprise de voir des visages inquiets au-dessus d'elle. Elle cligna des yeux pour rendre sa vision plus nette et fut sidérée de voir Tristan, entouré de visages inconnus.

— Tristan ? Que s'est-il passé ? interrogea Sandrine d'une voix faible.

Les visages la surplombant se regardèrent, surpris et Tristan se pencha davantage vers son visage en lui plaquant ses mains sur ses deux joues et en la fixant intensément.

— Móður ?

Les yeux de Sandrine s'agrandirent. Elle réalisa que ce n'était pas Tristan, mais un jeune homme qui lui ressemblait étrangement et qui parlait un langage inconnu. Les personnes autour lui, chuchotant de manière incompréhensible, lui parurent d'une autre époque ; elle fixa les vêtements, les coiffes et pensa au moyen-âge. Il lui sembla se trouver au fond d'un petit ravin, où elle avait probablement chuté. Un seau d'eau renversé était juste à côté d'elle. Une forte douleur la lançait à la tête ; elle en approcha ses doigts qui rencontrèrent le contact chaud et visqueux du sang qui s'écoulait de sa plaie. Glacée, sans rien comprendre de sa situation, elle n'ouvrit plus la bouche. Elle remarqua sa longue chemise en lin et par-dessus, une robe en laine verte fermée avec une fibule. Le sosie de Tristan, aidé par d'autres hommes aux cheveux aussi longs que leurs barbes, lui entoura la tête d'un linge et la transporta dans une longue maison en bois avec des animaux de ferme tout autour. Cette ferme était entourée de quelques petites maisons aux alentours. Les hommes rentrèrent la jeune femme dans la longue pièce principale et la posèrent au bout, allongée dans un lit fourré de paille qu'une peau de mouton recouvrait. Sandrine ferma les yeux et fit mine de dormir. Il fallait qu'elle rassemble ses idées pour ne pas céder à la panique. Le faux Tristan lui amena une couverture en laine, lui caressa la joue et s'éloigna avec les autres. Sandrine tentait de calmer les battements désordonnés de son cœur, dont elle doutait, mais qu'elle sentait bourdonner jusque dans ses tempes. Où était-elle ? Quand était-elle ? Qui était-elle ? Elle se releva lentement et observa la pièce où elle se trouvait. Au centre se trouvait le foyer, de six ou huit mètres, circonscrit dans une longue rangée de pierres. Des tables longeaient les bords des murs, avec des bancs en bois assez larges pour servir de lits aux simples esclaves ou à ceux qui travaillaient au sein de cette ferme. Sandrine se remit précipitamment en position allongée lorsqu'elle entendit des voix se rapprocher. Des femmes entrèrent, avec quelques enfants sur leurs talons. Elles allèrent, sans la voir, à l'opposé du lit de Sandrine, dans le prolongement de la pièce principale qui correspondait à une cuisine. Sandrine les entendit s'affairer autour de volailles et de légumes qu'elles préparaient et mettaient à cuire. Sandrine se dit qu'elle serait rarement seule dans cette grande ferme où tous se côtoyaient pour travailler toute la journée. Ne comprenant rien à la langue qu'elle tentait de discerner, elle prit le parti de montrer à celui qui l'aborderait qu'elle ne parvenait plus à parler. Cela lui ferait gagner du temps. Elle entendait des consonances un peu slaves ou germaniques, avec le roulement du r. J'ai pris la place d'une femme qui a dû faire une mauvaise chute au point d'en mourir, se dit Sandrine. Complètement désorientée, il fallait qu'elle joue la malade muette, pour lui laisser le temps de comprendre son environnement et ce qu'il fallait qu'elle fasse. Elle observait un bouclier bicolore accroché au mur lorsqu'elle entendit de fortes voix masculines à l'extérieur. Le faux Tristan rentra avec un gobelet en bois et un liquide qu'il l'incita à boire. La mixture avait une forte odeur d'herbes aromatiques. Le jeune lui souriait en l'aidant à se soulever un peu. Il lui parla d'un ton doux, mais Sandrine, complètement isolée par la langue, ne put que le regarder en lui rendant son sourire, avec de grands yeux perdus. Attendant probablement une réponse qui ne venait pas, le jeune homme se releva, l'aida à se rallonger et embrassa Sandrine sur le front avant de s'éloigner. Il lui fit un petit signe de la main en se retournant, tentant de masquer son inquiétude pourtant perceptible. Avant d'atteindre la porte d'entrée, un autre jeune homme apparut à moitié dans la pièce pour l'appeler : « Seivar, kom ! ». Sandrine entendit des conversations au-dehors. Elle sentit qu'on venait ; elle ferma les yeux et fit mine de dormir. Seivar avait dû prévenir de l'accident ; une nuée rentra dans la pièce principale pour la voir. Sandrine percevait leur chuchotement. Elle entendit une voix féminine impérieuse qui poussa un certain nombre de personnes à partir. Elle entendit un léger remue-ménage ; des femmes s'affairaient. Elle sentit un linge humide et chaud sur son visage. Cela la poussa à entrouvrir les yeux. Sandrine perçut deux ou trois visages. Des mains enlevaient délicatement le bandage et nettoyaient sa plaie. D'autres défaisaient ses souliers en cuir et sa robe-tablier pour ne lui laisser que sa chemise en lin. Sandrine entendit de douces paroles rassurantes. On s'occupait d'elle. Elle entendit plusieurs « Frida » lorsqu'on s'adressait doucement à elle, elle supposa que c'était le prénom de celle dont elle avait pris la place. Puis, les femmes se retirèrent, la laissant seule à cogiter. Sandrine était terrifiée. Que feraient-ils d'elle si le moindre d'entre eux réalisait qu'elle n'était pas l'une des leurs ? Elle ne percevait qu'une aide possible, celle de « Seivar », proche d'elle. Était-il son fils ? Au vu de sa ressemblance troublante avec Tristan, naturellement, Sandrine le pensa. Il fallait pouvoir communiquer avec lui. Sans interprète, elle n'avait plus qu'à apprendre leur langage. Mais il faudrait du temps… En avait-elle ? La seule échappatoire était de jouer la muette et l'amnésique, si ces gens savaient ce qu'était l'amnésie...

Un bruit de chariot se rapprocha. De grands bruits et de forts éclats de voix retentirent. Un ours rentra brusquement dans la pièce principale ; un grand et gros personnage barbu, brun avec des yeux noirs dont les orbites étaient très enfoncées. La grosse voix venait de lui. Sandrine se dit immédiatement qu'il était le maître des lieux. Ses yeux mi-clos, elle vit que les gens baissaient la tête devant lui et se comportaient avec déférence. Il se rapprocha de son lit avec une démarche pesante. Il était suivi d'une maigre femme blonde aux yeux bleus pleins d'effroi qui tenait par la main une petite fille de cinq ou six ans, les cheveux châtain clair et de grands yeux noirs. Une jeune fille qui n'avait pas vingt ans suivait ; elle ressemblait à sa mère, très blonde aux yeux bleus et très jolie. Toute cette petite famille se rapprocha de Sandrine. L'homme ne s'adressait pas à elle, mais semblait donner des directives aux gens de maison qui les avaient suivis en restant en arrière. La mère et ses filles se rapprochèrent. La petite dame s'assit et prit la main de Sandrine qui ouvrit légèrement les yeux. La petite se tenait devant le visage de l'alitée, très attentive. La jolie jeune fille s'assit, elle aussi, inquiète. La mère lui posa sa main sur le front et chuchota des mots. Sandrine reconnut encore le prénom « Frida ». Puis la mère se releva et s'éloigna dès lors que son mari commença à partir. Les deux filles restèrent. Sandrine gardait ses yeux mi-clos, le regard éteint et roulait sa légèrement sa tête, comme si elle était en proie à une forte fièvre. La petite ne bougeait pas et la fixait, sans rien dire. Elle leva doucement sa petite main qu'elle posa sur celle de Sandrine sur le bord du lit. La plus grande des deux sœurs se mit à murmurer dès le départ de ses parents. Sandrine entendit encore « Frida » dans ses paroles. Puis la grande se leva, eut un geste de réconfort vis-à-vis de Sandrine et s'éloigna en emmenant sa petite sœur qui devait s'appeler « Ida », prénom prononcé plusieurs fois par la jolie jeune fille.

Le soir venu, tous les gens de maison rentrèrent s'affairer pour le repas du soir. Seivar rentra aussi et resta à côté de Sandrine, l'aidant à prendre quelques cuillerées de soupe. Après le départ assez précipité de la famille du maître dans leur coin chambre, les autres s'installèrent pour la nuit dans les lits banquettes, le long des murs, à proximité du feu principal.

Ce manège dura quatre jours. Sandrine joua la malade incapable de parler. Les femmes lui changeaient le bandage de la tête et lui faisaient une rapide toilette. Seivar lui faisait des petites visites éclairs la journée pour se rassurer. Il semblait être très attaché à sa mère. Ida et sa grande sœur passaient souvent la voir aussi. Sandrine fut rassurée de ne voir aucun homme qui aurait été l'époux de Frida se manifester. Elle avait peut-être un statut de veuve.

Au matin du cinquième jour arriva une vieille femme que Sandrine prit pour une sorte de sorcière chamane, escortée par Seivar. La guérisseuse, une völva, avait un bâton qui lui servait à rythmer ses incantations et des bourses en cuir et des herbes accrochées à sa ceinture. Elle inspecta la blessure à la tête de Sandrine et sembla lui poser une question. Sandrine fit non de la tête, du désarroi dans les yeux et montra sa gorge pour faire comprendre qu'elle ne parvenait plus à sortir le moindre mot. La vieille femme se retourna en marmonnant ses formules et entreprit de réaliser une décoction avec ses herbes. Un pilon sur la table lui servit à écraser des plantes et des bourgeons. Elle prit de l'eau qui chauffait dans un chaudron au-dessus du feu et en versa quelques gouttes dans son pot. La chamane défit le bandage de Sandrine et appliqua cette sorte de pommade verdâtre sur la plaie, en scandant toujours les mêmes phrases. Et, toujours au rythme de ses incantations, elle rajouta de l'eau chaude dans son pot pour rendre la potion plus liquide. Elle fit boire ce restant de mélange à Sandrine, soutenue par Tristan qui regardait la scène avec intérêt et espoir. Elle continua à marmonner, les yeux fermés, ses phrases rythmées grâce au bâton tapé au sol en cadence. Cela dura quelques minutes. Puis, la vieille se tut. Elle s'approcha du lit et s'assit auprès de Sandrine à qui elle tendit une des bourses en cuir détachée de sa ceinture. Celle-ci renfermait des petites pierres, selon Sandrine qui avait engagé sa main à l'intérieur. La vieille femme introduisit sa propre main qu'elle plaqua sur celle de Sandrine, obligeant cette dernière à se saisir d'une petite poignée de pierres. La vieille sortit sa main tenant toujours celle de Sandrine qu'elle ouvrit pour lâcher les pierres sur un petit linge clair qu'elle avait sorti de sa main gauche, d'une autre cachette miraculeuse de sa tenue et qu'elle avait posé sur le bord du lit. Il y avait un cercle gravé très certainement au charbon, où étaient mentionnées quatre positions qui se faisaient face, comme des points cardinaux. Les pierres furent lâchées à l'intérieur du cercle et celles dont le côté face était retourné furent enlevées par la vieille femme. Celle-ci se mit à commenter chacune des pierres gravées restantes en partant du centre du cercle. Elle montrait ces runes en parlant de façon certainement prophétique, mais Sandrine n'y entendait rien, bien entendu. Seivar, lui, était très attentif aux dires de la vieille femme. Il sourit lorsque la chamane insista sur une rune : « Laguz, laguz », répétait-elle. Le motif était un trait vertical qui redescendait légèrement sur la droite vers le bas. Cela sembla donner bon espoir à Seivar. Le jeune homme sembla demander des informations, ou bien le nom des deux autres runes principales dans le cercle. Sandrine entendit « Pertho », « Elhaz » et « Raido ». Les commentaires de la guérisseuse parurent surprendre Seivar qui regarda sa mère d'un air un peu étonné. La présence de la vieille femme prit fin lorsqu'après avoir tout rangé dans sa petite bourse, elle posa sa main ridée et tremblotante sur le front de Sandrine en soufflant des dernières paroles bienfaitrices. Elle esquissa une sorte de grimace qui laissa voir une bouche édentée. Sandrine voulut prendre cela pour un sourire. La vieille guérisseuse sortit de la pièce, toujours en chuchotant toute seule, avec une démarche de canard. Sandrine eut envie de sourire, après l'étrangeté de la scène, mais se retint en se rappelant qu'elle devait faire une mine de souffrante. Seivar se rapprocha d'elle et lui dit des choses dont Sandrine capta le ton bienveillant, doux et optimiste. Il souriait. Sandrine comprit que la vieille n'avait probablement pas annoncé son arrêt de mort imminent.

La petite Ida venait voir Sandrine plusieurs fois dans la journée. Sandrine, toujours muette, montrait malgré tout des signes de rétablissement. Elle se relevait et pouvait même aller seule aux toilettes sur le prolongement de la ferme ; deux longues planches de bois perforées de plusieurs trous longeaient les murs de cette pièce exiguë. Au fur et à mesure de la récupération physique de Sandrine, Ida restait plus longtemps avec la jeune femme. Au début, elle était muette comme Sandrine. Puis, elle dit quelques phrases courtes qui ne rencontrèrent ni réponses ni commentaires. Sandrine mimait un non de la tête, d'un air désolé. Alors, la petite fille sembla comprendre que Sandrine avait tout oublié du langage à cause de son coup sur la tête. Elle entreprit timidement de nommer toutes les choses qui les entouraient et les fit répéter à la malade, comme si elle apprenait à parler à un bébé. Sandrine, trop heureuse de l'occasion donnée, joua le jeu et se mit ainsi à apprendre du vocabulaire. Elle se répétait tous les nouveaux mots chaque nuit. Elle intégra assez rapidement les formes conjuguées, assez simples au demeurant. Elle se risqua à prononcer des mots face à la fillette qui hochait la tête en souriant pour lui signifier qu'elle disait juste. Encouragée, la jeune femme se risqua progressivement à des phrases courtes, simples. La petite Ida la reprenait doucement lorsqu'il le fallait. Sandrine prit un peu confiance et osa dire quelques mots à Seivar, un soir. N'attendant pas de réaction de sa mère, le jeune homme, comme à son habitude, aidait Sandrine pour venir à la table centrale et manger avec les deux ou trois familles de travailleurs dans la pièce principale à côté du grand feu. Il l'aidait à s'installer et lui présentait sa cuillère et son assiette en bois remplie de ragoût, accompagné d'une portion de pain à l'allure d'une galette fine et d'un bol de bière. Sandrine arrêta son bras et lui chuchota, dans sa langue, « Merci, Seivar ». Le jeune garçon s'immobilisa et soudain lui fit face avec un grand sourire et de la lumière dans le regard.

— Tu parles ? Enfin ! Comment te sens-tu ? Pourquoi n'as-tu plus dit un seul mot depuis tout ce temps ?

Sandrine ne comprit pas tous les mots, mais comprit qu'il fallait le rassurer. Elle continua de chuchoter, ayant peur que sa voix trahisse le fait qu'elle n'était pas celle qu'il croyait.

— Je vais mieux. Ma tête me fait toujours souffrir. La blessure m'a volé beaucoup de souvenirs. Je ne savais plus parler, murmura lentement Sandrine, réfléchissant à chaque mot.

Seivar tomba sur ses genoux et prit la main de Sandrine.

— Je suis si heureux de t'entendre ! La guérisseuse ne s'est pas trompée ; elle avait dit que tu te relèverais. Ne t'inquiète pas, tout redeviendra comme avant dans peu de temps, je te le promets. Le maître a accepté de te donner un délai avant que tu retournes travailler en cuisine.

Toute la tablée trinqua au rétablissement de Frida. « Skål ! ». Certaines femmes se levèrent pour venir la serrer dans leurs bras. Sandrine ne voyait que des sourires autour d'elle et se sentit moins inquiète, pour la première fois depuis son arrivée.

Une fois couchée, Sandrine réfléchit aux paroles de Seivar ; elle réalisait qu'elle devrait camper une cuisinière probablement dès le lendemain. Elle était angoissée et espérait avoir de l'aide des autres femmes.

Les hommes se levèrent et se préparèrent tôt ; l'été tirait à sa fin, il fallait accélérer les travaux de la terre avant l'arrivée du froid. Les femmes ravivèrent le feu central et commencèrent la préparation du « dagverðr » ; le repas du matin. Sandrine s'avança pour aider. Il y avait trois épouses et une jeune fille qui s'étaient réparti les tâches. L'une, Thora, une femme rousse et forte, coupait des cubes de viande de mouton que deux hommes venaient de lui amener après avoir tué, dépecé l'animal et préparé la viande en gros quartiers. La jeune fille, Solveig, préparait du gruau pour les enfants et les esclaves. Une autre femme, Urda, grande blonde, s'attelait à la fabrication du pain à partir de farine d'avoine et d'orge. Avec de l'eau, la cuisinière confectionnait une pâte à partir de laquelle elle prenait de petits morceaux qu'elle aplatissait et mettait à cuire sur une grille au-dessus du foyer. Cuits, ces petits pains prenaient l'apparence de galettes fines. Urda perçait un trou en leur milieu pour les suspendre ensuite dans la cuisine. Sandrine osa demander pourquoi suspendre les pains. Urda lui dit que c'était pour les tenir hors de portée des rongeurs.

« Ah, oui, bien sûr ! » ajouta Sandrine qui voulut montrer qu'elle s'en souvenait. La troisième femme s'occupait des légumes ; c'est auprès de celle-ci, nommée Hilde, que Sandrine montra son envie de participer. Hilde était la maman de Solveig et l'archétype de la maman tout court, bienveillante et calme. Son caractère rassurant n'était pas sans lien avec le choix de Sandrine d'aller vers elle. Hilde lui donna des petits pois à écosser, tandis qu'elle se chargeait d'oignons à émincer. À part le pain, tout fut rassemblé dans un chaudron en fer ayant la capacité d'une trentaine de litres, avec de l'eau et des herbes aromatiques pour cuire doucement à même le feu. Au bout d'une heure et demie environ, le ragoût fut prêt à servir. Les hommes revinrent aux alentours de huit heures du matin pour prendre leur solide déjeuner, accompagné de bière. La petite sœur de Solveig revint avec des pommes et des framboises qui furent appréciées en fin de repas. Il régnait une réelle chaleur humaine entre tous ces gens qui ne formaient finalement qu'une seule et grande famille. Sandrine était imprégnée de cette ambiance agréable. Sandrine ne cernait pas vraiment s'ils avaient le statut d'esclave ou de travailleur agricole. Seivar vint embrasser sa mère avant de repartir à la construction d'une grange en bois. Il lui glissa dans la main quelque chose. Sandrine, surprise, écarta ses doigts et vit un petit pendentif en bois délicatement sculpté par ses soins. Le motif représentait la rune principale du tirage de la vieille guérisseuse : « laguz », pour lui porter chance et santé, certainement, se dit Sandrine émue. Elle courut derrière Seivar pour le remercier et l'embrasser. Il était si attentionné, il ressemblait tellement à son propre fils… Comment ne pas l'aimer ? C'était si facile d'être dans la peau de la mère d'un si gentil garçon ! Tristan et Seivar se confondaient tellement…

Après avoir débarrassé les restes de la tablée, lavé les ustensiles, Sandrine suivit le groupe de femmes qui, après le travail en cuisine, allait s'occuper des animaux de la ferme et des cultures à proximité de la grande bâtisse principale. Heureuse de sortir un peu de cette pièce principale trop enfumée, Sandrine continuait l'apprentissage de la langue en les écoutant parler. Hilde, particulièrement attentionnée, voulut montrer les endroits censément connus de Frida pour lui raviver la mémoire. Elle lui montra quelques petites maisons à proximité de la grande ferme, en lui évoquant la personne principale qui y travaillait ; écurie, granges pour le stockage, atelier textile, forge, construction de bateaux… Sandrine réalisait qu'un mini village entourait l'imposante ferme. Elle ne voyait pas d'autres constructions aux alentours. Cette ferme constituait un centre de vie assez autonome. À quelques dizaines de mètres de ce centre, on voyait un bras de mer tenu en tenaille par de hautes montagnes en aplomb. Le bras de mer s'élargissait au loin. Cela ressemble aux fjords norvégiens, se dit Sandrine. Si c'est bien le lieu où j'ai atterri et que je suis bien au moyen-âge, je suis peut-être dans un village viking, déduisit la jeune femme. Son impression se confirma à la vue d'un bateau en construction devant un atelier, qui s'apparentait bien à un langskip ; long, à fond plat avec une tête de dragon sculptée, sur laquelle d'ailleurs travaillait Seivar. Ce dernier, voyant sa mère au loin, lui fit signe en souriant. C'était le seul bateau reconnaissable que Sandrine voyait comme le drakkar type, les autres bateaux, à quai ou en construction, étaient plus petits, sans la tête de dragon à la proue. Sandrine demanda à Hilde si elle pouvait rejoindre Seivar un petit moment. Hilde lui sourit, hocha la tête et lui dit qu'elle pouvait les rejoindre ensuite à l'enclos des vaches. Sandrine, tout en se rapprochant du chantier du drakkar, observait Seivar. C'était un très beau jeune homme, en tout point identique à Tristan ; les yeux verts, les cheveux châtain longs et bouclés. Seivar était sans doute plus costaud, avec de plus larges épaules. Et il avait du bois dans les mains, sans arrêt. Sandrine se dit qu'il devait être bûcheron, charpentier, ou menuisier, ou tout cela à la fois. Il était visiblement capable de construire de grosses pièces, comme granges ou bateaux, ainsi que des pièces bien plus fines nécessitant un savoir-faire précis et artistique.

— Explique-moi ce que tu fais, demanda Sandrine.

— Avec Haagen, nous construisons le langskip que nous devons offrir au jarl Bragi en guise de taxe. Sinon, en temps normal, nous avons plus l'habitude de fabriquer un byrðingr. C'est plus petit et plus pratique pour le transport des marchandises et pour le commerce.

— C'est très beau ! Mais tu devras partir en mer ? s'inquiéta soudain la mère qu'étaient Sandrine et Frida.

— J'espère que non, je n'ai pas envie de partir d'ici.

Sandrine se sentit soulagée. Mais Haagen, à l'autre bout du bateau, charriait déjà son ami, hilare.

— On se demande bien ce qui retient Seivar dans ce trou perdu…

Seivar lui envoya sa lime à bois dans la figure. Haagen esquiva tout juste et se remit à clouter les planches de bois entre elles, sans effacer de son visage son petit air narquois.

Sandrine allait les laisser travailler tranquillement quand elle les vit se raidir et faire partir toute trace de bonne humeur de leurs visages. Elle se retourna et se trouva face à l'imposant maître de la ferme qui venait vers eux.

— Bonjour Seivar, bonjour Haagen, ça avance bien ?

— Bonjour Rorik, oui, nous pensons finir d'ici trois ou quatre jours, répondit Seivar d'une voix monocorde.

Rorik se rapprocha tout près de Sandrine, immédiatement mal à l'aise devant la mine bouffie dont les yeux noirs enfoncés brillaient étrangement.

— Bonjour Frida, je suis heureux de voir que tu vas mieux.

— Oui, merci.

— Tu as perdu la mémoire, paraît-il ?

— Euh, j'ai du mal à me rappeler certaines choses.

— Si tu ne te souviens plus de feu ton mari, il est alors peut-être temps de songer à le remplacer…

— La guérisseuse a dit qu'elle devait se remettre pendant au moins un mois, intervint Seivar sourdement.

— Mêle-toi de tes affaires, je ne t'ai pas parlé, gronda Rorik. Il se radoucit pour continuer de parler à la jeune femme. Il faudra que tu passes me voir pour qu'on en parle, rajouta-t-il doucereusement, en posant sa main sur l'avant-bras de Sandrine.

Glacée, la jeune femme ne répondit pas et regarda au sol, jusqu'à ce que le gros Rorik décide de s'éloigner. Seivar descendit d'un bond de son bateau et se rapprocha d'elle.

— Ça va ?

— Oui Seivar, ne t'inquiète pas. Je vais bien.

— Évite-le à tout prix, ce bâtard, chuchota Seivar, la mâchoire serrée.

— Oui, j'ai compris. Est-ce que… Est-ce qu'il force les femmes ? interrogea Sandrine inquiète, ne sachant pas le mot pour parler de viol.

Seivar acquiesça avec une mine sombre.

— Ramène-moi auprès d'Hilde.

Le jeune homme prit le bras de sa mère et ils se mirent à marcher doucement.

— Parle-moi de ton père.

Seivar regarda vers sa mère, se demandant si elle l'avait vraiment, complètement oublié. Il mit un petit temps à reprendre la parole. Peu habitué à parler de ce qui fâche ou encore en proie au chagrin, se dit Sandrine.

— Magni était un « bóndi », un homme libre, un forgeron reconnu et surtout un homme d'une grande force. Il était le meilleur époux et le meilleur père au monde, rajouta-t-il d'une voix qui se cassait. Tous ces points positifs ont excité la jalousie et la rage de Rorik qui s'est débrouillé pour l'envoyer en raid pour le jarl Bragi, avec d'autres hommes du village assez forts aussi pour représenter une menace à son autorité. Aucun n'en est revenu. C'est pour cela qu'on a échoué dans sa ferme ; j'étais encore trop jeune pour travailler et assurer notre survie. Alors, tu as aidé en cuisine pour me permettre d'apprendre les métiers du bois. Il voulait t'avoir près de lui… J'ai toujours veillé à ce qu'il ne se retrouve jamais seul avec toi. C'est aussi pour ça que je passe souvent te voir dans la journée. Mais s'il te touche, je le tue.

Sandrine, sans avoir compris tous les mots de Seivar, avait bien saisi quand même les points importants.

— Mais, qu'est-ce que veut Rorik ? Pourquoi se débarrasser des hommes forts ?

— Il aime écraser les gens et profiter de son autorité. Et ce qu'il aimerait le plus au monde, c'est devenir jarl. Il ne se contente pas d'être un riche paysan. Il veut le pouvoir.

— Pourquoi ne pas partir de cette ferme tous les deux, alors ?

— Bientôt, mère, bientôt, j'y travaille.

Arrivé près d'Hilde, Seivar prit la main de Sandrine pour l'embrasser. Il retourna sur son chantier. Sandrine aida à transporter les seaux de lait jusqu'à la ferme. Elle vit de loin Rorik entrer dans une petite maison. Intriguée, elle demanda à Hilde ce qu'il y avait dans cette maisonnette. Hilde se raidit un peu et mit une seconde ou deux avant de répondre.

— C'est l'atelier textile. Il n'y a que des « ambáttir » là-dedans ; des esclaves femmes. Elles confectionnent des vêtements, des couvertures et des voiles de bateau. Il y a beaucoup de travail.

— Je peux peut-être aider ? proposa Sandrine.

— Non !

Sandrine sursauta, surprise du ton impérieux de la si douce Hilde. Cette dernière se rendit compte de la réaction de la jeune femme et réalisa qu'il fallait qu'elle s'explique.

— Ces esclaves ne servent pas qu'à faire des voiles de bateau… Pourquoi crois-tu que Rorik vient d'y rentrer ? Certainement pas pour leur faire la conversation. Tu verras, il en sortira d'ici cinq minutes.

Sandrine frissonna en réalisant combien il était difficile d'être une femme au moyen-âge, sans soutien masculin. Seules, les femmes étaient à la merci du désir et de la violence des hommes. Ces femmes esclaves ne rentraient pas dans la ferme, elles restaient dans leur atelier, à la disposition du maître qui allait se servir, quand bon lui semblait.

Chapitre 9

Carine Esposito vint voir Tristan le jour suivant, en fin d'après-midi. Accompagnée d'un soutien de taille ; un roulé au Nutella. C'était le gâteau d'anniversaire des dix-huit ans de Tristan qu'il aurait dû manger le 6 avril, alors qu'il n'était pas en état. La jeune femme dispensa sourire, chaleur et douceur au sein de la maison. Prévenante, elle était attentive à l'état de Tristan, comme à celui de Stéphane qui les rejoignit quelques minutes après son arrivée. Leur entrevue fut agréable pour tous les trois. Stéphane la raccompagna chez elle. À son retour, il s'assit au coin du lit de Tristan et regarda son fils.

— Tu crois que c'est une bonne idée si j'invite Carine au restaurant un soir ? demanda Stéphane quelque peu embarrassé.

Tristan sourit. Il acquiesça.

— Carrément, papa. Invite-la, elle est chouette.

Stéphane hocha gravement la tête. Il allait le faire. Il allait remettre de l'ordre dans sa vie et la réorganiser. Des mois d'absence, d'errance, où chaque geste était dicté par l'urgence, le besoin, où aucun moment ne correspondait à un choix, à un instant agréable ou réconfortant. Le sens de ses responsabilités avait étouffé sa personne et ses aspirations. Maintenant que les risques, la douleur et l'inquiétude autour de l'état de Tristan s'évanouissaient peu à peu, maintenant que le père se tranquillisait, l'homme refaisait doucement surface. Mais pas l'homme consommateur, l'homme chasseur. Marqué par tous ces derniers évènements, il aspirait à une forme de quiétude. Il désirait une douce compagne avec qui il envisagerait des moments de partage. Cette chaleur tranquille lui paraissait l'ultime but à atteindre. Pas la passion, pas la violence du désir, pas l'âpreté du sexe. Lorsqu'il envisageait d'ailleurs l'intimité avec Carine, il n'était pas à l'aise, comme si le rapprochement entre elle et lui nécessitait fatalement ce passage obligé alors qu'il n'en avait pas forcément envie là, tout de suite. C'était dur de se projeter de nouveau avec un nouvel être à ses côtés, un nouveau corps avec des envies qu'il ne cernait pas encore... Il ne se voyait tout simplement pas dans cette situation. Il se dit qu'il aurait le temps d'aviser et au besoin, de parler à Carine de ce frein qu'il ressentait. Ainsi, sa réaction serait assez décisive et pourrait être la preuve qu'elle pouvait le comprendre et lui convenir, ou pas.

Ophélie sonna à la porte, elle embrassa Stéphane venu lui ouvrir et fila vers Tristan. Elle se pencha à peine pour l'embrasser ; Tristan était assis sur son lit, calé sur ses oreillers. Tout en l'embrassant, elle lui saisit la main et la fit remonter le long de sa cuisse nue, sous sa mini-jupe en jean, jusqu'à amener ses doigts sous son string. Tristan se laissa faire, très docilement bien sûr, et la caressa. C'était la méthode Ophélie pour accélérer la convalescence de Tristan, ce qui était pour le coup, plutôt efficace. Elle se recula soudain et s'assit, souriante d'avoir fait son petit effet. La jeune fille, soufflant le feu et la glace, s'amusait à solliciter les sens de Tristan. Mais ils espéraient tous deux une vraie nuit, avec un Tristan solide, en pleine possession de ses moyens, très bientôt. Le plus vite possible, en fait...

— Comment tu vas aujourd'hui ? demanda Ophélie, les yeux pétillants.

— Fatigué ce matin, après la séance de kiné, reposé en début d'après-midi et... Très en forme ce soir... ironisa Tristan avec un petit sourire.

Il la contempla. Elle était tout simplement très jolie, fraîche, lumineuse. Ses visites lui faisaient un bien fou. Il pestait contre la lenteur de son rétablissement. Il aurait voulu partir avec elle, sortir en soirée avec elle, partager son lit un soir où elle aurait été seule chez elle.

— Tu ne voudrais pas qu'on se regarde une série ? demanda Ophélie qui avait envie de se glisser aux côtés de Tristan dans son lit et profiter de sa chaleur, tendrement.

— OK, je demande à mon père de commander deux pizzas et on se cale ici jusqu'à ce que ce soit le moment pour toi de partir.

— Alors, fais-moi une petite place…

Ophélie se déchaussa et se glissa sous le drap, contre Tristan. Elle promena ses doigts sur sa poitrine, sous son tee-shirt. Il l'embrassa longuement.

— Tu es sûre que tu veux regarder la télé ? chuchota Tristan.

— Oui, je suis sûre. Il y a ton père dans la pièce juste à côté, je te signale… répondit Ophélie qui tentait de garder la tête froide.

Tristan se recula un peu, à regret. Il se connecta à Netflix et les titres des séries disponibles défilèrent. Il ne prenait pas le temps de lire les résumés, il jetait juste un coup d'œil sur l'image et le titre. Soudain, Ophélie lui dit « stop ». L'image se fixa sur « Vikings ».

— Tu veux bien passer ça ? La série est sortie depuis un moment et il y a déjà plein d'avis super positifs, proposa Ophélie.

Tristan acquiesça immédiatement, après une impression positive au vu de l'image ; l'acteur principal fascinait avec son regard clair et déterminé, du sang et de la crasse sur le visage.

Les deux tourtereaux lancèrent les épisodes. Ophélie regardait la série avec intérêt. Pour Tristan, ce ne fut pas la même histoire. Il fut immédiatement happé par l'univers, transposé dans le récit. Il perdit la notion du temps et se sentit aux côtés de Ragnar Lothbrok, dans une Norvège à une époque médiévale qui lui sembla familière. Plus rien n'exista alors pour Tristan ; seuls la nature, le village, les plages, la mer avaient une réalité et un écho dans sa propre vie. Sans que personne ne s'en rende compte, Tristan vécut une sorte d'expérience de transe. Transplanté dans ce décor si loin de chez lui, il lui sembla qu'il agrandissait le cadre de sa réalité et qu'au milieu de cette ancienne Norvège, il était chez lui, ici et maintenant. Les actions et les aventures des personnages étaient plus secondaires. Si Ophélie frémissait lors des attaques par peur qu'un personnage auquel elle s'était déjà attachée ne meure, Tristan, lui vibrait dès qu'un personnage sillonnait les forêts, arpentait les bords de mer. Les lieux étaient liés à son histoire, c'était une évidence. Il eut un choc lorsqu'un plan du film survola le centre d'un village avec les allées et venues des habitants selon leur métier, des étals de marché, les animaux de la ferme au plus près des hommes dans leur vie de tous les jours. Il sembla à Tristan qu'il ouvrait les yeux sur un quotidien familier, après un lourd et long sommeil. Son cœur battait vite, il haletait. Il ne comprenait pas sa réaction, mais l'attirance était si forte qu'il buvait les images avidement, comme hypnotisé. À la cinquième minute du quatrième épisode, il eut une réaction encore plus marquée ; il entendit une musique qui semblait d'époque, mais rendue puissante par les moyens modernes. Le rythme un peu lancinant acheva de l'étourdir. Mais ce furent les paroles en norvégien qui lui martelèrent le crâne comme des coups de marteau. Il eut comme des spasmes à l'intérieur du ventre. Les paroles agirent comme une incantation qu'il connaissait. Tristan ne pensait plus à la pizza, à l'heure, ni à Ophélie qui s'assoupit contre lui au bout d'un long moment. Il termina la 1re saison et réveilla doucement Ophélie qui se leva d'un bond.

— Mon dieu, mais quelle heure est-il ? s'exclama Ophélie, les yeux rouges, écarquillés.

— Ne t'inquiète pas, il est tard, mais la nuit n'est pas entièrement passée, rassura Tristan.

Ophélie se leva précipitamment, se prépara, embrassa rapidement Tristan et disparut dans la nuit calme. Tristan ne put se coucher. Il refit partir la série pour une 2e saison qu'il regarda tout seul, tout aussi tendu et attentif.

Un personnage retint son attention ; le prêtre Athelstan, fervent chrétien enlevé par les Vikings, qui partagea la vie de Ragnar qui voulait en savoir plus sur le Christianisme et les coutumes anglo-saxonnes. Intégré au sein de la communauté viking, et devenu l'ami de Ragnar, membre à part entière de sa famille, il s'imprégna de la culture nordique et de sa religion jusqu'à adopter leur paganisme. À partir de là, ce jeune homme érudit, doux et empli de spiritualité fut tiraillé sans cesse entre deux religions, deux cultures, deux mondes, jusqu'à se perdre et ne plus savoir quelle était sa voie. Tristan était sensible à sa situation, à ce tiraillement entre deux réalités ; il comprenait le dilemme d'Athelstan, son appartenance à deux mondes que tout oppose, sans préférer un parti par rapport à l'autre, sans être capable de choisir un maître qu'il voulait plus servir que l'autre.

Arrivé à l'épisode 8, au bout de vingt-cinq minutes, Tristan se reprit une claque. Il se fit surprendre par une musique envoûtante, lancinante avec des chœurs et une voix qui lui adressait, lui sembla-t-il, des paroles d'un autre âge, destinées qu'à lui seul. Il ressentit au fond de ses entrailles la puissance de cet appel au point que la tête lui tourna et il s'affaissa sur ses oreillers, comme en proie à un malaise. Il était allongé sans forces, mais continuait d'écouter les tambours qui soutenaient son propre rythme cardiaque, et les voix ensemble qui continuaient à lui parler, à l'appeler. Le tournis s'intensifia, Tristan dut fermer les yeux pour se recentrer sur son corps et sa résistance à un appel qui le rapprochait d'un précipice vacillant. Il mit un moment à pouvoir se redresser et finir de regarder la saison deux. Il tenta de s'endormir ensuite, mais il eut du mal à trouver le repos. Il avait eu de trop fortes sensations. Tout cela ne cessait de tournoyer dans sa tête. Puis il sombra.

Le lendemain, il voulut en savoir plus sur cette étrange musique hypnotique et ensorcelante. Il fit des recherches sur le net ; il découvrit le nom du groupe norvégien à l'origine de beaucoup de musiques présentes sur la bande-son de « Vikings » : Wardruna. Il tapa ce nom sur YouTube et passa quelques titres. Il les écouta inlassablement en boucle, cela lui fit le même effet que la veille. Sa tête allait éclater, il avait le souffle court. Il s'interrogea. Un coup de foudre musical pouvait-il provoquer ces réactions ? Ou y avait-il autre chose ? Il visionna les images des clips de « Kvitravn », « Lyfjaberg », « Raido » ; les vues des paysages vinrent à bout de sa lucidité. Les lieux ne lui paraissaient pas inconnus. L'association de prises de vue et de cette musique grisante enclenchait dans sa tête un mécanisme de remémoration qui tournait dans le vide. Comme un rêve oublié qu'on cherche à se rappeler absolument, sans parvenir à retrouver le fil.

Tristan se renferma avec cette série et cette musique, les consommant comme une drogue. Le voyant s'isoler, Stéphane le lui reprocha. Mais Tristan tenta de le rassurer en lui expliquant qu'il avait juste besoin de calme et de se retrouver dans son univers. Stéphane n'insista pas trop. Tristan, en prise avec des forces qui le dépassaient, ressentit le besoin d'écrire sur ce qu'il vivait. Il prit un cahier et fit sortir ce qui brûlait en lui et cela prit la forme d'un poème. Tristan relut ensuite son texte, un peu surpris du genre poétique de son premier jet. Il se dit que, décidément, il y avait des choses qui lui échappaient durant l'écriture.

Musique

J'entends ce dialecte du fond des âges
Mes veines bouillonnent, ma tête éclatant
Les voix m'appellent, le rythme lancinant
Me grise, m'enivre et me met la rage.

Coincé dans un sud sec, vide et plat,
Mes tripes et mon âme sont au nord.
Mon histoire n'est pas ici, mais là-bas
Où loups et corbeaux sont leurs supports.

Je m'oublie, m'étourdis dans ce son
Qui m'emporte, me ramène chez moi.
Élixir de voix, tagelharpa,
Sanglots de vie et runes sur mon front.

Souffle de vies anciennes qui m'épient,
Chuchotent, m'exhortent à les rejoindre,
Je reconnais ces fantômes qui prient
Pour que dure leur écho à cœur fendre.

J'entends ce langage du fond des âges,
Je ressens les chants des pierres, des arbres,
J'accueille ces sombres palabres,
Je capte les vibrations de leurs plages.

J'entends au fond de moi cette musique
Je rentre dans les sous-bois de ma nuit,
J'entends au fond de moi cette musique,
Je renais, mon vieux moi s'évanouit.

Ophélie revint pour suivre la série « Vikings » avec Tristan. Il ne lui dit pas qu'il avait déjà tout vu tout seul. Il partagea ce moment avec elle, mais son attention resta centrée sur la musique de Wardruna qu'il reconnaissait au fil des épisodes et qu'il listait dans sa tête. La série et cette musique donnaient vie à une dimension pour laquelle Tristan était fait. S'il avait pu maîtriser toutes les formes d'art ; cinéma, musique, texte…, il n'aurait pas créé autre chose que cela. Il était chez lui dans cet univers qui comblait toutes ses attentes, tous ses besoins.

Il commanda des albums de Wardruna. Il commanda des vêtements et des accessoires de tenues vikings, des bijoux. Il tenta de tresser ses cheveux qui avaient considérablement poussé depuis l'attaque et le coma. Il changea d'apparence. Il se leva et voulut retrouver sa force physique. Le kiné reconnut son zèle et Tristan en fit plus encore ; il voulait développer sa musculature. Ce feu qui le poussait à correspondre à une image de Viking fut le principal moteur du rétablissement de Tristan, plus que les encouragements de ses proches ou l'envie de reprendre ses études et sa vie en main… Il était mû par une étrange force, qu'il taisait à tout le monde. Comme s'il s'était trouvé. En tout cas, en partie.

Un soir, Robin passa, ce qui fit fuir Ophélie qui pestait d'avoir moins de liberté que le jeune garçon délaissé par sa mère. À la vue de Tristan habillé d'un débardeur noir, les cheveux tressés, une grosse chaîne autour du cou de laquelle pendait Mjöllnir, le marteau de Thor, Robin fit des yeux ronds.

— Qu'est-ce qui t'es arrivé ? T'as reçu la visite d'Odin, ou quoi ? demanda ironiquement Robin surpris.

— Un Viking a pris possession du corps de mon fils ; il s'habille viking, il regarde du Viking à la télé, il écoute de la musique viking, s'exclama Stéphane en riant.

— Ça va, vous n'allez pas appeler un exorciste, non plus ! répliqua Tristan.

— Non… Pas encore, répondit Stéphane en souriant. Mais j'avoue que tu fais honneur à ton ancêtre !

Tristan, surpris, tourna la tête vers son père, en fronçant les sourcils.

— De quoi parles-tu ? Quel ancêtre ?

— Tu ne savais pas que tu avais un ancêtre viking ? Je ne t'en avais jamais parlé ? demanda Stéphane.

— Ah, non, je m'en souviendrais ! s'exclama Tristan. Eh bien, explique !

— Oh, ça remonte à quelques générations du côté de ta mère. La branche italienne, tu sais ? Dans sa famille, j'ai toujours entendu parler du grand Viking aux cheveux rouges, longs, avec de grosses bagues à presque tous les doigts. Il viendrait de Scandinavie, mais je ne sais pas exactement de quel pays ; Norvège, Suède, Danemark… Et il se serait installé dans le sud de l'Italie… Son nom était de consonance nordique, et il s'est « italianisé » avec le temps. C'est tout ce que je sais.

Ces paroles résonnèrent intensément aux oreilles de Tristan. Cet ancêtre pourrait-il être un point de départ ? Une cause à beaucoup de résonance qu'il ressentait, comme le rêve, le film, la musique ? Cette nouvelle l'enfiévra ; il avait une piste, mais cette nouvelle l'apaisa aussi, car il avait la preuve qu'il n'y avait pas de coïncidences, il n'était pas fou.

Tristan était resté interdit, silencieux, immobile. Robin se rendit compte du trouble de son ami.

— Allez, viens me faire écouter tes chants païens, proposa Robin.

Tristan se leva, la tête lui tourna. Il se tint au bord de la table du salon. Robin le soutint et le lâcha ; Stéphane ne s'était rendu compte de rien, il s'était levé le premier et allait vers la cuisine.

— Vous voulez des cookies, les jeunes ? demanda joyeusement Stéphane.

— Non, merci, répondit Tristan.

— C'est Carine qui les a faits pour toi. Et ils sont très bons, je les ai goûtés ! rajouta Stéphane.

— Si je peux me permettre, on va en prendre quelques-uns, intervint Robin. Ce serait impoli de ne pas les goûter. Et vous avez bien de la chance d'avoir des voisines qui vous font des cookies. Moi, pour voisins, je n'ai que des vieux qui font aboyer leur caniche nuit et jour…

— Tu parles, c'est pour mon père que la voisine cuisine… rajouta doucement Tristan avec un sourire en coin.

— Mais c'est cool, tu en profites aussi, veinard ! J'aimerais bien avoir aussi une Carine avec des cookies maison ! Je lui demanderais de m'adopter, je crois… précisa Robin.

Tristan pouffa et il se rappela que la mère de Robin n'avait jamais dû faire le moindre biscuit pour son fils. Il lui envoya une tape dans le dos, lui faisant comprendre par là qu'il avait saisi le dramatique de la répartie comique de Robin, et qu'il voulait le réconforter. Ils récupérèrent une assiette des cookies de Carine et s'installèrent dans la chambre de Tristan.

— Alors, qu'est-ce qui se passe ? demanda Robin tout de go. Pourquoi es-tu dans un tel état à l'annonce d'un ancêtre viking ?

Tristan ne savait pas par où commencer et quoi dire exactement.

— Avec Ophélie, on a commencé à regarder la série « Vikings », et j'ai découvert Wardruna…

— La série, je connais, mais Wardru… je ne sais pas quoi, non… répondit Robin.

— C'est le groupe qui a fait les principales musiques de la série.

— Et t'es tombé amoureux de Ragnar ? Du groupe de musique ?

— Il s'est passé quelque chose de spécial pendant la série. J'ai été scotché par les lieux, l'époque, les costumes, les gens, les villages et les forêts.

Le dernier mot mit Robin sur la voie.

— Ne me dis pas que t'as vu la forêt de ton rêve, s'exclama Robin.

— Non, non, mais tout m'était familier, j'avais l'impression de tout connaître, ou du moins, de tout reconnaître…

— T'as jamais été dans les pays nordiques, pourtant ?

— Non, jamais ! Et je n'ai jamais vu la moindre photo, le moindre reportage… Mais c'est comme si je faisais partie de ce monde, de cette époque.

— Et tu penses que ça rejoint ton rêve ?

— Je pense qu'il y a un lien. Et la musique ! Elle m'a mis en transe. J'ai eu l'impression de sortir de mon corps et de flotter vers ces lieux qui me parlent tant…

Robin le fixait, en se demandant quel crédit il pouvait accorder à ce que lui disait son ami. Certes, Tristan était passé par des chemins que peu de personnes empruntent ; le coma, la mort… Mais était-ce une raison pour cautionner son délire ? Fallait-il le prendre au sérieux et l'inciter à creuser ces pistes abstraites et glissantes ? Quel rôle fallait-il qu'il joue auprès de lui ? Quelle position adopter face à ces sujets qu'on ne pouvait maîtriser ? Qu'est-ce qui aiderait Tristan au mieux ?

— Est-ce que ça ne vaudrait pas le coup d'en parler à un professionnel ? hésita Robin.

— Quoi, un psy ? Tu me prends pour un fou, c'est ça ? Remarque, ta réaction est normale ! rajouta Tristan plus calmement.

— Et si tout ça n'était que les conséquences de ton expérience de mort ou des cachets que tu as pu prendre… suggéra Robin qui voulait que Tristan prenne un peu de recul.

— Je ne crois pas. Ce que je ressens face aux images de la série et à la musique, c'est trop fort, c'est trop précis. Ça m'emporte avec une telle intensité que parfois, je ne sais plus quelle est la réalité, ma réalité ; là-bas au Xème siècle ou ici et maintenant…

— Et ça te perturbe tellement que tu veux en avoir le cœur net, bien sûr ?

— Oui… Mais comment faire ?

— Essaie de voir d'autres films d'époques différentes et regarde si tu as des réactions similaires.

— Pas bête…

— Et ensuite… Eh bien, il faudrait peut-être trouver un moyen d'aller en Norvège ou en Suède, ou en Islande… T'imprégner des lieux sur place et voir ce qui se passera…

— Ce que tu proposes, ça me paraît être une nécessité vitale. Il faut que j'y aille. Sinon, ça va vraiment me rendre dingue.

— Vu qu'on est tout juste majeur, on pourrait se renseigner pour aller faire un job saisonnier pendant l'été…

— Tu viendrais avec moi ? Ce serait trop génial ! s'exclama Tristan qui rayonnait.

— Je me rencarde demain, j'irai voir la secrétaire du bahut, elle sait plein de choses là-dessus. Elle a donné dernièrement plein de tuyaux à Bastien qui voulait aller aux États-Unis cet été.

Le cœur de Tristan était gonflé de gratitude ; Robin le prenait au sérieux, l'aidait et était même prêt à l'accompagner dans une quête semi-mystique qu'aucun autre n'aurait sérieusement entendue. Sa présence à ses côtés le réconfortait et le rassurait. Il chassa vite de ses pensées les vraies raisons qui poussaient Robin à être si serviable ; Tristan était si envahi de sensations aussi fortes qu'inexplicables qu'il ne considéra égoïstement que ce qui l'intéressait.

— Je me mets au norvégien dès demain ! Je m'inscris sur Babbel et j'apprends la langue que j'entends avec Wardruna, rajouta Tristan euphorique.

— Et… Ton père, et Ophélie, ils savent quelque chose de tout ce que tu m'as dit ?

Tristan secoua négativement la tête. Son père, voulant le protéger, empêcherait ses mouvements et entraverait sa quête. Quant à Ophélie, il ne savait pas trop. C'était un peu les mêmes risques. Et puis c'était à Robin qu'il avait commencé à se confier, il y avait longtemps, sur lui, son rêve et ses impressions. Du coup, choisir Robin était logique, plus simple et demandait moins d'explications et de discours.

— T'as un passeport à jour ? demanda Robin, sachant être autant dans le mystique que dans le pratique.

— Oui, on était parti avec mes parents en vacances au Canada, il n'y a pas si longtemps. Moins de cinq ans en tout cas. Et toi ?

Robin sourit.

— Ma mère a toujours mis un point d'honneur à oublier de remplir le frigo, mais elle a toujours eu à cœur de tenir mes papiers très à jour pour pouvoir, au besoin, m'envoyer urgemment chez les cousins en Angleterre, ou chez n'importe qui d'autre d'ailleurs…

— T'inquiète pas pour ton frigo et la bouffe ! Vu comment ça tourne, je te ferai passer des gratins et des cookies de la voisine, et toi, tiens tes papiers au chaud, et renseigne-toi pour les jobs d'été.

— OK pour ce deal !

Les deux amis topèrent là.

Ce soir-là, Tristan s'endormit plus facilement ; il se sentait moins oppressé et voyait une issue.

Stéphane s'habillait après sa douche, ou du moins, tentait de le faire. Que se mettre sur le dos ? Il devait aller chercher Carine vingt minutes plus tard pour l'amener au restaurant qu'il avait appelé deux jours avant pour y réserver une table. Le choix du restaurant avait déjà été compliqué : un menu trop élaboré, ça ferait celui qui voulait en mettre plein la vue. Un menu trop simple ferait celui qui ne s'est pas investi ou qui est radin… Il avait opté une cuisine provençale raffinée. Mais maintenant, quoi choisir ? Chemise ou tee-shirt ? Des questions qu'il ne s'était plus posées depuis tant d'années… Et il se voyait ridicule en se les posant… Une chemise ferait celui qui se déguise et qui attend beaucoup du rendez-vous… Un tee-shirt, c'est l'adulescent négligé. Il choisit un modèle de chacun et partit les montrer à Tristan pour que ce soit lui qui choisisse. Il tapa à la porte de sa chambre.

— Rentre ! dit Tristan, le casque sur les oreilles, du Wardruna plein la tête.

— Tristan, qu'est-ce que tu en penses ? demanda Stéphane en lui montrant sa chemise beige et son tee-shirt noir. Qu'est-ce que je mets ?

Tristan s'enleva son attirail sonore en souriant, conscient de l'importance de cette question que son père se posait et pour laquelle, comble de tout, il sollicitait l'aide de son fils.

— Mets la chemise, assura Tristan.

— Sûr ?

— Oui, si bien sûr tu ne la rentres pas dans ton jean et tu ne rajoutes pas de cravate… ironisa le fils.

— Quand même, je ne vais pas à un entretien d'embauche ! s'exclama Stéphane.

— T'es sûr ? insista comiquement Tristan.

Stéphane leva les yeux au ciel, sortit de la chambre et rangea le tee-shirt dans l'armoire. Ce serait jean-chemise. Il prévint Tristan qu'il partait et qu'il restait au frigo du gratin d'épinards et des pâtes à se faire réchauffer, et qu'il y en avait assez si Ophélie venait.

— Bonne soirée ! cria Tristan.

Stéphane, hésitant, revint vers la chambre de son fils.

— T'es sûr que ça ne te dérange pas si je pars ce soir ? Je peux annuler ! demanda Stéphane, angoissé du rendez-vous, plus que de laisser son fils seul à la maison.

— Allez, vas-y, ne sois pas en retard ! assura Tristan. Ne lui saute pas dessus… Mais tente quelque chose, car, depuis le temps qu'elle tourne autour de toi, il faudrait que ça se précise un peu, non ? Elle ne va pas attendre cent ans… sermonna le fils à son père.

Renforcé par ces paroles, Stéphane partit de manière plus assurée. Il vint sonner chez Carine qui avait laissé sa fille au préalable chez sa mère pour le week-end. Elle ouvrit et apparut dans l'encadrement de la porte, derrière laquelle elle se cachait un peu, probablement aussi nerveuse que Stéphane et probablement aussi peu sûre de sa tenue qu'elle espérait adéquate. Elle portait une simple petite robe fleurie beige et rouge. Les cheveux lâchés, elle était tout à fait charmante.

Ils passèrent un très agréable moment au restaurant. Le repas était fin, délicat et très savoureux. C'était un très bon choix de restaurant, assura Carine, tout sourire. Elle posa beaucoup de questions sur l'état de Tristan et les progrès qu'il faisait. Elle demanda si son rétablissement serait complet et s'il n'aurait pas de séquelles. Stéphane la rassura en disant que l'avis des médecins était très favorable et que, vu son jeune âge, il récupérerait vite. Son cerveau n'avait pas souffert, et sa blessure était guérie. Il regagnait des forces chaque jour davantage. Il pourrait envisager un avenir tout à fait normal, comme si tout cela ne s'était pas passé.

Mais après avoir tenu ce discours rassurant, Stéphane se laissa aller à des paroles plus confidentielles.

— Pourtant, je le trouve changé… Parfois plus absent, rêveur, dans son monde. J'ai peur qu'il ne s'isole et se rapproche d'une sorte de dépression.

— Pourtant, il a beaucoup d'amis qui sont là tous les jours, ou presque, non ? demanda Carine.

— Oui, ça, c'est sûr, il a de la chance d'avoir Ophélie, Robin et les autres.

— Tu sais, les journées à la maison sont longues pour un jeune de son âge. Je pense que dès qu'il pourra ressortir et reprendre sa vie d'étudiant, ça ira beaucoup mieux, ne t'inquiète pas.

— Tu as probablement raison. Il faut qu'il reparte dans des projets. D'ailleurs, tu sais duquel il m'a parlé pas plus tard qu'hier ? Figure-toi qu'il voudrait aller faire un job d'été en Norvège avec Robin ! T'imagines ? Il ne pouvait pas choisir plus loin ! Je ne sais que lui dire.

— Mais c'est génial ! Laisse-le faire cette expérience, c'est à son âge qu'on peut voir le monde en grand. Ce n'est pas quand on a trouvé un travail, une famille qu'on peut partir comme ça, à l'aventure, découvrir le monde !

— Tu as raison, mais ça me fait peur de le savoir seul là-bas.

— S'il y a Robin, il n'est pas seul… Il a des choses à rattraper. Il a des choses à prouver. Il a vraiment des choses à vivre, après tout ce qui lui est arrivé…

Stéphane regarda Carine dans les yeux et lui sourit. Elle le rassurait, le conseillait, le guidait. À ses côtés, il avait moins l'impression de se torturer sans cesse pour savoir quoi dire et quoi faire.

Le repas se termina dans la chaleur de leur conversation. Détendus et contents d'être ensemble, ils reprirent la voiture pour retourner chez eux. Stéphane coupa le moteur arrivé devant la porte de la maison de Carine.

— Je suis content que tu aies accepté de sortir avec moi ce soir. J'ai… J'ai passé une soirée très agréable, merci, lui dit-il.

Carine, qui se baissait pour récupérer son sac à main à ses pieds, s'immobilisa et regarda Stéphane avec un doux sourire.

— Moi aussi, j'ai passé une très bonne soirée.

Un silence s'installa qui laissa deviner tous les mots qu'ils avaient envie de dire en plus. Carine caressa la joue de Stéphane qui se rapprocha pour l'embrasser. Doucement et délicatement. Stéphane fut étourdi de ce moment de douceur qu'il n'avait pas vécu depuis de nombreux mois maintenant. En fermant les yeux, l'homme renaissait, et il eut envie d'elle. Carine chuchota :

— Tu veux rentrer ?

Stéphane hésita. Il savait vers quoi il allait s'il acceptait. Était-il prêt ? N'allait-il pas le regretter ?

Carine sortit de la voiture et fit le tour pour se poster devant la portière conducteur, face à Stéphane, qui entrouvrit la portière. Elle lui prit la main pour l'entraîner chez elle. Il sortit et ferma la voiture. Carine se campa face à lui.

— Je ne veux rien brusquer ni forcer les choses. Je comprendrais si tu voulais arrêter là ou prendre plus de temps. Dis-moi simplement les choses, je ne m'offusquerai pas.

Elle venait juste de dire ce que Stéphane avait besoin d'entendre. Ce fut lui qui l'entraîna chez elle. Elle ouvrit la porte et il la suivit jusqu'à sa chambre. La clarté de la lune éclairait juste à peine la pièce ; ils n'eurent pas besoin de plus de lumière. Doucement, il l'enlaça, l'embrassa. Elle glissa ses mains sous sa chemise et fit courir ses doigts sur son dos et sa poitrine. Il n'osait la toucher. Elle se dénuda et entreprit de le déshabiller. Il finit prestement les derniers gestes pour cela et il recula un peu pour l'admirer dans cette délicate pénombre où les courbes de son corps se laissaient deviner. Elle se rapprocha et se colla contre lui, ses bras autour du cou de Stéphane, elle aima sentir contre elle son désir. Il la bascula sur le lit et découvrit son corps en parcourant ses mains sur elle. Il prit son temps pour cela. Il l'embrassait partout et sentait la douceur et l'odeur de sa peau. Elle ne le pressait pas, elle s'ajustait au rythme de Stéphane et le découvrit elle aussi. Les corps se frôlèrent, se touchèrent, se caressèrent longtemps. L'ultime étape ne fut pas plus intense. Des gestes tendres conclurent la première union de leurs corps. Il l'enlaça, couché sur le côté et aima sentir sa chaleur contre lui pendant un long moment. Lorsqu'il la sentit s'endormir, il se leva doucement et s'éclipsa.

Tristan entendit la porte d'entrée s'ouvrir ; il regarda l'heure : 2 h 40 du matin. Il sourit ; son père n'avait pas que festoyé au restaurant depuis tout ce temps…

Le lendemain matin, Tristan ne se priva pas de questionner son père.

— Alors, t'as passé une bonne soirée ? demanda Tristan, l'œil pétillant, arrivant pour prendre son petit-déjeuner.

Stéphane eut un petit sourire, sa tasse de café à la main.

— Oui, j'ai passé une très belle soirée…

Tristan le fixait avec un petit sourire, sans rien dire, pour l'inciter à développer.

— Et oui… J'ai… passé une bonne soirée… rajouta maladroitement Stéphane, embarrassé.

— Ça s'est bien passé ? demanda doucement Tristan, qui ne parlait plus du restaurant.

Stéphane acquiesça.

— Vous allez habiter ensemble ? demanda spontanément Tristan.

— Comme tu y vas ! Doucement, on n'en est pas là ! s'exclama Stéphane, qui réalisa, inquiet, ne pas s'être encore posé cette question.

— OK, OK… Bon, c'est cool si tu peux recommencer à sortir et à passer de bons moments.

— Oui, conclut succinctement Stéphane.

— Alors, t'as réfléchi au projet du job d'été en Norvège ? interrogea Tristan, changeant de sujet.

— L'idée du projet, je ne suis pas contre. Mais il faut vraiment que tu sois bien pris en charge et que tu ne risques rien. Qu'est-ce qui peut me le prouver ?

— Robin doit se renseigner auprès de la secrétaire du lycée qui, visiblement, s'y connaît.

— Il y a de réelles démarches à faire. Chez qui tu travailleras ? Qui te logera ? Combien tout ça peut coûter ?

— Je n'ai pas encore les réponses. Mais tu vas bientôt les avoir, assura Tristan.

— Si le projet est bien ficelé et que ça ne nous met pas sur la paille, OK. Bien sûr, il faudra, avant toute autre chose, le feu vert de l'équipe médicale.

— Je m'en charge, je leur en parle demain.

— Pourquoi la Norvège, Tristan ? demanda Stéphane l'air sérieux.

— S'il y a une région dans le monde qui m'attire et qui me parle, c'est celle-là… répondit finalement Tristan, après hésitation.

Stéphane ne répondit rien, alors que dans sa tête, il s'imaginait déjà les risques que Tristan se plaise tellement qu'il décide de s'y installer définitivement… Que ferait-il, alors ? Le père suivrait le fils ? Adieu le boulot, adieu Carine… La tête lui tourna. Il reprit un café.

Le lundi matin, Tristan parla de son projet au kiné qui ne s'opposa pas, d'autant qu'il ne restait au jeune homme plus que deux séances à faire. Le jeune garçon, déterminé, téléphona dans la journée à son médecin généraliste. Celui-ci tiqua un peu, car l'échéance de ce départ éventuel était un peu trop rapprochée. Il aurait aimé consolider l'état de Tristan d'au moins un mois supplémentaire. Mais il ne fut pas catégorique dans la négative. Il fit promettre à Tristan de partir avec son numéro personnel au cas où, et une assurance rapatriement, et de ne pas signer pour un job physiquement trop fatiguant.

Tristan sortit pour aller se dérouiller les jambes autour du pâté de maisons de la résidence. Il prenait conscience que son projet tenait beaucoup à son état physique. Il fallait qu'il gagne en résistance, en endurance. Wallee l'accompagna, ravi. Il marcha tranquillement une bonne demi-heure, en évitant les longs trottoirs au soleil. La chaleur l'incommodait. Soudain, son portable sonna. C'était Ophélie.

— Tristan ? T'es pas à la maison ? demanda Ophélie, inquiète, toujours prête à s'imaginer que l'état de Tristan peut s'aggraver.

— Je suis dehors, trois maisons plus loin, j'arrive. T'es à la porte de chez moi ? demanda Tristan.

— Oui, des cours ont sauté, alors j'en ai profité pour venir te faire un petit coucou.

— Bouge pas, j'arrive !

Tristan accéléra le pas et vit Ophélie de loin, en jean, doc Martens et brassière noire, courte. Il arriva jusqu'à elle, souriant, fier de lui montrer à quel point il allait mieux, physiquement. Il l'enlaça et l'embrassa fougueusement. Cela surprit Ophélie, qui voyait Tristan toujours comme un convalescent fragile. Ils rentrèrent et Tristan alla se verser un verre d'eau, proposant à boire à Ophélie. Ils discutèrent de tout et de rien, Tristan ne dirait rien du projet Norvège, tant qu'il n'aurait pas des renseignements concrets. Puis soudain, le jeune homme, sûr de sa puissance, se leva et s'enleva son tee-shirt. Ophélie le regarda, se demandant jusqu'où il allait aller. Il s'enleva son bas de survêtement, ses chaussettes et son boxer. Nu devant elle, il attendait qu'elle vienne à lui. Il se sentait prêt. Elle prenait son temps. Plus elle le regardait, plus leur désir montait pour tous les deux. Ophélie finit par esquisser un petit sourire et demanda :

— T'es sûr que c'est pas trop tôt ?

Lentement, Tristan secoua négativement la tête, avec un étrange petit sourire.

— Et ton père rentre à quelle heure ? demanda Ophélie, listant les derniers détails pratiques avant de pouvoir s'octroyer une récréation qu'ils avaient longtemps attendue.

— On a bien deux ou trois heures… précisa Tristan en appuyant sa voix grave.

Alors Ophélie se leva et joua le même jeu que Tristan. Elle se tint devant lui, sans rien dire, en le regardant et s'enleva progressivement tous ses vêtements, sans se presser. Nue devant lui, insolente, sa respiration se faisait plus rapide, ce qui donnait du mouvement à ses seins. Tristan ne bougeait toujours pas, elle plierait, elle viendrait, elle. Ophélie se mit à sourire, consciente du jeu. Elle s'avança vers lui et au dernier moment passa à côté de lui pour se diriger vers la chambre. Tristan ne l'entendit pas de cette oreille. Il la retint par le bras et se rapprocha doucement, toujours sans dire un mot. Il se plaqua contre son dos et lui fit sentir la force de son désir. Ophélie ferma les yeux et ne bougea pas. Tristan, d'une main, lui caressa les seins et de l'autre, descendit entre ses cuisses. Il redécouvrit son corps ainsi, un long moment. Puis, il lui enserra les bras et la poussa à avancer jusqu'à son lit sur lequel il la positionna à quatre pattes. C'est dans cette position qu'il retrouva ses jeux érotiques avec elle. Il fit durer le plaisir autant qu'il put, jusqu'à ce qu'Ophélie jouisse en criant. Tristan reprenait les rênes de sa vie et voulait se montrer fort, mâle, puissant. Plus rien ne l'arrêterait.

Chapitre 10

Le soir, le petit groupe de cuisinières rentra en premier pour commencer à préparer le « náttverðr », le second et dernier repas, le repas du soir. Elles rajoutèrent des légumes dans le restant du ragoût du matin et servirent tout le restant de petits pains. Avec le miel qu'on leur avait rapporté dans la journée, seul édulcorant disponible alors, elles préparèrent des figues séchées et des noisettes arrosées de miel. La famille du maître arriva et s'installa en bout de table. S'assirent ensuite tous les travailleurs agricoles et tous partagèrent le repas. La famille de Rorik n'était pas systématiquement présente à tous les repas ; elle était parfois absente lors des réunions saisonnières, les « thing » au skáli du jarl pour participer aux votes de lois ou assister à des procès. Dès que Rorik pouvait intégrer l'intimité du jarl, il ne s'en privait pas. Parfois aussi, Rorik préférait manger seul ou avec sa famille dans ses appartements. Les gens de maison s'adaptaient aux caprices du maître. Mais il était clair que leur absence au repas garantissait une meilleure ambiance à table… Durant le repas, Sandrine surprit les regards fréquents, insistants de Seivar vers le coin de la table des maîtres. La fille aînée semblait percevoir ces regards, et y répondre elle aussi. Alors, la jeune femme comprit. Si Haagen se moquait gentiment de Seivar incapable de s'éloigner de la ferme de Rorik, c'était sûrement à cause de sa fille… Ces deux-là se plaisaient, c'était certain. Sandrine eut instantanément l'estomac noué. Le rapprochement de ces deux jeunes gens serait tout simplement catastrophique. Rorik deviendrait lié à la famille et à elle aussi, en supposant qu'il accepte une telle liaison, ce qui était très loin de s'envisager… Sandrine eut peur pour Seivar ; il fallait qu'il cesse immédiatement son manège ; Rorik était trop dangereux !

Au moment de se mettre au lit, Sandrine décida de parler à son fils, la peur la rongeait trop. Elle lui chuchota à l'oreille : « Viens dehors ». Surpris, il la suivit.

— Seivar, j'ai peur pour toi.

— Pourquoi ?

— Ton lien avec la fille de Rorik se voit trop, s'il s'en rend compte, tu seras en danger.

Seivar, interdit, resta muet.

— Arrête de lui tourner autour. Si Rorik a été capable de se débarrasser de ton père, il n'hésitera pas une seule seconde à faire pire avec toi.

— C'est trop tard, mère, souffla Seivar, les yeux soudain brillants, la mine triste.

— Comment ? Trop tard ?

— Ça fait des années qu'on est amoureux l'un de l'autre… On se l'est avoué il y a déjà un moment… Livunn est la seule femme que je désire et que j'aurai de toute ma vie.

Sandrine se prit la tête dans ses mains ; la certitude d'un funeste dénouement à cette histoire prenait forme dans sa tête. Elle tremblait.

— Tu… Tu l'as touchée ?

Seivar la regarda avec de grands yeux horrifiés.

— Tu me demandes si, à cause de moi, elle n'est plus vierge ? Mais je l'aime, je l'adore, je ne pourrai jamais lui faire le moindre mal, je ne pourrai jamais la mettre en danger ! Non !

— Il n'y a pas d'avenir pour vous deux…

— Ici, oui, tu as raison. C'est pour ça qu'on partira, elle et moi. Et toi aussi.

Sandrine vacilla. La peur du danger imminent lui enserra la gorge, elle eut du mal à prendre sa respiration.

— C'est de la folie. Si cet homme est en colère, il retournera tout le pays pour te tuer.

— Il faut se cacher, le temps de prendre un bateau pour un autre pays. C'est ce qu'on s'est dit. On montera plus au nord, à Bergen, jusqu'à la hanse. On paiera un bateau de commerce pour qu'il nous embarque.

— Où ?

— Peu importe. Angleterre, France, Italie… ça fait des mois, des années que, dans le dos de Rorik, je vends des objets en bois que je fabrique. Je vends aussi du poisson séché. Je fais passer ma marchandise à Haagen qui prend le bateau une fois par semaine pour vendre les produits de la ferme à Stavanger. J'économise pour cela.

— Haagen est donc dans la confidence…

— J'étais obligé, pour vendre mes produits. Mais il n'est pas assez discret…

— Effectivement. Et si je demandais à ce que toi et moi, nous partions ? Livunn nous rejoindrait après…

— Tu crois vraiment qu'il te laisserait partir sans avoir profité de toi, sans t'avoir salie ? Il serait bien capable de t'enfermer chez ses esclaves. Crois-moi, ça fait bien longtemps que je réfléchis à tout ça. Il n'y a pas d'autres moyens que de fuir.

— Et Livunn accepte de tout quitter pour toi ? Elle n'aurait plus rien. Là, elle a une certaine richesse, un certain statut…

— Elle m'assure qu'elle préfère partir avec moi plutôt que de rester avec un tel père qui lui fera épouser un vieux jarl bien riche. Il a déjà commencé à lui en parler. Elle est promise au jarl Arnulf, qui est vieux, qui est gras, qui est horrible à voir.

— Oh non…

— Tu comprends ?

Sandrine acquiesça. Elle prit Seivar dans ses bras et l'incita à retourner dans la ferme, pour ne pas se faire remarquer.

Après avoir réfléchi une bonne partie de la nuit, après des rêves agités, Sandrine se résolut à faire tout son possible pour aider Seivar et Livunn dans leur projet de fuite. Peut-être était-elle là pour cela ? Le lendemain, elle décida de faire quelque chose d'essentiel à ses yeux. Elle eut l'occasion qu'elle attendait juste après le repas du matin. Alors que chacun partait à ses occupations, elle vit Livunn croiser Seivar qui sortait travailler. Sandrine vit leurs doigts se frôler et leurs regards se rencontrer. Le cœur de la jeune femme s'interrompit ; si quelqu'un se rendait compte de leur attitude, si quelqu'un comprenait leur secret ? Sandrine réalisa qu'il fallait que le jeune couple ne tarde pas trop ; il était temps de partir de cet antre. Seivar sorti, Livunn alla se chercher une sorte de foulard qu'elle se mit sur la tête. Elle passa le pas de la porte à son tour. Sandrine se mit sur ses talons, faisant mine d'aller chercher des œufs, un panier dans les mains. La jeune femme rattrapa Livunn, ayant pris garde de vérifier que Rorik n'était pas dans les parages.

— Livunn, je voudrais te parler une minute.

— Oui Frida. Comment vous portez-vous ? demanda la jeune fille avec un doux sourire.

— Ça va suffisamment bien pour vouloir vous aider à fuir, Seivar et toi, répondit Sandrine tout de go.

Livunn, surprise, interrompit ses pas, et reprit sa marche, gênée, sans trop regarder Sandrine de face.

— Il vous a tout dit ?

— Oui, et je pense qu'il faut que vous partiez, et rapidement. Quelqu'un va vite se rendre compte de quelque chose.

— La semaine prochaine… souffla la jeune fille qui avait pâli.

— Je vous aiderai. Je partirai avec vous, je resterai jusqu'à ce que vous soyez hors de danger. Mais réfléchis bien, es-tu sûre de toi ?

— Je suis terrifiée en pensant à ce que va causer mon départ, mon père va être fou furieux. Mais, ce qui est sûr, c'est que je resterai avec Seivar. Sinon, la vie ne m'intéresse pas. Surtout celle que me prépare mon père…

— Alors, compte sur moi pour vous aider. Petit à petit, réunis des affaires, des vêtements chauds, des vivres que tu mettras dans une couverture cachée à proximité, dans la forêt. La nuit où l'on partira, on récupérera nos affaires comme cela.

Livunn s'arrêta et fit face à Sandrine, un sourire reconnaissant éclairait son beau visage et ses yeux renvoyaient une lueur d'espoir touchante. La jeune fille lui pressa la main.

— Merci, chuchota-t-elle.

La jeune fille pressa le pas et Sandrine bifurqua vers l'enclos où les poules picoraient au-dehors. La jeune femme rentra dans le poulailler et se pencha pour mettre quelques œufs dans son panier. Elle sentit soudain des mains lui bloquer le bassin tandis qu'un corps se plaquait contre ses fesses. Sandrine chercha à se relever immédiatement, mais une main, rabattue sur son dos, l'empêcha de faire le moindre mouvement pour se soustraire à l'étreinte. Sandrine sentit le désir de l'homme derrière elle et se demanda s'il fallait appeler à l'aide. L'homme grogna, se frotta contre elle, et la lâcha soudain. Sandrine s'esquiva en une fraction de seconde, se retourna et vit Rorik, sans surprise, un mauvais sourire sur sa grasse figure suante.

— Tu as le don d'exciter les hommes, Frida, murmura l'homme en grondant et en se rapprochant.

Rorik la saisit par la taille pour l'enserrer violemment contre lui. Son autre main chercha ses seins. Sandrine sentit son haleine chaude et horrible. Elle se débattit en disant qu'elle allait appeler Seivar et les autres. Il se calma et desserra son étreinte et Sandrine recula, face à lui, le souffle court.

— Tu sais que tôt ou tard, tu m'appartiendras. Ton fils n'y changera rien, tu le sais. Et s'il me gêne trop, je l'enverrai pour la même destination que son père… rajouta l'homme avec une lueur malsaine dans le regard. Et ne te soustrais pas à moi. Si tu ne t'étais pas autant débattue l'autre fois, tu n'aurais pas eu cet accident et cette blessure à la tête.

Sandrine réalisa que Frida était morte à cause de lui. Elle pensa un instant à lui envoyer un magistral coup de pied dans les parties, mais se ressaisit pour agir telle une femme du moyen-âge, démunie et apeurée. Elle partit en courant. Oui, il est temps de fuir, même pour moi, pensa-t-elle. Elle préféra taire l'incident à Seivar ; il leur fallait à tous les deux les idées claires pour tout préparer au mieux. Le soir, elle lui raconta par contre sa conversation avec Livunn et l'idée de préparer séparément des affaires cachées dans la forêt, à récupérer simplement le moment du départ. Ils s'y mirent tous les trois. Sandrine subtilisa chaque jour des petits pains, des œufs durs, de la viande séchée, des pommes et un pot de bière. Elle prit une couverture dans le coin chambre de Rorik et de sa femme Borglinde. Vu qu'ils en avaient plusieurs, Sandrine se dit que cela passerait inaperçu. C'était mal connaître la pingrerie et la férocité du tyran ; Sandrine vit Borglinde paraître le lendemain avec un œil au beurre noir. Étant la maîtresse de maison, avec la clé de la demeure autour du cou, chaque vol était donc de sa responsabilité… Sandrine sentait monter de plus en plus de haine en elle pour cet homme. Elle était tellement désolée pour sa pauvre épouse terrifiée, à la merci des humeurs et de la violence de son horrible mari. La jeune femme se dit que la pauvre Borglinde n'avait pas fini d'être un punching-ball ; après la fuite de sa fille, son souffre-douleur allait certainement être encore sa fragile épouse soumise, voire la petite Ida… Sandrine se dit que la meilleure solution pour tous serait la mort de Rorik, mais le meurtre, elle ne pouvait l'envisager, elle n'en était pas capable…

Sandrine s'éclipsa un instant après le repas du matin pour suivre Seivar au-dehors. Elle lui demanda quand il envisageait de partir exactement et surtout comment : à cheval ? À pied ? En bateau ? Seivar lui répondit que le départ était imminent ; la nuit prochaine ou celle d'après. Il lui dit qu'il préférait partir avec un byrðingr, un petit bateau de commerce. Ils embarqueraient sans bruit et remonteraient la côte jusqu'à Bergen. Le jeune homme dit à sa mère qu'il récupérerait dans la journée les vivres de chacun, cachés, dans leur couverture. Il rajouta qu'il leur fallait un manteau à capuche, ou quoi que ce soit d'autre pour se couvrir de la tête aux pieds ; pour le froid de la nuit et pour ne pas qu'on les reconnaisse de loin. Il précisa encore qu'il prendrait une chevrette qu'il attacherait plus haut, dans la forêt, pour ne pas qu'on l'entende. Il la prendrait au passage, si elle n'était pas dévorée par des prédateurs ; elle servirait pour le lait et surtout pour une probable monnaie d'échange au moment d'embarquer sur un bateau. Seivar chargea sa mère de dire tout cela à Livunn au plus vite.

Sandrine ne put approcher Livunn qu'en fin de matinée. Elle lui servit un verre de bière, ce qui lui permit de se rapprocher au plus près d'elle. Elle murmura les consignes de Seivar à la jeune fille, prenant garde d'être discrète ; la pièce était toujours pleine de femmes affairées aux travaux domestiques. Livunn, après l'avoir remerciée pour son verre, lui souffla qu'elle prendrait deux épais manteaux de laine, l'un pour elle-même, l'autre pour Frida. Cette dernière lui adressa un sourire reconnaissant, car elle ne trouvait pas beaucoup d'affaires lui appartenant au sein de cette ferme.

Tout semblait prêt. Aussi, la nervosité gagnait de plus en plus les deux jeunes femmes qui sursautaient au moindre bruit et lançaient sans cesse des regards inquiets et furtifs dans toutes les directions. Sandrine fut impressionnée de la maîtrise dont faisait preuve Seivar qui agissait vraiment comme à l'accoutumée. Elle le croisa dans la journée et put le lui murmurer. Seivar, tourné vers elle en souriant, lui répondit, les mâchoires serrées :

— Je crève de trouille, mais nous n'avons pas droit à l'erreur… Nous partons cette nuit.

Sandrine passa le reste de la journée à tenter de calmer les battements désordonnés de son cœur et de surmonter sa nervosité. Une chaleur inhabituelle lui enserrait les tempes. Elle accomplissait les gestes quotidiens en compagnie de Hilde, mais elle tremblait malgré elle. Sandrine n'osait penser à ce qui se passerait si Rorik les rattrapait. Que leur ferait-il subir ? Froidement, elle ne pouvait aboutir à une autre conclusion que celle de leur mise à mort, dans le meilleur des cas… Hilde la regarda quelques fois de manière inhabituelle, lors de la préparation des légumes, mais ne dit rien.

Lors du repas du soir, les trois n'osaient s'adresser le moindre regard. Seivar tentait bien de participer aux conversations, mais il s'essoufflait vite et redevenait silencieux rapidement. Sandrine se concentrait sur une seule action, servir les uns et les autres, accompagnée d'Hilde. Elle faisait un intense effort à réfréner les tremblements de ses mains, surtout lorsqu'il s'agit de servir Rorik et sa famille. Ce dernier leva un air concupiscent vers elle lorsqu'elle lui tendit son assiette, un sourire en coin. Sandrine, en se baissant pour servir Livunn statufiée, lui souffla : « Cette nuit… ». La jeune fille pâlit et posa ses mains sous la table, sur ses cuisses, pour ne pas rendre visible sa nervosité.

La nuit vint et tous se couchèrent. Sandrine attendit un moment avant d'avoir le silence dans la pièce ainsi que les premiers ronflements perceptibles. Il lui sembla alors que les battements de son cœur étaient assourdissants au point de réveiller tout le monde. Elle tourna la tête vers la couche de Seivar, juste à côté d'elle. Il attendait. Encore. Le temps parut s'égrener au ralenti, les secondes étaient interminables. Soudain, Seivar se releva lentement. Sandrine lui laissa de l'avance, il devait ouvrir le passage et aurait plus de facilité à justifier sa sortie en étant seul plutôt qu'accompagné de sa mère. Ces minutes furent terribles ; centimètre par centimètre, Seivar se leva, prit ses affaires et traversa à pas de loup la longue pièce principale. Ne voyant personne réagir, il fit signe à sa mère. Pendant que Sandrine se levait au ralenti, Seivar entreprit de pousser la lourde porte en bois le plus silencieusement possible. Sandrine progressa telle une couleuvre sur le sol en terre battue. Elle passa devant la couche d'Hilde qui était tournée vers l'allée centrale. Arrivée à son niveau, Sandrine jeta un regard vers l'affable cuisinière. Hilde, silencieuse, avait les yeux grands ouverts et la regardait glisser vers la liberté. Le cœur de Sandrine s'arrêta, la panique se lut dans ses yeux. Immobile, elle crut que tout était perdu. Mais Hilde lui sourit doucement et remua les doigts en guise d'au revoir. Elle se tourna ensuite du côté du mur. Seivar, ayant assisté à la scène, profita du bruit du mouvement brusque d'Hilde pour se tourner ; il poussa doucement la porte et lui donna assez d'impulsion pour s'ouvrir à moitié. Sandrine le rejoignit. Seivar la fit sortir d'abord, jeta un dernier regard autour et referma délicatement la porte.

— Et Livunn ? Ne ferme pas la porte ! chuchota Sandrine.

Seivar lui fit signe de s'éloigner. Ils marchèrent quelques secondes.

— Livunn a une porte de sortie dérobée, à l'arrière, qui permet à la famille du maître de s'enfuir en cas de besoin. Elle passera par là.

Ils se rapprochèrent du bord de mer, mais n'allèrent pas jusqu'à la rive ; ils étaient trop à la vue de n'importe qui. Cachés derrière deux arbrisseaux, ils attendirent Livunn. Sandrine tremblait, Seivar la serra contre lui en lui frictionnant les épaules. Cela remua Sandrine ; ce n'était plus un jeune garçon, c'était un homme contre qui on se sentait en sécurité, qui savait se battre pour celles qu'il aimait. Elle lui sourit. Ils n'attendirent pas longtemps, Livunn, alertée par le léger bruit de la porte d'entrée, avait su que c'était le moment. Elle était sortie précautionneusement, la gorge nouée devant Ida endormie, qu'elle ne reverrait peut-être jamais. Livunn arriva encapuchonnée et tendit un lourd manteau à Sandrine qui l'enfila en vitesse et lui caressa la joue en souriant, pour la remercier et la rassurer. Seivar regarda Livunn intensément et l'embrassa rapidement sur les lèvres. Il lui prit la main et tous trois se faufilèrent sans bruit, en file indienne jusqu'au rivage où Seivar avait préparé un petit bateau dans lequel les provisions de chacun étaient déjà entreposées. Les femmes montèrent et Seivar poussa doucement, progressivement l'embarcation pour éviter le bruit des clapotis de l'eau. Une fois la force donnée au bateau, Seivar sauta dedans et prit les rames. Il faisait attention à ne pas rendre la navigation trop bruyante ; les rames rentraient dans l'eau en douceur et ensuite, Seivar donnait un vigoureux coup de rame. Ils avancèrent un moment vers le nord jusqu'à longer la forêt. Au bout de quelques minutes, Seivar se rapprocha du bord, ayant repéré l'endroit où il avait caché la chèvre. Le jeune homme débarqua rapidement et retrouva l'animal qui bêla lorsqu'il l'entraîna vers l'embarcation. Seivar la prit alors dans ses bras et la posa dans le bateau, il rejoignit ensuite le petit équipage et reprit ses rames. Les deux jeunes femmes n'avaient osé proférer la moindre parole, trop apeurées de faire le moindre bruit. Sandrine cala la chèvre contre elle, pour éviter qu'elle ne se déplace dangereusement, autant que pour la calmer. L'embarcation fila rapidement. L'eau était si calme, cela facilitait la navigation. La lune se leva et conféra une douce lumière autour des fuyards, une lueur presque rassurante. Cela sembla éclairer leurs espoirs. Dans le silence et l'action, ils se prenaient à rêver de leur réussite. Au bout d'un long moment, Seivar commença à fatiguer ; ses coups de rames perdaient en vigueur. Sandrine se leva et voulut prendre sa place pour le remplacer. C'était sans compter la fierté masculine de Seivar qui refusa. Mais Sandrine insista : « Juste pour un petit moment, je te prends ta place », précisa-t-elle. Elle rama énergiquement en rajoutant qu'il fallait tourner et ramer tous les trois, se remplacer souvent, afin de distancer le plus possible la ferme et Rorik.

— Mon père nous fera rechercher par des hommes à cheval ; ils peuvent vite venir vers nous, dit Livunn d'une voix sourde.

— Il faut ramer le plus possible toute la nuit pour nous donner suffisamment d'avance, renchérit Sandrine.

— Nous nous arrêterons le jour et nous nous cacherons sur les berges ou dans la forêt pour dormir un moment, proposa Seivar.

Après quelques tours de rames pour chacun d'entre eux, le jour commença à poindre. Une lumière laiteuse entoura le bateau. Des nuages assombrissaient les alentours. Le temps tournait à l'orage. Cela leur donnait l'avantage de diminuer la visibilité d'éventuels cavaliers à leur trousse. Ils tremblaient de croiser des gens à pied ou en bateau qui pourraient être les témoins de leur passage et de leur fuite. Jusqu'à environ l'heure du repas du matin, ils ne virent pas âme qui vive. Le temps n'incitait pas non plus à la promenade ; il commençait à pleuvoir. Soudain, Seivar, qui avait repris les commandes du bateau, vit en face, au loin, un navire visiblement imposant.

— Vite, il faut accoster ! lança-t-il en serrant au plus près le rivage.

Quelques mètres plus loin, il y avait des buissons et des arbustes au bord de l'eau. Seivar fit vite débarquer femmes, chèvre et paquetages et cala rapidement l'embarcation sous les branchages. Il rejoignit au pas de course les deux jeunes femmes qui s'étaient avancées vers les arbustes touffus. Ils s'allongèrent sous les branches, immobiles, le souffle court. La chèvre se laissait faire docilement, d'autant qu'elle trouvait enfin de quoi brouter. Elle resta calme au moment où le gros bateau de commerce passa, avec plein d'hommes à son bord. De leur cachette, Seivar, Livunn et Sandrine entendirent leurs voix. Livunn, terrifiée, chercha la main de Seivar. Le danger passé, Sandrine respira mieux. Seivar leur dit qu'il fallait continuer à avancer le plus possible. Ils retournèrent au bateau et poursuivirent leur trajet. Les trois ne parlaient plus, ils étaient à l'affût de la moindre présence humaine. Leurs yeux scrutaient en tous sens. Ceux de Livunn, au fur et à mesure du jour qui les rendaient tous vulnérables, s'emplissaient de peur. La pluie tombante lui collait des mèches de cheveux blonds sur son joli visage rond. La pauvre jeune fille faisait peine à voir. Aussi, Seivar décida de s'arrêter pour la journée dès que la nature lui montrerait une berge fournie avec peu de visibilité. Quelques minutes plus tard, il trouva ce qu'il cherchait. Il parvint à cacher la barque sous des branches penchées au-dessus de l'eau. Tous les trois se hissèrent sur la terre ferme et s'enfoncèrent au travers des arbres. Une forêt se prolongeait. Ils trouvèrent donc divers endroits cachés, tranquilles. Ils se posèrent dos à un promontoire rocheux entouré de hauts buissons. Ils n'entendaient aucun bruit d'origine humaine ; juste le cri de quelques corbeaux et les gouttes de pluie sur les feuilles. Ils en profitèrent pour grignoter un peu, bien que leur angoisse leur serrât l'estomac. Ils tentèrent de s'allonger du mieux qu'ils purent pour prendre un peu de repos. Seivar s'étendit contre Livunn et l'enserra contre lui de son bras. La jeune fille se détendit un peu. Assoupis, rassérénés par le silence apaisant des lieux, ils sursautèrent instantanément lorsqu'ils entendirent des cris parvenir jusqu'à eux. « C'est leur bateau, ils ne doivent pas être loin, allez-y, fouillez les alentours ! » En un quart de seconde, chacun récupéra ses affaires et se mit à courir. Sandrine freina, l'espace d'une seconde, en voyant la petite chèvre. Seivar l'empoigna en lui chuchotant ; « Laisse-la, tant pis ». Ils filèrent comme le vent. Ils avaient l'impression de faire un bruit terrible en bousculant les buissons, en marchant sur des branches, en martelant le sol de leurs pieds. Cela accentuait leur terreur et leur donnait des ailes. La couverture d'affaires freinait chacun d'entre eux. Aussi, ils eurent la même idée en passant devant l'anfractuosité d'un rocher qui ressemblait à l'entrée d'une grotte ; ils se glissèrent dedans pour y poser sur un bord les trois couvertures. Seivar dit qu'il fallait fuir, ne pas rester dans cette grotte de laquelle ils ne pourraient pas ressortir si les hommes arrivaient. Seivar continua donc à courir en bifurquant à droite à partir de la grotte, les deux jeunes femmes sur ses talons. Ils parvinrent dans une sorte de clairière de hautes herbes dont le sol était particulièrement boueux. Seivar y fonça et s'y jeta dès qu'il atteignit le bord opposé, prêt à reprendre sa course au besoin. Livunn et Sandrine l'imitèrent. Ils étaient à terre, à quelques mètres d'intervalle les uns des autres, la tête dans la boue, à tenter de calmer leur respiration. Le vent faisait ondoyer les herbes, gommant toute trace de leur passage. La boue rendait l'accès particulièrement difficile, à pied ou à cheval. Sandrine réalisa alors l'esprit d'à-propos du malin Seivar. Il fallut de longues minutes pour qu'un binôme à leur trousse arrive à pied, au niveau de la clairière. Sandrine entendit « Par où ? ». Et les deux hommes longèrent la clairière boueuse et reprirent leur course par le petit bois juste après. Seivar attendit quelques minutes et chuchota aux deux femmes qu'il fallait attendre encore leur passage retour éventuel. Les deux hommes ne repassèrent pas par là pour retourner vers le groupe et le bateau. Seivar chuchota qu'à la ferme, ils avaient dû voir tout de suite le petit bateau qui manquait et qu'ils avaient donc privilégié le même moyen de transport pour les retrouver et les rattraper plus facilement. Il rajouta qu'il fallait renoncer au transport par la mer et qu'à partir de ce moment, ils auraient à finir leur trajet à pied. Ils attendirent la soirée pour se remettre en route vers la grotte. Heureusement, les affaires étaient toujours là. Ils se mirent leur balluchon sur le dos et continuèrent à marcher vers le nord. Il fallait profiter de la nuit pour avancer, et dormir en se cachant, le jour. Ils s'immobilisèrent soudain, une dizaine de minutes après être partis de la grotte ; des bruits feutrés parvenaient jusqu'à eux. Ils se cachèrent vite derrière des arbres et attendirent. Seivar, sans le montrer aux jeunes femmes, se saisit d'un couteau accroché à sa ceinture. L'attente parut une éternité, mais ne dura que trois ou quatre minutes au bout desquelles la chevrette apparut, broutant çà et là, déambulant tranquillement dans la forêt. Un bon soupir de soulagement plus tard, ils purent reprendre avec eux la petite chèvre qui n'avait finalement pas été récupérée par les hommes de Rorik. Le petit convoi reprit la route dans un ciel sombre, mais pas trop obscur ; à cette période de l'année, il faisait assez jour jusqu'à au moins vingt-trois heures. Les nuages assombrissaient davantage la pénombre, mais par chance, il ne pleuvait plus. Seivar tenta d'essuyer la joue boueuse de Livunn qui lui sourit. Ils s'embrassèrent et Sandrine les regarda en souriant. S'ils s'en sortaient, quels magnifiques petits-enfants ils pourraient lui faire ! Ils étaient si beaux tous les deux.

Au milieu de la nuit, ils parvinrent jusqu'à un plateau rocheux d'où ils pouvaient voir au loin, aidés d'une lune pleine et brillante. Seivar observa le paysage dans ce clair-obscur, vit la mer sur sa gauche, une grande île, et devant lui, la terre et des maisons au loin. Il sourit.

— Je pense savoir quel est le petit village là-bas. Si je ne me trompe pas, on n'est plus très loin de Bergen ; une journée tout au plus. Je ne pensais pas qu'on ait autant avancé en bateau !

Au petit matin, ils trouvèrent un coin particulièrement dense et feuillu. Ils se posèrent, exténués et mangèrent volontiers quelques victuailles sorties de leurs besaces et du lait de la vaillante chevrette. Puis, ils s'allongèrent et s'endormirent, doucement réchauffés par les tendres rayons du soleil. Le soir venu, dans une douce pénombre, ils progressèrent encore, mais cette fois-ci, à découvert. La forêt derrière eux, ils avançaient cette fois-ci sur les chemins qu'ils essayaient de longer sans être trop pleinement visibles. Avant la fin de la nuit, ils avaient atteint Bergen. Ils se faufilèrent autour des maisonnettes en essayant d'être le plus silencieux possible, jusqu'à parvenir au niveau des quais. Ils se posèrent contre le mur extérieur d'une maison toute proche pour se reposer, se restaurer un peu et attendre le petit matin. Les nuages revinrent et une petite pluie fine vint humidifier les vêtements et le sol terreux. Le froid saisit Sandrine qui se colla contre Livunn tremblotante. Seivar était déjà parti arpenter les quais à la recherche d'un navire en partance. La boue commençant à naître au sol, les deux jeunes femmes se levèrent, d'autant qu'avachies au sol, elles attiraient l'attention. Elles avaient bien rabattu leur capuche sur leur tête afin de cacher au mieux leur visage. Elles retrouvaient la peur qui rendait leur posture et leurs gestes incertains, et leur regard fuyant. Du monde circulait de plus en plus sur ce port bouillonnant d'activités. L'attente silencieuse et l'immobilisme leur parurent si longs ! Soudain, Seivar revint précipitamment.

— Ça y est, nous avons un bateau ! Destination les terres françaises de la descendance de Rollo, qui entretient toujours un lien commercial avec sa région d'origine. Nous montons à bord dès que la marchandise sera embarquée.

Sandrine et Livunn sourirent et se prirent les mains, entrevoyant le dénouement heureux de leur périple mouvementé.

Mais le visage de Seivar se figea ; ses yeux se remplirent d'effroi. Rorik et ses hommes étaient sur les quais, cherchant sa fille et ses complices en fuite. Leur départ en bateau avait logiquement amené le père à penser au plus grand port à proximité qui offrirait aux fuyards toutes les possibilités de départ vers un ailleurs où s'arrêteraient son autorité et son influence.

— Il est là !

Seivar n'eut pas à préciser de qui il parlait ; les deux femmes se raidirent et la terreur refit surface, les pétrifiant sur place.

— On ne pourra pas prendre le moindre bateau pour le moment, il faut fuir et se cacher à proximité ! souffla Seivar.

La petite troupe fila à travers les maisons et reprit leur trajet en sens inverse. Ayant déjà fait une fois le parcours, Seivar savait où il voulait s'arrêter. Ils s'éloignèrent en évitant les larges chemins. Ils marchaient très vite. Ils retrouvèrent rapidement la forêt qu'ils avaient quittée la veille. Ils progressèrent un peu moins vite au sein de la forêt, la marche était plus ardue, surtout en étant chargé. Mais le groupe se sentait plus en sécurité dans ces sous-bois qui les soustrayaient à la vue des hommes de Rorik. Seivar avait son idée en tête. Ils atteignirent en soirée la zone où ils virent le promontoire rocheux sur lequel ils s'étaient tenus à l'aller, pour se diriger vers Bergen. Seivar bifurqua vers le rivage.

— J'ai vu une île, en face d'ici. Soit on trouve un petit bateau qu'on volera, soit je construis un petit radeau et on se réfugiera un temps sur cette île isolée. Rorik ne pensera pas à venir là.

Les deux jeunes femmes hochèrent la tête, convaincues du bon sens de Seivar. Ils parvinrent tous sur le rivage au petit matin. Dans ce coin, nulle habitation, nulle barque en vue. Seivar, poussé par l'adrénaline de l'urgence face au danger, se mit immédiatement en quête de troncs fins, à terre, et de grosses branches que Sandrine et Livunn dénudaient. Seivar était frustré de ne pas avoir tout son matériel pour construire plus rapidement une embarcation plus solide. Mais il saurait se débrouiller, il avait quand même des petits outils sur lui, qu'il avait pris soin d'emmener. Avec sa petite hache, il coupa en deux le plus gros tronc et fendit en deux dans l'épaisseur les quatre rondins obtenus : ils enserreraient en haut et en bas du radeau, positionnés en largeur, la série des autres rondins placés en longueur. Seivar déchira quatre petites lanières de sa couverture pour s'en servir de cordes ; il attacha fermement ces quatre rondins, sur leurs extrémités, pour tenir l'ensemble. Ces demi-rondins devaient servir de barre de pression. Pendant que Seivar s'activait sur le radeau lui-même, secondé par Livunn, Sandrine entreprit de fabriquer une rame, voire deux, si elle en avait le temps. Elle fendit en deux, à la hache, un rondin pas trop gros, et, à l'aide d'une lime à bois, elle aplatit et affina l'extrémité. C'était très rudimentaire, mais ça ferait l'affaire. Au bout de quelques heures, l'embarcation de fortune était prête. Ils le mirent à l'eau ; moment de vérité… Et, oui, il flottait ! Ils préférèrent attendre plus de pénombre pour tenter la traversée. Aussi, ils en profitèrent pour s'asseoir, se reposer un peu et grignoter quelques vivres.

Le temps était avec eux ; les nuages, toujours présents, cachaient la lumière de la lune. Ils ne seraient pas trop exposés. Précautionneusement, ils grimpèrent sur le radeau. Livunn enserrait la chèvre contre elle, au-devant. Derrière elle, de part et d'autre du radeau, ramaient Seivar et Sandrine. La gîte de la frêle embarcation rendait la posture des trois fuyards inconfortable et incertaine. Même si la mer était calme et lisse, le radeau tanguait parfois brutalement, surtout lorsque les coups de rame n'étaient pas coordonnés ou si Seivar donnait plus de force d'un côté que Sandrine. Heureusement, l'île était à un kilomètre de la côte, tout au plus. Ils parvinrent enfin sur le bord de l'île, entre rive sablonneuse et rochers. Ils débarquèrent dans une profonde obscurité. Seivar laissa le radeau entre deux rochers proches l'un de l'autre. Avec la falaise juste derrière, le radeau était finalement assez invisible, quel que soit le point de vue. Ils se hissèrent sur les berges et avancèrent tout droit devant, puisqu'à droite comme à gauche, des reliefs s'élevaient. Ils marchèrent volontiers, car ils étaient transis de froid, après que l'humidité de la mer les ait pénétrés. Au bout d'une demi-heure environ, ils virent un grand lac, bordé d'une forêt. Ils le longèrent sur sa gauche. De grands pins leur offrirent un toit rassurant pour la fin de la nuit. Exténués, ils s'allongèrent et, rassurés de n'entendre aucun bruit, ils s'endormirent.

Chapitre 11

Robin arriva le surlendemain, enthousiaste. Tristan attendait impatiemment la venue de son ami qui lui fit part des fruits de ses démarches. Il lui montra tous les papiers que la secrétaire leur faisait passer. Et cette dernière s'était permis de parler du projet de Robin et Tristan à la jeune professeur d'anglais de l'établissement qui avait sa meilleure amie à Bergen. Pour Tristan, les deux femmes s'étaient particulièrement mobilisées. L'amie de la prof d'anglais, Katy, qui faisait le même métier là-bas, avait fait jouer ses relations sur place et le résultat s'était avéré fructueux ; un restaurant de Bergen était intéressé par le binôme pour assurer les services de juillet à mi-août. Katy se renseignait pour un logement étudiant, chez l'habitant, qui devait se libérer pendant l'été, que les deux jeunes garçons pourraient partager. Tristan se sentait euphorique, mais tentait de garder la tête froide pour penser à tout et pour présenter tout cela à son père sans que ce dernier ne puisse y trouver à redire.

Tristan pensa soudain à ce qui pouvait faire défaut à Robin.

— Et pour le fric, les billets d'avion, les frais… Tu peux ? demanda anxieusement Tristan.

— Je ponctionnerai sur mon compte, ce n'est pas si grave puisque je pars pour gagner de l'argent. Ça me remboursera largement, je pense.

Rassuré, Tristan s'installa sur l'ordinateur pour consulter les tarifs des vols aériens, Robin assis à côté de lui. Même s'il n'avait pas de quête plus ou moins mystique qui le poussait, Robin était heureux de partir. Bien sûr parce qu'il partait avec Tristan. Mais c'était aussi une belle aventure. L'engouement de Tristan était communicatif.

— Tu sais, pour le rêve récurrent, ça s'accélère, avoua spontanément Tristan, se détournant quelques instants d'internet.

— Tu rêves de ça de plus en plus souvent ? interrogea Robin.

— Non, mais maintenant, ça me prend éveillé, lorsque j'écoute Wardruna et que je suis détendu, les yeux fermés ; la scène se déroule comme lorsque je dors. C'est dingue, non ?

— Vu que ça tourne à l'obsession, ce qui m'inquiète, c'est l'éventualité que tu ne trouves rien de ce que tu cherches en Norvège…

— Peut-être, mais au moins, j'aurais été voir par moi-même.

— Et Ophélie, tu l'as mise au courant ? Qu'est-ce que je dois dire si elle vient me voir ?

— Non, je ne lui ai rien dit encore, avoua Tristan d'un air contrit.

— Pourquoi, t'as peur qu'elle le prenne mal ?

— Ce n'est pas impossible puisque je prépare ça avec toi et je ne lui propose même pas de m'accompagner. Mais c'est surtout que je ne lui ai pas parlé de mon rêve, ma réaction devant Vikings, ou en écoutant Wardruna…

— Pourquoi tu ne lui as rien dit de tout ça ?

— Je ne sais pas trop…

— Elle n'est pas censée être ta toute première confidente ?

— Elle l'était. Avant l'accident. C'est horrible, ce que je vais dire, mais depuis mon réveil, je me sens différent et la place d'Ophélie à mes côtés n'est plus la même… Je tiens à elle, bien sûr, mais j'ai l'impression qu'elle a plus de sentiments à mon égard, que moi… Il y a d'autres choses qui me poussent, et pas forcément dans une direction qui va vers Ophélie… Et je me sens assez mal si je pense à tout ce qu'elle a pu faire pour moi… Mais c'est comme si le chemin que je suis en train de prendre l'écarte fatalement de moi. Et moi, je le sais alors qu'elle, elle est loin de l'imaginer. Je suis dans une position pas très confortable…

— Je vois… Mais il faudra bien que tu lui dises, et pas au dernier moment. Il y a déjà des personnes, au lycée, qui savent qu'on doit aller en Norvège ensemble cet été ; la secrétaire, Bastien, la prof. d'anglais… Ça va lui revenir aux oreilles rapidement.

— T'as raison. Faut que je lui parle, finit par dire Tristan.

Le soir, Tristan montra tout à son père qui regretta de ne pas avoir Carine à ses côtés pour raisonner objectivement. La première impression de Stéphane fut de stresser pour toutes les zones d'ombres, les risques d'une telle entreprise pour des gamins de leur âge et le fait de ne pas être là pour les protéger. Mais il prit sur lui. Un « Bon, c'est bien, le projet avance ! » fut la seule répartie dont il fut capable. Il s'esquiva et partit téléphoner à Carine.

Deux jours plus tard, Robin revenait avec les coordonnées du restaurant et celles du propriétaire d'une petite dépendance qu'il avait aménagée dans son jardin et qu'il louait à des étudiants l'année scolaire et à des saisonniers pour juillet et août. Les deux jeunes garçons durent prouver à ce moment-là leur niveau d'anglais, car il leur fallut les appeler. Robin, bien moins à l'aise que Tristan là-dessus, le laissa parler. Tristan commença donc par le restaurant « To brødre » en veillant à téléphoner avant le service. Il tomba sur une dame qui parut très gentille et qui parla doucement en anglais pour demander à Tristan si Robin et lui avaient déjà travaillé en restauration. Tristan avoua que non, mais qu'ils avaient très envie d'apprendre et qu'ils étaient très motivés. Elle demanda si les dates leur convenaient ainsi que 36 500 NOK par mois. Tristan dit oui, il s'engagea auprès de la dame, disant qu'elle pouvait compter sur eux deux aux alentours du 10 juillet, selon les vols. Il la rappellerait pour lui dire les dates exactes après avoir réservé les billets d'avion. À peine après avoir raccroché, Tristan et Robin ne dirent mot, se regardèrent et crièrent soudainement leur joie en même temps. Puis Robin interrompit brutalement leur danse de la victoire pour se ruer sur l'ordinateur afin de convertir la somme qu'ils allaient gagner ; ils ouvrirent des yeux ronds. Ils ne s'attendaient pas à une telle différence de salaire ; c'était le double du SMIC ! Ils reprirent leurs cris et leur danse de la fortune. Tristan téléphona ensuite au propriétaire qui semblait être un monsieur d'un certain âge. Il demanda s'il était possible d'installer deux lits pour qu'il y ait deux locataires. Le monsieur précisa qu'il y avait un lit et un canapé convertible, il demanda l'adresse mail de Tristan pour lui envoyer les photos du logement, l'adresse, le prix et ses propres coordonnées. Tristan le remercia et lui dit qu'on lui donnerait une réponse d'ici deux jours maximum. Enfin, ça se précisait.

Le soir, Tristan mit tous les papiers sous les yeux paniqués de son père. Stéphane ne voulait pas que son fils ressente son angoisse, il ne voulait pas lui couper les ailes et en faire un trouillard, mais il ne put s'empêcher de lui demander ce qu'il ferait si le logement était une arnaque, si le travail au restaurant était trop dur. Tristan, s'étant bien sûr préparé, eut réponse à tout.

— Et les billets d'avion, t'as regardé ? demanda Stéphane, de guerre lasse.

— Oui, avec Robin, on a trouvé plusieurs propositions, aux dates qu'on a fixées et c'est toujours aux alentours de cinq cents euros l'aller-retour, peut-être moins si l'on applique le tarif étudiant.

— Alors, c'est décidé ? demanda gravement Stéphane.

— Papa, t'as la mine d'un père dont le fils part en prison…

— Je suis content pour toi, je t'assure. Même si je sais que ça ne se voit pas. Mais je m'inquiète et j'essaie de penser à tout ce qui pourrait gâcher cette expérience, c'est tout, expliqua Stéphane. Je n'ai plus que toi, je te signale, rajouta-t-il, doucement, et j'ai déjà failli te perdre toi aussi…

— C'est parce que je suis un miraculé que j'ai envie de vivre en grand. Tu comprends ?

— Oui, tu as cette force et ce courage qui te poussent à faire des choses que moi, je n'aurais jamais osé faire… Je le regrette, d'ailleurs. L'autorité de mon père et les règles strictes à la maison ne m'ont pas donné confiance en moi. Je suis sincèrement heureux que, là-dessus, tu ne me ressembles pas.

— Pourquoi ne profiterais-tu pas de mon absence pour organiser des vacances à deux, avec Carine ? Je suis sûr que ça lui ferait super plaisir.

— C'est une bonne idée. Je vais le faire, rajouta Stéphane en souriant.

Tristan prit son père dans ses bras.

— Je t'aime, papa.

— Moi aussi, fils, moi aussi.

Le lendemain, le père et le fils finalisèrent toutes les démarches ; l'avion, le logement qu'ils réservèrent en envoyant un acompte par internet, et le restaurant que Stéphane rappela pour s'assurer que l'équipe comptait bien sur Tristan et Robin. Stéphane précisa en même temps que les deux garçons arriveraient le 6 juillet, et repartiraient le 13 août. La dame, qui était l'épouse d'un des deux frères qui tenaient le restaurant, confirma chaleureusement et les invita à voir l'établissement et leur carte sur leur site web. Stéphane eut une bonne impression, ça le rassura. Avec son fils, ils trouvèrent le restaurant « To brødre » sur les quais de Bergen, établissement assez grand, qui proposait du poisson et des plats traditionnels. Le cadre semblait vraiment charmant. Tristan ne tenait plus en place. Il ne pensait plus qu'à la Norvège. Il préparait déjà ses affaires alors qu'il lui restait encore presque trois semaines avant le décollage, avec, accessoirement, l'épreuve du Bac à passer. Cette euphorie avait joué de manière certaine sur son rétablissement jugé complet par le médecin. C'était vraiment une nouvelle vie qui démarrait. Le père et le fils en avaient conscience. Une année où Sandrine avait disparu, où ils avaient dû réapprendre à vivre sans elle. Une année où Tristan avait failli mourir. Une année où étaient apparues Ophélie et Carine. En un an, tout avait changé. Et Stéphane regardait, fier et attendri, son fils qui allait emprunter son chemin d'adulte, seul, fort de ses rêves et de sa jeunesse. Et cela l'incitait, lui aussi, à avancer dans sa nouvelle direction de vie, avec Carine. Allait-il lui parler d'installation commune ? Habiter ensemble, ne serait-ce pas une bonne idée ? Stéphane sourit à cette pensée, d'abord décidé à préparer des vacances à deux, dans un premier temps.

Il alla taper par surprise à la porte de Carine. Ce fut Emma, sa fille, qui lui ouvrit.

— Bonjour Emma, comment ça va ?

— Bonjour. Rentrez, je vais prévenir ma mère.

— Je ne dérange pas ?

— Non, elle est au téléphone dans sa chambre, je crois. Je vais la chercher.

La jeune fille s'éloigna, croquant dans sa pomme. Elle ne parlait pas beaucoup à Stéphane, ça le mettait un peu mal à l'aise. Était-elle timide, gênée ? Ou n'appréciait-elle point qu'un homme vienne rôder autour de sa mère pour la lui prendre… Dans les deux cas, Stéphane comprenait. Et il savait qu'il faudrait du temps pour qu'elle s'habitue à lui davantage.

Carine arriva, le combiné téléphonique à la main, surprise de le voir, mais avec un sourire.

— Vous ici ! Sans rien avoir programmé ! Que vous arrive-t-il ? ironisa Carine.

— Je progresse, tu vois, je fais des surprises… répliqua Stéphane, jouant le jeu.

Carine parvenant jusqu'à lui, enserra ses bras autour de son cou et l'embrassa doucement. Stéphane nota qu'elle n'avait pas vérifié avant ça qu'Emma ait bien quitté la pièce ; autrement dit, la mère ne se cachait plus de la fille. Avaient-elles eu une discussion ?

— Je te ne dérange pas ? demanda Stéphane qui aurait été vexé qu'elle réponde par l'affirmative.

— Penses-tu, j'étais avec ma mère au téléphone.

— Peux-tu la rappeler ? interrogea Stéphane l'œil brillant.

— Euh… Oui, tu veux lui parler ? dit Carine, quelque peu surprise.

— Je voudrais que tu lui demandes de garder Emma une semaine cet été durant laquelle je t'enlève, annonça Stéphane, content du petit effet rendu.

Carine, en effet, resta interdite quelques secondes. Et un grand sourire éclaira son visage.

— Vraiment ?

— Oui, tes dates seront les miennes.

— Je la rappelle de ce pas ! s'exclama la jeune femme qui tourna immédiatement les talons et composa le numéro de sa mère avant de disparaître de nouveau dans sa chambre.

Stéphane, en l'attendant, promena son regard tout autour de lui. L'intérieur de Carine était propre et net, tout était rangé, ça plut à Stéphane. Si l'idée de se projeter dans une vie commune pouvait lui venir, ça ne pourrait s'envisager avec une femme désordonnée à l'hygiène limite. Stéphane était rassuré sur Carine. Il faudrait juste qu'elle limite un peu les fleurs, il y en avait un peu trop dans la pièce : bouquets, peintures, bibelots…

— Du 9 au 16 juillet ! cria Carine en train de sortir de sa chambre, les yeux pétillants.

— OK, du 9 au 16, je note, reprit Stéphane en souriant.

— Et, j'ai le droit de savoir où tu m'emmènes ? demanda la jeune femme avec une moue gourmande.

— … Non… répondit Stéphane, appréciant ce rôle de prince charmant.

— Non, tu es sûr ? demanda Carine en s'enserrant autour de lui, enjôleuse.

— Absolument certain, assura Stéphane, qui aurait probablement craqué, s'il avait su la destination mystérieuse… Heureusement, il ne l'avait pas encore décidée ; pas de risque de vendre une quelconque mèche…

— Mais tu sais que je pourrais beaucoup t'aimer, toi, tu sais que je pourrais m'habituer à ce genre de surprises ; susurra Carine, radieuse, lui collant des petits baisers, çà et là, dans le cou et sur le visage.

— Je te laisse tranquille avec ta fille, je rentre, j'ai encore des papiers à finir pour le départ de Tristan.

— C'est juste pour venir me mettre dans tous mes états que tu es passé, c'est ça ? demanda à voix basse Carine avec un sourire coquin.

— C'est ça, affirma Stéphane, avec le même genre de sourire.

Il l'enlaça, l'embrassa dans le cou et s'éloigna, sans avoir envie de partir. Il réfléchit sur le chemin du retour à la destination qui pourrait faire plaisir à Carine ; mer, montagne, pays étranger, sport et nature, culture ? Il en parlerait à Tristan.

Entretemps, Tristan, dans sa chambre, avait Ophélie dans ses bras. Ils étaient avachis sur le lit. La jeune fille venait pour regarder la suite de leur série, comme ils en avaient pris l'habitude. Tristan se dit qu'avant d'appuyer sur « lecture », il faudrait lui parler.

— Ophélie, j'ai un truc à te dire, annonça Tristan qui essayait de ne pas montrer de signe d'embarras et de rester le plus naturel possible.

Ophélie s'écarta un peu de lui pour pouvoir le regarder.

— Quoi ?

— Je dois partir cet été.

— Partir ? Où ? Avec ton père ?

— Non, je pars avec Robin en Norvège pour travailler tout l'été dans un restaurant.

Ophélie le fixa et se rassit, surprise.

— C'est pas les vacances d'été que j'imaginais... Même si on n'en avait pas du tout parlé, dit sourdement Ophélie.

— Je sais, ça s'est décidé très vite parce qu'on a eu une opportunité qu'il ne fallait pas laisser passer. Le resto ne nous aurait pas attendus longtemps.

— Mais, pourquoi en Norvège ? Pourquoi aussi loin ? Y en a plein, des restos par ici !

— C'est moi qui voulais aller là-bas. Entre la série « Vikings », Wardruna, le fait que je viens d'apprendre que j'ai un ancêtre viking, cette région m'attire. J'ai envie d'aller là-bas. Et l'amie de la prof d'anglais nous a tout trouvé, à Bergen.

— Alors, depuis tout ce temps, tu prépares tes plans pour partir... sans rien me dire du tout ? Pourquoi ? T'avais peur que je te gêne, que je t'empêche, que je veuille venir aussi ?

— Là-dessus, tu as raison, t'aurais dû le savoir avant que tout soit bouclé. Excuse-moi.

Ophélie vit que Tristan ne se récriait pas ni se justifiait, sur le fait qu'elle dise être potentiellement un frein, voire un boulet qui pourrait contrarier ses projets. C'est ce qui la blessa particulièrement. Elle devint fermée et silencieuse. Elle aurait voulu que Tristan la rassure, là, à ce moment-là, sur ses sentiments pour elle, sur sa place importante auprès de lui. Mais non, il lui servait simplement un « excuse-moi », qui signifiait « c'est comme ça, accepte-le, je te prie ». Cette douche glacée l'incita à se relever brusquement. Cette excuse qui n'en était pas une et l'absence d'explications ou de mots tendres ensuite étaient la preuve que Tristan s'était bien éloigné d'elle. Elle aurait pu comprendre le projet de Tristan, elle aurait pu le cautionner, l'y aider, y participer même. Mais Tristan l'avait d'emblée mise hors-jeu. Elle se retrouva alors dans la situation qu'elle craignait le plus au monde, être un poids dont on ne sait que faire, impression qui avait rythmé toute son enfance. Le goût amer de la trahison dans la bouche, elle lui souffla un « OK, amuse-toi bien » avant de partir précipitamment. Des larmes d'acide coulaient sur ses joues sur tout le chemin du retour. Elle n'avait rien vu venir, elle s'en voulait. De plus, ce revirement soudain d'attitude lui paraissait tellement injuste, après le soutien qu'elle lui apportait depuis sa sortie du coma. C'était bien depuis son réveil que, petit à petit, il s'était reconstruit pour s'éloigner d'elle, vivre autre chose, vivre plus loin. Tout lui avait échappé. Sur le chemin du retour, elle croisa l'église de saint Rita, où elle avait fait l'effort de rentrer y demander la guérison de Tristan… Elle eut l'impression qu'on lui enfonçait un coup de poignard dans le ventre. Elle cracha par terre, tout à côté de la lourde porte d'entrée en bois.

De son côté, Tristan était resté immobile et silencieux après le départ d'Ophélie. Il avait failli parler lorsqu'elle s'était redressée pour partir. Son premier réflexe avait été de vouloir la rassurer, la consoler, lui dire qu'il avait juste été maladroit, mais qu'il l'aimait, qu'il ne voulait pas que leur relation soit en danger… Et puis, un étrange calme le prit, une sorte de recul glacé qui l'incita à ne rien dire, pour qu'elle parte, qu'elle comprenne que c'était fini entre eux, qu'il était inutile et même cruel de vouloir lui faire croire, à elle et aussi à lui-même, que ça ne changeait rien à ce qui les unissait. Si, ça changeait tout. Au dernier moment, Tristan la laissa partir pour abréger les souffrances de la fin de leur relation, même si ça le faisait agir comme quelqu'un de froid et de mauvais ; une personne qu'il ne reconnaissait pas et qu'il n'était pas. Il eut le cœur serré d'agir ainsi, de provoquer la peine d'Ophélie et de renoncer à elle. Il s'allongea sur son lit, se mit les écouteurs sur les oreilles et pansa les blessures dues à son manque d'intégrité avec lui-même, avec du Wardruna qui lui fit couler des larmes. Mais, en même temps, ça l'apaisait. Ça avait été un passage obligé pour renaître de la bonne manière, prêt à s'envoler ailleurs, fort de ses espoirs et de ses rêves.

La musique l'enveloppait, le grisait. La lenteur du rythme, la cadence du tambour l'incitaient à prendre de la hauteur sur les considérations matérielles et à viser plus haut ; ce qu'il avait en lui, ses images dans la tête, son univers, sa dimension idéalisée. Les percussions martelées comme un rythme incantatoire et les chants, les cris, de l'ordre du viscéral, du sauvage, l'exhortaient à traverser les nappes embrumées de la conscience ; il flottait entre le rêve plus ou moins éveillé, l'état de transe, la connexion avec ce que pouvait lui souffler son inconscient. C'est dans cette sphère surréaliste qu'il se sentait enfin lui-même, dans un extraordinaire bien-être, pas endormi, mais au contraire, très éveillé, très conscient de ses sens aiguisés. C'est là qu'il pouvait communiquer avec la partie de lui-même qui lui échappait ; ce qu'il y avait au-delà de sa conscience. La scène du rêve revint. Le revoilà sur son cheval au petit galop, la fraîcheur environnante provoquant de la vapeur autour de sa bouche et autour des naseaux du cheval. La forêt, repositionnée autour de lui, avait toujours le même aspect assez méditerranéen, mais avec des troncs de conifères très fins et très hauts. Puis, de nouveau, cette peur au ventre qu'on le rattrape, cette urgence de fuir. Il quitte le chemin principal pour sillonner entre les arbres, pour que l'on perde sa piste. Il regarde derrière lui, inquiet, mais rien ; personne, juste le silence qui faisait remonter à ses oreilles ses battements cardiaques désordonnés. Tout est d'une netteté extraordinaire. Toutes les sensations paraissent démultipliées. Et la scène s'arrête. Le jeune homme ne parvient pas à aller au-delà, ou à obtenir d'autres images, d'autres sensations. Sa frustration fit revenir Tristan à la conscience. Hébété, il se dirigea vers son bureau et attrapa rapidement une feuille et un crayon. Il tenta autre chose ; l'écriture automatique. Il se mit en conditions, se détendit et de se concentra à nouveau sur ce rêve, comme si ce dernier faisait partie d'une scène plus grande, qu'il fallait lui faire revenir en mémoire. Il s'avachit sur le bureau, n'ayant que la main droite d'assez solide pour tenir son crayon. Sa main gauche était posée sur le bureau, coinçant le bord de la feuille pour éviter qu'elle ne bouge. L'esprit de Tristan ondoyait et revenait sur la forêt du rêve. Il retrouva les images du décor alentour. Et il se dit « forêt » dans sa tête, pour faire partir sa main. Le crayon ne tarda pas à s'exprimer. Tristan eut à peine conscience de sauter des lignes, au fur et à mesure de ce qui était en train de s'écrire. Il ne sut absolument pas combien de temps il écrivit, mais, à un moment, le crayon tomba de sa main ; Tristan prit cela comme le signal de fin. Il eut besoin de quelques secondes pour sortir de sa torpeur et posa les yeux sur sa feuille. Voilà ce qu'il put y lire :

Soleil glacé dont ma peau entend l'appel, je frissonne et cours jusqu'à toi.

La nuit arrive et j'hésite. Parcourir les mers, creuser la terre, scruter les forêts,

Tant de vies à te chercher.

Chuchote-moi des mots bienfaisants, donne-moi un signe,

Et je t'entendrai, je te reconnaîtrai.

Mes sens à l'affût tentent de percer la couverture opaque de la réalité.

Je te perçois, mille fois je t'imagine, j'arrive à sentir ton odeur.

Tant de siècles à traverser, tant de cycles à braver, je te rejoindrai, je le sais.

Faire galoper mon cheval noir, embarquer sur un fier drakkar,

Arpenter les forêts chuchotantes, pleines de mauvais souvenirs,

Enfourcher le corbeau messager qui survole les neuf mondes,

Jamais ne renonçant à ma quête, je sens presque ta main frôlant la mienne,

J'arrive presque à distinguer ton visage, à caresser tes cheveux emmêlés,

Je capte tes chuchotements dans une langue que je ne comprends pas,

Mais qui m'est si familière, dont les accents se mêlent

À toutes les autres langues que j'ai pu parler autrefois. Je te retrouverai.

Tristan, qui s'attendait à partir sur la piste de méfaits qu'il (ou le jeune cavalier) aurait pu commettre, expliquant cette fuite éperdue dans cette forêt, réalisa qu'il n'y était pas du tout. Il y avait quelqu'un à trouver. Cette personne serait la clé du rêve… Cette nouvelle soudaine et inattendue fut comme une fulgurance. Une femme, une mère, un père, une sœur, un enfant ? Quelqu'un d'important, autour de qui tout était lié, ce désir de fuir, des ennemis, cette forêt, cette peur au ventre qui ne concernait plus forcément que le jeune cavalier, mais une autre personne aussi, peut-être… Tristan prit une grande inspiration, comme si ses poumons venaient de s'agrandir. Cette nouvelle piste le sortait de l'impasse de la scène du rêve qui ne lui révélait plus rien de nouveau. De larges panneaux d'incertitudes encadraient maintenant le fameux rêve, mais cela donnait à Tristan une marge de manœuvre possible. Même si celle-ci était pour le moment insaisissable. Tristan sentit au creux de sa poitrine comme un feu qui lui imposait d'agir, d'avancer. Le jeune garçon ressentit au fond de ses tripes combien il lui fallait partir en Norvège, comme s'il pressentait qu'il pourrait avoir des réponses là-bas. Ne tenant plus en place, Tristan sortit marcher dehors, accompagné du chien qu'il amena au parc près de chez lui. Mais, même Wallee sentit que c'était plutôt lui qui sortait son maître, et pas l'inverse. Le chien ne s'éloignait pas de Tristan, au lieu de fureter en tous sens, comme il en avait l'habitude. L'air frais fit du bien au jeune homme qui avait encore la tête dans le brouillard et dans les limbes de l'inconscience. Son impression de tournis se résorba peu à peu.

À son retour, Stéphane, sur son ordinateur portable, interpella son fils. Il lui demanda s'il avait une idée de destination pour amener

Carine en vacances, à l'hôtel, une semaine. Même s'il avait peu la tête à ça, Tristan fit un effort pour répondre de façon sensée à son père.

— J'imagine que les îles, la plage, ça conviendrait bien à un premier séjour en amoureux... proposa Tristan.

— Ça ne fait pas trop lune de miel ? Et si elle n'aime pas la plage ? risqua Stéphane, indécis.

— Les femmes qui n'aiment pas la plage n'ont qu'un problème avec leur corps, et ce n'est pas le cas de Carine. Elle s'entretient, elle est jolie. Ça lui plaira, c'est sûr.

— France ou étranger ?

— Tente la Guadeloupe ou la Martinique, c'est dépaysant, mais on parle français, c'est l'avantage, précisa Tristan qui savait son père peu à l'aise avec l'anglais.

— Très bonne idée ! s'exclama Stéphane, qui pianotait déjà à la recherche d'hôtel sur place, avec piscine, près de la mer. Ah, j'oubliais ! Je pars deux jours après toi. J'espère qu'on pourra se joindre sans trop de problèmes au téléphone.

— Il n'y a pas de raison. De toute façon, enregistre aussi sur ton portable le numéro du resto et de notre logeur. Tu me donneras le numéro de Carine aussi, on ne sait jamais.

Stéphane acquiesça, concentré sur ses recherches. Le fait de préparer un séjour aussi le détourna du stress qu'occasionnait celui de son fils. Tristan ne vécut pas la pression ni l'angoisse paternelle pendant les derniers jours qui restaient avant le départ. Le jeune homme put faire tranquillement sa valise où il empaqueta des vêtements, selon tout type de temps et de circonstances, la musique de Wardruna et un cahier s'il lui prenait l'envie d'écrire.

La fin d'année scolaire arriva. Tristan avait passé les épreuves du bac péniblement, la tête toute tournée vers autre chose. Il avait réussi à décrocher son diplôme, sans mention. Le jeune homme ne se montra pas au bal de fin d'année, étant donné l'éloignement récent avec Ophélie qui devait très certainement y être. Il ne l'appela pas, conscient que ç'aurait été à lui de le faire s'il avait voulu rattraper les choses avec elle. Il était tout entier tourné vers son séjour à Bergen.

Peu avant le jour J, Tristan revint prendre le coffre à chapeaux dans l'armoire de son père. Il ouvrit le double fond et prit la petite sacoche contenant la somme économisée par sa mère prévue pour ses dix-huit ans. Cet argent allait lui servir en Norvège. Il repensa à Sandrine, très fort, ayant tellement envie de prendre sa mère dans ses bras, l'embrasser, la remercier, la rassurer en lui disant qu'il était en train d'accomplir ses rêves, et ce, aussi grâce à elle.

Le jour du départ arriva, Stéphane récupéra Robin chez lui, il n'y avait même pas sa mère. Il emmena les deux jeunes garçons à l'aéroport de Marignane très tôt le matin. Il resta à leurs côtés tant qu'il put, puis leur dit au revoir. Il prit Robin à part pour lui dire de ne pas hésiter à l'appeler au moindre problème de travail, d'argent ou de santé. Si Tristan hésitait, Robin ne devait pas faire de même ; Stéphane fit enregistrer son numéro de portable sur celui de Robin. Puis il prit son fils dans ses bras, ému de le voir partir si loin, pour la toute première fois. Il lui fit jurer un nombre incalculable de fois de l'appeler régulièrement et de le tenir au courant. Tristan promit, l'embrassa et s'éloigna, avec cette étrange sensation d'être grand, autonome, libre, mais pas encore prêt pour ça. Une part d'inquiétude en lui était heureusement minimisée par la présence de Robin à ses côtés. Il se demanda s'il aurait été capable de partir comme cela, tout seul. Il se résolut à ne pas chercher à répondre à cette embarrassante question et profiter plutôt du début de leur aventure. Ils atterrirent avant midi. Les jeunes garçons récupérèrent leurs bagages et se dirigèrent vers un taxi, que Stéphane leur avait expressément demandé de prendre, en leur donnant un billet pour cela. Ils arrivèrent chez leur logeur qui se révéla être un monsieur assez âgé, puisque retraité, mais très avenant, souriant, l'œil pétillant, cherchant à plaisanter avec les garçons. Ceux-ci trouvèrent le logement agréable, même s'il aurait mieux convenu à une seule personne ; c'était un peu petit, mais ils avaient tout ce qu'il fallait. Ils avaient leur entrée, leur allée, leurs clés. Tristan et Robin étaient contents. Tristan fit quelques photos qu'il envoya à son père, pour le rassurer. Ils posèrent leurs affaires dans l'armoire, installèrent leurs nécessaires de toilette dans la salle de bains, ils se préparèrent et sortirent, avec le plan que leur logeur leur avait gentiment offert. Ils purent descendre à pied de la maison au port. Ils apprécièrent l'air bien moins suffocant qu'à Marseille, ils admirèrent la vue sur les jolies maisons colorées le long des quais, à Bryggen. Il faisait un soleil magnifique, ce qui laissait présager un séjour des plus agréable. Ils cherchèrent à grignoter un morceau avant de se rendre au restaurant où ils étaient attendus après le service du midi. Étourdis par le monde, la langue qui les isolait et toutes les choses extraordinaires à voir, ils optèrent pour un fast-food où ils purent s'installer sur une terrasse, pour s'imprégner des lieux, des gens, des bruits, du rythme. Ils trouvèrent un Mac Donald's qui, extérieurement, n'avait rien d'américain ; le restaurant se trouvait dans une maison blanche en bois avec un petit porche à colonnes, aussi mignonne que les autres petites maisons du quartier. Ils eurent le plaisir de voir une ville avec beaucoup de jeunes gens de leur âge, mis à part le nombre important de touristes reconnaissables. Tristan remarqua un nombre considérable de jolies jeunes filles blondes, les yeux de Robin eurent de quoi se satisfaire aussi ; bon nombre de jeunes et athlétiques Norvégiens profitaient du beau temps pour faire du vélo, torse nu. Le portable de Tristan sonna, c'était Katy, l'amie de sa prof d'anglais, qui se proposait de les rencontrer et de les accompagner au restaurant. Tristan lui indiqua où ils se trouvaient et elle put les rejoindre une heure après. Les deux jeunes garçons trouvèrent cette attention particulièrement sympathique. Ils l'accueillirent avec plaisir, heureux de ne pas se retrouver tous seuls dans cette bouillonnante petite ville. Katy les mit à l'aise immédiatement ; elle avait la trentaine, était fantasque, toute petite et plutôt marrante. Tristan réalisa, plutôt content, qu'il arrivait à bien suivre la conversation en anglais. Pour Robin, c'était un peu plus laborieux. Elle leur donna son numéro de portable, au cas où ils auraient besoin d'elle, il ne fallait pas qu'ils hésitent. Tristan la remercia.

Ils se mirent en route pour « To brødre » qui était vers le bout du port. Katy, une habituée du restaurant, les introduisit et les présenta aux deux frères qui tenaient l'établissement, ainsi que leurs épouses respectives. Ils avaient la quarantaine. Il y avait Allan, le cuisinier, grand costaud, à la petite barbiche bien taillée et aux longs cheveux attachés. Sa femme était Dina, qui travaillait aussi en cuisine, la plupart du temps. Dina était blonde, douce et gentille, c'était elle que Tristan avait eue au téléphone. Elias était au bar et s'occupait des boissons, des cafés ; c'était le Viking en puissance ; rasé sur les côtés, une longue chevelure tressée au milieu du crâne, une longue barbe en pointe attachée par des perles de barbe aux motifs runiques. Son épouse, Sofie, était grande, rousse, très énergique, très souriante, elle était au service. Les deux couples leur présentèrent deux étudiants en renfort, comme eux ; Steve, étudiant londonien, préposé surtout au service en salle, et Sara, une Berguénoise en école d'hôtellerie, petite brune aux yeux verts qui travaillait soit en cuisine, soit en salle, selon les besoins. Tristan et Robin reçurent leur tenue et tablier. L'idée était que Robin, moins à l'aise avec l'anglais, reste à la plonge et en cuisine et Tristan aide en salle ou en cuisine, pour dresser les desserts, préparer les coupes glacées notamment. Mais il fallait que tous soient le plus polyvalents possible. On leur montra tous les postes, on leur fit visiter tout l'établissement et ils finirent par signer leur contrat saisonnier au comptoir. Elias leur offrit une bière, prétexte pour en prendre une lui aussi, certainement ; « øl » (bière) fut le premier mot de norvégien que les deux amis apprirent. Dina prit Tristan à part en lui avouant que Katy leur avait dit ce qu'il avait vécu et par quoi il était passé ; Dina lui dit combien elle compatissait, combien elle le trouvait courageux et qu'ils étaient prêts à l'aider s'il se sentait fatigué. Tristan fut touché par la gentillesse de ces personnes avec lesquelles il se sentit tout de suite à l'aise. Les deux jeunes garçons avaient une heure ou deux à abattre avant de se mettre en tenue de combat et vivre leur premier service. Ils optèrent pour une balade dans la ville avant de revenir travailler. Ils étaient excités et heureux. Tout se déroulait bien. Tristan téléphona à son père pour lui raconter l'accueil exceptionnel qu'on leur avait fait.

Les garçons déambulèrent le long des rues pavées aux abords des quais. Tout était mignon, propre et de nombreux vacanciers marchaient le long des rues, comme eux. Bon nombre de boutiques de souvenirs attiraient les touristes le long des quais. À part cela, dans les petites rues adjacentes, il y avait des petites boutiques, sans la démesure des grandes agglomérations, ce qui conférait à la ville un charme tranquille. Les deux jeunes hommes s'y sentirent bien immédiatement. Au vu de la vitesse à laquelle les nuages survolaient la petite ville et du vent qui les faisait frissonner, ils décidèrent bien vite de s'acheter une petite veste imperméable fourrée et un parapluie, choses qu'ils n'avaient pas dans leurs valises.

Les deux garçons revinrent tôt pour se préparer pour leur premier service. Ils firent de leur mieux et le rythme fut assez intense pour qu'ils n'aient pas eu l'impression de voir l'heure passer. Robin fut sur la gestion de la vaisselle, Tristan fut assisté de Sofie pour le service et d'Elias pour la préparation des cafés et des desserts. Il prit sur lui pour ne pas montrer son trouble, voulut être souriant et agréable, sans perdre ses moyens. Quand ils en furent à leurs derniers clients et que le rythme ralentissait, Tristan prit conscience de l'énergie qu'il fallait dépenser. Il était crevé. Avec Robin, ils ne traînèrent pas, ils étaient fatigués, la journée avait été longue. Ils remontèrent jusqu'à leur appartement, se douchèrent et tombèrent comme des masses.

Les deux amis apprécièrent une légère grasse matinée ; pas besoin d'être au resto à 8 heures… Ils traînèrent, prirent un café et Robin poussa Tristan à se préparer pour faire quelques courses ; il y avait des petits magasins discount à proximité où l'on vendait de tout. Ils n'avaient pas vu du tout le moindre hypermarché. Robin aimait organiser la vie avec Tristan, au plus proche de lui, il avait l'impression de vivre un peu en couple avec lui. Pour Tristan, les obligations de la vie quotidienne lui paraissaient moins lourdes avec la présence de son ami qui le soulageait.

Ils travaillèrent sérieusement jusqu'au week-end, en apprenant les gestes, les phrases, les cadences. Quand vint le samedi, ils étaient rodés. Et il valait mieux, car les deux jeunes garçons ne s'attendaient pas à un tel lâcher-prise le samedi soir ; beaucoup de personnes titubaient le long des quais, en groupes, hilares. Tristan servit bien plus de boissons alcoolisées qu'à l'accoutumée. Après le service, Robin et lui restèrent sur le port, le long des rues animées, pour profiter de l'ambiance fêtarde qui y régnait. Ils s'installèrent dans un bar et testèrent la bière, ou plutôt les bières de Bergen.

Le lendemain, Allan et Elias prirent à part Tristan et Robin, pour remplir l'emploi du temps de la semaine. Ils avaient droit à des demi-journées, voire des journées entières durant la semaine. Mais, ils devaient prendre ces moments en décalé ; ce n'était pas possible de partir faire du tourisme à deux, et c'était logique. Katy vint manger le dimanche midi avec une amie. Tristan vint la saluer en prenant sa commande. Elle voulut savoir si tout se passait bien pour eux deux, s'il ne leur manquait rien. Tristan la rassura et la remercia. Il commençait à s'éloigner de sa table lorsqu'elle le rappela et, sur le ton de la confidence, elle lui indiqua de se rapprocher d'elle pour lui parler d'une voix plus basse. Elle lui demanda s'il avait le permis de conduire. Tristan, surpris, acquiesça et précisa qu'il l'avait passé à seize ans. Katy dit que c'était un garçon bien, que cela se voyait et, vu qu'elle partait trois ou quatre semaines en congés en Angleterre pour voir sa famille, elle lui proposait de lui laisser sa voiture qu'elle récupérerait à son retour. Elle sortit, en disant cela, ses papiers et la clé de sa Polo Volkswagen qu'elle lui glissa dans la main, avec un sourire et un clin d'œil. Tristan fut si surpris et touché qu'il resta sans voix quelques secondes, puis lui demanda si elle était bien sûre, et il la remercia au moins une dizaine de fois. Katy, peu attachée au matériel, lui disait que ça lui faisait plaisir, que la voiture leur permettrait d'être plus mobiles et de pouvoir en voir un peu plus dans la région. Elle lui dit où elle s'était garée et qu'il n'avait qu'à repartir avec, dès ce soir-là, puisque son amie la raccompagnerait. Elle rajouta quand même : « Attention, c'est une automatique, ça ira ? ». Tristan acquiesça, rassurant, en se disant qu'il faudrait vite qu'il regarde sur internet, sur son portable, quelles différences cela pouvait bien faire. Il pensa un instant combien la vie pouvait être douce avec de belles personnes autour de soi. Il se sentit reconnaissant. Certes, il avait souffert ces derniers temps, particulièrement cette année-là, mais il avait des personnes extraordinaires à ses côtés qu'il aimait, il avait vécu des choses fortes avec, à chaque fois, des gens qui savaient le soutenir. Sans cette assistance, il n'en serait pas là. Robin et Tristan se sentirent de vrais mecs lorsqu'ils s'engouffrèrent dans la voiture pour rentrer à l'appartement, ivres de cette puissance que l'on ressent lorsque l'on est jeune et que l'on sent qu'on peut déplacer des montagnes, qu'on a tout à portée de mains, que rien n'est impossible et inaccessible. Cela dit, ça se voyait que Katy n'était pas très soigneuse avec sa voiture ; Tristan l'aurait bien plus entretenue que ça… Mais évidemment, à cheval donné, on ne regarde pas les dents… Tristan, heureux propriétaire d'une Polo, même provisoirement, se rappela qu'il fallait vérifier ce qu'était réellement une voiture automatique. Après avoir lu l'essentiel sur son portable, il fut beaucoup moins sûr de lui. Il ne fallait pas débrayer, surtout pas. Il se sentit maladroit, prisonnier de ses réflexes et tenta de démarrer doucement. La voiture sortit de son emplacement, et s'avança. Bien entendu, au premier feu rouge, Robin mangea le pare-brise : il fut projeté violemment vers l'avant puisque Tristan avait freiné franchement en croyant débrayer. Le pauvre passager cria et le conducteur s'excusa, mortifié et mort de rire en même temps. Il fallut quelques minutes encore pour que Tristan parvienne à une conduite plus assurée et moins meurtrière pour son ami riant aux larmes lui aussi en voyant la maladresse de Tristan. Robin regrettait de n'avoir pu passer le permis à seize ans comme Tristan. Il ne pourrait qu'être le passager, ce qui n'était déjà pas si mal. Victorieux, Tristan eut envie d'annoncer tout cela à son père. Arrivés à l'appartement, Tristan laissa Robin passer le premier à la salle de bain et en profita pour téléphoner à son père ; s'il était une heure du matin à Bergen, il devait être dix-neuf heures en Guadeloupe, il tenta l'appel.

— Allo, papa ?

— Tristan, comme je suis content de t'entendre ! Comment vas-tu ? demanda Stéphane, ravi et soulagé d'avoir des nouvelles de son fils.

— Tout va bien, tout se passe très bien au restaurant, on va pouvoir souffler un peu cette semaine, on aura un peu de temps libre. Et je pourrai d'autant plus en profiter que Katy m'a laissé sa voiture le temps de ses congés, tu t'en rends compte ? Elle est vraiment trop sympa !

— Elle t'a laissé sa voiture ? Fais super gaffe, promets-moi, car si t'as un accrochage, je te dis pas les complications ! répondit Stéphane angoissé.

— Ne t'inquiète pas, tout le monde roule tranquillement ici. Et toi, comment ça se passe ? demanda Tristan, renonçant à préciser qu'il s'agissait d'une voiture automatique, et surtout pressé d'embrayer sur un autre sujet de conversation.

— Oh, c'est génial, les plages sont vraiment magnifiques ici, on est resté aujourd'hui à la réserve Cousteau et on a nagé au milieu de tortues, tu t'en rends compte ?

— Super !

— Et les planteurs, le rhum, les accras, on se régale !

— Nous, on carbure plutôt à la bière, ici, répondit du tac au tac Tristan qui regretta instantanément d'avoir dit ça.

— Quoi ?

— Non, rien, et Carine va bien, elle est contente ?

— Elle va très bien, et elle t'embrasse, me dit-elle. Avec Robin, vous n'avez besoin de rien ?

— Tout va bien, papa, on gère, on est au top.

— Je suis très content que tout roule pour vous. Tu sais que tu ne dois pas hésiter à m'appeler s'il y a le moindre problème, tu le sais ?

— Oui, je sais, mais rassure-toi, tout se passe vraiment bien, je te le promets.

— Tant mieux… Tu sais, Tristan, je suis fier de toi, avoua brusquement Stéphane.

— Pourquoi, à propos de quoi ?

— Partir loin comme tu l'as fait pour tenter une expérience qui va, je suis sûr, être vraiment enrichissante, je t'admire parce qu'à ta place et à ton âge, je ne sais pas si j'aurais été capable de faire ce que tu as fait, avoua Stéphane, de l'émotion dans la voix.

— Merci papa, répondit Tristan, gagné aussi par l'émotion.

— Profite à fond, conclut Stéphane.

— Toi aussi, profitez bien tous les deux, et ramène-moi quand même une bouteille de planteur parce que j'aimerais bien le goûter, plaisanta Tristan.

— Sans faute, fils, je t'embrasse, et prends soin de toi.

— Bisou papa, à bientôt.

Tristan tint un moment son portable sur son cœur, ayant le tournis d'imaginer combien son père et lui étaient géographiquement aussi éloignés l'un de l'autre à cette heure…

Le lendemain, les deux amis allèrent travailler en ayant l'impression que ça faisait longtemps qu'ils étaient installés là. Ils s'étaient vite intégrés et s'étaient vite imprégné des codes. Même la langue commençait à leur paraître familière. Sara, la jeune étudiante, en cuisine avec Robin, s'était prise d'affection pour le beau jeune « frenchy » aux cheveux longs à ses côtés et s'amusait à faire apprendre la langue à Robin. Tristan souriait de voir ce petit jeu ; la pauvre Sara fournissait des efforts pour rien… En prévision du lendemain où Tristan allait avoir sa journée, puisqu'il n'était attendu que pour 19 heures, le jeune garçon demanda à Elias des coins de forêt où aller balader. Tristan n'oubliait pas la principale raison de sa présence en Norvège. Il ne lui donna pas de détails quant à la forêt qu'il espérait rencontrer. Il se laissa guider en bon touriste. Aussi, le lendemain, le voilà parti pour l'immanquable montée en funiculaire au mont Fløyen. Cette destination touristique ne lui convint pas. Pour autant, lorsqu'il fut en hauteur, après avoir évidemment admiré la magnifique vue sur Bergen en contrebas, Tristan se promena sur les chemins aux alentours. Il fut enveloppé par une fraîcheur qu'il revêtit tel un manteau bienfaiteur, préparé juste pour lui. Le temps tourna ; du soleil et d'une agréable douceur, Tristan vit les nuages arriver. Il se mit à pleuvoir doucement. Tristan enfila son imperméable et continua sur les sentiers désertés. Les sous-bois assombris se mirent à chuchoter, lui sembla-t-il. Il se sentait bien, connecté à cet endroit éloigné du soleil, du bruit, de la civilisation. Il marchait dans une forêt montagneuse qui se laissait découvrir par ce jeune homme du bout du monde. Il sillonna la piste, rentrant de plus en plus profondément dans le bois. Cette marche pénétrante lui donna l'impression de s'éloigner peu à peu du monde bruyant des hommes et de s'enfoncer dans une dimension où la nature personnifiée pouvait lui parler. Ce n'était pas la forêt de son rêve, celle-ci était bien trop montagneuse. Pour autant, elle avait des choses à montrer, des choses à dire, Tristan le sentait. Cette rencontre culmina avec, au détour du chemin, le jeune homme qui se trouva nez à nez avec un troll sculpté en bois ; figure emblématique de la Norvège. Cette statue était à taille humaine, près d'un gros rocher. Assez schématisée, le bas du corps correspondait simplement à un tronc tel quel, mais le visage était plus travaillé ; le troll avait un air goguenard, affichant un sourire assez énigmatique, entre l'ironie, la farce et la joie. Dans ce cadre assombri par les lourds nuages, cette mine moqueuse contrastait, au point de rendre la statue inquiétante. Comme s'il avait affaire à l'hôte du bois, Tristan se posta face à lui, tout près. Comme une sorte de salut, le jeune garçon tendit le bras et sa main enveloppa l'épaule de la statue. Il laissa sa main ainsi, puis ferma les yeux, comme s'il cherchait à entrer en communication avec le bout de bois sculpté. Tristan rouvrit les yeux et, pour lui, à ce moment précis, le regard du troll ainsi que son sourire n'avaient plus la moindre marque d'ironie. Ce fut presque comme des présentations formelles et chaleureuses. Tristan sourit et s'assit au pied du rocher contre le troll, pour boire et grignoter un peu. Il laissa ensuite sa tête se poser contre la paroi froide et humide. Il plaqua ses deux mains sur le rocher ; la sensation de fraîcheur fut agréable. Il resta ainsi jusqu'à un état presque proche de l'endormissement. Les jambes ancrées dans le sol moussu, le haut du corps contre la pierre sombre, il lâcha sa prise au réel et, au lieu de sombrer dans le sommeil, il lui sembla se fondre dans ce sous-bois jusqu'à en devenir une partie vivante. Il lui vint alors un petit bruit, comme un crépitement. Sans ouvrir les yeux, il sentit une vague de chaleur se rapprocher de lui, jusqu'à apercevoir, dans une sorte de rêve semi-conscient, les flammes qui dévalaient les pentes pour se diriger vers la ville, ravageant la forêt. Il émergea brutalement de cet état, le souffle court. Toujours assis dans une nature silencieuse, humide et suintante, Tristan comprit que la forêt lui avait révélé sa blessure. Il se releva, se rapprocha du troll au sourire sarcastique, lui posa sa main sur la joue et dans un souffle, murmura « Je suis tellement désolé... ». Il s'éloigna et, en se retournant, il vit le troll comme l'allégorie de la forêt blessée, souriante, mais avec cet air de reproche inscrit sur son visage. Comme il comprenait le drame des incendies, lui, venant d'une Provence ravagée par les flammes de toute part et de manière incessante... Mais là, il l'avait presque vécu dans sa chair. Aussi, redescendre avec l'humidité de la pluie ne l'incommoda pas, bien au contraire.

Arrivé au restaurant pour le service du soir, après s'être douché et changé, Tristan alla questionner Elias, en anglais, avant que les clients ne commencent à arriver.

— Elias, est-ce qu'il y a déjà eu un incendie là où tu m'as envoyé faire une balade ?

Elias le regarda et, pensant qu'il avait probablement discuté avec des promeneurs natifs de la région, arbora un grand sourire.

— Pas qu'un ! Plus d'une fois, le feu a brûlé à Bergen ! Et vu que tout était construit en bois, dans le temps, il a fallu reconstruire un bon nombre de bâtiments et de maisons ! s'exclama Elias en nettoyant le comptoir de son bar.

— Et la forêt aussi ? insista Tristan.

— C'est arrivé, oui, malheureusement. Mais tout repousse vite, ici, répondit Elias, plus compatissant vis-à-vis des dégâts en ville, plus que ceux occasionnés dans les milieux naturels. Et, tu as aimé la promenade ? s'enquit-il auprès de son jeune protégé.

— Oui, c'était très beau. Je ferai un autre coin la prochaine fois. Tu pourras me donner d'autres endroits à voir ? demanda Tristan, qui voyait bien que cela faisait plaisir à Elias de lui demander des conseils.

— Sans problème ! Allez, en piste, ça commence à arriver, dit Elias en montrant du regard un groupe qui passait la porte du restaurant.

Tristan lui sourit, et alla au-devant du groupe pour les placer, puisque Sofie n'était pas encore arrivée. À sa grande surprise, c'était un groupe de touristes français. Il parla avec plaisir avec eux et apprit qu'ils venaient de Lyon. Elias, le regardant faire, se dit que c'était une bonne chose d'avoir misé sur une équipe diversifiée, sachant parler plusieurs langues. Il appréciait particulièrement Tristan dont il reconnaissait le sérieux, le dynamisme et le souci de bien faire. Sachant aussi par quoi il était dernièrement passé, Elias le trouvait vraiment méritant. Il était content de son équipe, cette année.

Après le service, Tristan et Robin rentrèrent avec une voiture qui leur évitait, après la fatigue du boulot, de faire le trajet à pied. Tristan jeta un coup d'œil vers son ami qu'il vit avachi sur son siège, les yeux fermés.

— Ça va, Robin ? demanda Tristan.

— Mmm, marmonna Robin qui n'avait pas ouvert les yeux.

— T'es crevé ?

— Un peu, oui. C'est le fait de rester debout sans marcher, avoua Robin.

— Tu regrettes ? risqua Tristan qui avait peur de sa réponse.

Robin tourna la tête et le regarda.

— Non. J'ai juste un peu mal au dos, je me sens engourdi, comme si je pesais deux cents kilos.

— Dis-moi si tu regrettes ou si tu veux arrêter là le job, s'enquit Tristan.

— Ne t'inquiète pas, je suis bien là où je veux être, sourit Robin.

— Je n'ai pas encore eu l'occasion de te dire combien ta présence ici a été décisive ; sans toi, je ne sais pas si je me serais senti de partir seul, avoua Tristan.

— À deux, c'est plus facile, c'est sûr. Tout est toujours plus facile à deux, non ? demanda Robin en le regardant du coin de l'œil, plein de sous-entendus.

Tristan esquissa un petit sourire et jeta un rapide coup d'œil vers lui.

— C'est juste pour me mettre mal à l'aise que tu dis ça, hein ?

— Pas impossible… répondit Robin, d'un air mystérieux.

Un silence s'installa dans la voiture. Tristan avait conscience d'être dans une position délicate : Robin était vraiment important pour lui, au point où il pouvait, selon le moment, s'égarer à l'embrasser ou à être tendre avec lui, mais pour autant, il était clair dans sa tête qu'il n'envisageait pas une réelle relation amoureuse formelle avec lui. Et il connaissait les sentiments de Robin pour lui. Il comprit qu'il n'aurait pas dû profiter de la situation et l'emmener avec lui juste parce que ça l'arrangeait ; cela manquait de délicatesse et de respect vis-à-vis des sentiments de Robin. Il réalisa avoir été égoïste.

Robin posa sa main sur la cuisse de Tristan qui ne broncha pas. Arrivés en face de leur appartement, les jeunes garçons sortirent de la voiture et rentrèrent par la porte privative du jardin, sans rien dire. Dans l'appartement, Robin fit un signe à Tristan pour qu'il investisse le premier la salle de bain. Tristan s'exécuta. Après s'être lavé, alors qu'il était en train de se rincer sous la douche, Robin ouvrit doucement la porte et, torse nu, se posta sans rien dire, face à Tristan en le regardant fixement. Tristan s'interrompit et le regarda, hésitant sur ce qu'il devait dire là, à ce moment précis, décisif. Trop d'élans contradictoires le bloquèrent ; il resta là, démuni. Ce fut le signe qui décida Robin à se rapprocher pour embrasser Tristan dans le cou, sur la poitrine, le ventre, tendrement. Il se baissait peu à peu et finit accroupi pour prendre le sexe de Tristan dans sa bouche. Tristan ferma les yeux, autant pour se centrer sur son ressenti que pour éviter de voir la scène. Même là, je suis égoïste, se disait-il, en glissant ses doigts dans la chevelure lâchée de Robin. Sa main se crispa dans les mèches de Robin lorsqu'arriva le plaisir. Robin se releva et Tristan lui fit de la place dans la douche. Il entreprit de le laver, ne sachant pas trop quoi faire d'autre, refusant de le laisser comme ça, ou de le laisser partir sans avoir d'autres gestes vis-à-vis de lui. Robin ne bougeait pas, il laissait faire Tristan qui touchait un corps d'homme pour la première fois. Sachant cela, Robin ne voulait pas se montrer entreprenant ; Tristan ferait ce qu'il se sentirait de faire… Et Robin était déjà tellement troublé de sentir les mains de Tristan qui se promenaient sur lui. Son cœur battait tellement fort qu'il avait l'impression que Tristan pouvait l'entendre. Robin ferma les yeux lorsqu'il sentit son ami se plaquer derrière lui. Tristan colla sa bouche dans le cou de Robin et fit sentir sa respiration au plus proche de l'oreille de Robin. Il enlaça Robin et sa main droite descendit jusqu'à l'entrejambe où il excita le membre de Robin qu'il mania jusqu'à la jouissance. Toujours sans un mot, Tristan sortit ensuite de la douche et se coucha rapidement, avant que Robin ne sorte de la salle de bain.

Robin resta planté un moment devant la glace. Le regard perdu, sans vraiment se mirer, il était un peu amer. Tristan n'avait visiblement pas vécu une révélation, sinon, il l'aurait embrassé à pleine bouche, il l'aurait serré contre lui, ses gestes auraient été plus passionnés. Mais là, Robin sentait la retenue de Tristan qui ne l'avait touché probablement que pour lui faire plaisir et répondre à sa caresse. Robin sut en cet instant, malgré les attouchements que lui avait prodigués Tristan, qu'il ne l'aurait jamais.

Que pouvait-il espérer alors ? Une solide amitié, ça, c'était sûr, teintée parfois de gestes tendancieux ? C'était probablement ce qui pouvait décrire le mieux leur relation pour le moment… Tristan était-il bisexuel ? « Tu devrais te chercher un bon gros homo, fier de l'être… » se chuchota-t-il face à la glace, avant d'aller se coucher.

Le lendemain, Robin eut à cœur de dissiper la moindre gêne et voulut agir de manière enjouée et très naturelle. Il ne voulait surtout pas qu'à cause de la veille, ils puissent s'éloigner l'un de l'autre. D'un ton empli de bonne humeur, il alla vers Tristan, silencieux, qui déjeunait, lui passa sa main dans les cheveux et les secoua pour le décoiffer.

— Faut que tu fasses quelque chose, pour tes cheveux !

— Si tu ne les mettais pas en vrac, je n'aurais pas besoin de faire quoique que ce soit ! répondit Tristan en souriant, rassuré que Robin ne fasse aucune allusion à ce qui s'était passé la veille.

— Allez, finis ton café, et si t'es sage, je te fais une tresse.

— Des couettes, aussi, non ? ironisa Tristan.

— Ça t'irait très bien, j'en suis sûr, répondit Robin, prenant son ami au mot.

— T'es con, dit Tristan avec un petit sourire.

— Ça va, j'ai compris, les couettes, tresses, queues de cheval, on oublie ! Les queues, on oublie ! rajouta Robin pour faire passer le message à Tristan qu'il voulait mettre à l'aise.

Les deux garçons se regardèrent d'un air entendu et esquissèrent un petit sourire.

— Café ? proposa Robin.

Tristan lui tendit sa tasse en souriant ; il respirait mieux.

Il n'y eut plus d'ambiguïté ni d'attouchement entre eux à partir de là. Ils plaisantaient parfois volontiers sur leur lien, leur physique, leur capacité de séduction, mais Robin n'entraîna plus Tristan vers des gestes intimes de nature à le mettre mal à l'aise.

Le lendemain, Robin avait sa demi-journée de repos qu'il comptait passer à se reposer ou à se balader dans Bergen. Mais Steve, le jeune londonien qui aidait au restaurant, lui demanda s'il pouvait venir l'aider à s'installer dans un autre logement qu'il avait pu récupérer, plus grand et mieux placé par rapport au restaurant. Robin accepta en disant adieu à son seul moment de détente de la semaine. Mais il ne regretta pas sa décision, car Steve, discret au restaurant, s'avéra être bien plus cool que ce qu'imaginait Robin. Steve l'invita manger un morceau, après avoir déménagé ses affaires. Les deux jeunes garçons se détendirent et apprirent à se connaître autour d'un nombre certain de bières. Robin questionna l'anglais sur sa guitare et ses goûts musicaux. Steve, membre d'un groupe de black métal à Londres, venait à Bergen, car il appréciait la culture métal norvégienne. Steve initia Robin à ce genre, en lui prouvant que le métal ne se réduisait pas à des guitares électriques saturées, un batteur en transe et un chanteur qui beuglait. Partis dans leurs écoutes de morceaux plus ou moins violents, ils ne se rendirent pas compte de l'heure et arrivèrent en retard au restaurant pour le service du soir. Ni Elias, ni Allan ne les sermonnèrent, mais il était temps que les deux paires de bras supplémentaires arrivent, tout le monde courait partout. Tristan fixa Robin avec un petit sourire et un air entendu lorsqu'il vit arriver son ami accompagné de Steve, visiblement tout sourire tous les deux et très à la bourre. Robin remarqua la moue ironique de son ami, à laquelle il ne répondit pas, malgré un sourire qu'il ne parvenait pas à gommer de son visage. Tristan, après le service, ne manqua pas de charrier son ami, dans la voiture, en rentrant à l'appartement.

— Alors, visiblement, c'était sympa ta journée avec Steve, non ?

— C'est un métalleux. Et sympa, oui, répondit Robin sans s'étendre.

— Tu me ferais pas des infidélités, toi ? plaisanta Tristan en lui pinçant la jambe.

— Va te faire foutre, marmonna Robin, souriant, en mettant une petite claque à son ami qui le cherchait.

— Oh, Steve, vas-y, gratte-moi la guitare, oui ! singea Tristan qui riait tout en essayant de rester attentif à sa conduite.

— Connard ! répliqua Robin en riant aussi et en tapant Tristan doucement.

— C'est Sara qui va être dégoûtée, ça fait des jours et des jours qu'elle tente de t'attirer avec ses cours de Norvégien, la pauvre…

— Ah ça, que ce soit le norvégien ou Sara, c'est vrai que c'est pas trop mon truc… avoua Robin avec un air tout penaud.

— Quel tombeur ! ironisa Tristan.

— C'est vrai, parfois, c'est pas facile, surjoua Robin. Mais assez parlé de mes succès. Qu'est-ce que tu fais, toi, demain, pour ta journée « off » ?

— Elias m'a donné un autre itinéraire de balade, j'irai voir ça demain.

— T'es toujours à la recherche de la forêt de ton rêve ? demanda Robin sérieusement.

— Je crois que oui, c'est plus fort que moi. J'aimerais glander à l'appartement pour me reposer, mais j'ai l'impression qu'elle est là, tout près, qu'elle m'appelle. Ce serait trop dommage, en étant sur place, de ne pas essayer…

— Et où vas-tu alors ?

— Vu le paysage montagneux que j'ai vu la dernière fois, j'abandonne les endroits en hauteur. J'ai dit à Elias que je voulais une randonnée dans une forêt, mais en bord de mer. Ça risque de se rapprocher de l'image que j'ai dans la tête.

— J'espère que tu vas trouver ce que tu cherches, dit Robin en fixant intensément son ami.

Le lendemain, Tristan partit vers le sud-est de Bergen. Il prit la voiture et sa première escale fut le Lyreneset Park. Ce parc situé en bordure de mer était très agréable, avec de jolis sentiers à emprunter et de belles vues sur la mer. Le beau temps avait attiré beaucoup de familles avec des enfants qui profitaient des nombreuses aires de jeux. Trop bruyant pour Tristan, il s'isola pour contempler la mer. Il reprit la voiture assez rapidement pour continuer à longer le bord de mer, en s'éloignant de Bergen. Il s'arrêta au Kvarven Fort ; un site historique où la Seconde Guerre mondiale avait laissé une énorme trace. Parmi les blockhaus et les ruines de la guerre, il y avait aussi une magnifique vue sur la mer et sur le port de Bergen. Tristan s'adossa contre un blockhaus, ferma les yeux et attendit. Les impressions ne tardèrent pas à venir à lui. Ce furent ses oreilles qui saturèrent ; cris, feux d'armes, tout claquait à ses oreilles. Il ne put rester longtemps à cette place. Il marcha un peu plus avant et trouva un coin tranquille pour pique-niquer. La vue sur la mer était reposante. Jusqu'à ce moment, pas de trace de forêt comme il l'espérait. Ses yeux balayaient l'horizon éclairé par un vibrant soleil. Les couleurs étaient franches et éblouissantes. Il remarqua vers sa gauche un pont, très long, qui menait à une autre langue de terre qu'il avait juste en face de lui. Il avait pris ce morceau de terre pour une côte tortueuse, mais il s'agissait visiblement d'une île. Il eut très envie d'emprunter ce pont et d'aller vers cette terre au loin. Mais l'heure était trop avancée. Il dut y renoncer et rebrousser chemin. Il irait la fois prochaine, se dit-il.

Tristan se renseigna auprès d'Elias à son retour.

— J'ai vu un très long pont après le fort, quel est son nom, et où mène-t-il ? demanda Tristan.

— C'est le pont suspendu d'Askøy. Il relie la côte à cette île. C'est très sympa de le prendre et d'aller visiter les coins de l'île.

— J'irai par là-bas la semaine prochaine, assura Tristan.

Robin vint au-devant de son ami qu'il avait entendu des cuisines.

— Alors ?

— Pas cette fois-ci, répondit doucement Tristan.

Robin retourna donc à sa place, aux côtés de Sara avec un large sourire, qui lui apprenait le nom des couverts. « Gaffel, skje ! »... Robin répétait en soupirant, au supplice.

Steve, assistant aussi à la scène, se rapprocha de Tristan, pour lui parler discrètement.

— La pauvre Sara... Elle se donne du mal pour rien, non ? chuchota-t-il.

— Sara n'obtiendra rien, je pense. Mais Robin progresse en norvégien, c'est pas si mal ! ironisa Tristan, avec un petit sourire en coin.

— C'est parce ce que c'est Sara, ou parce que c'est juste une fille ?

Tristan se sentit déstabilisé ; était-ce à lui de révéler cela ? Qu'est-ce que Robin voudrait qu'il réponde à cette question ? Il ne dit rien, mais il s'éloigna en haussant les sourcils et les épaules, avec un sourire en coin qui pouvait signifier beaucoup. Steve sourit aussi, en murmurant « OK, je m'en doutais. »

Le soir, en rentrant, Robin dit à Tristan qu'il rejoindrait Steve chez lui le lendemain pour que le musicien lui apprenne à jouer de la guitare. Tristan sourit. Si Steve lui proposait cela, en sachant l'orientation sexuelle de Robin, il était probable que leur soirée dérape d'une manière qui pourrait plaire à Robin...

— Tu t'intéresses à la guitare et au métal, toi maintenant ? demanda Tristan sarcastique.

— Pourquoi pas, ça peut être sympa. Surtout si c'est quelqu'un qui s'y connaît qui se propose d'être là pour t'expliquer et t'apprendre, se défendit Robin.

— Bien sûr… renchérit Tristan qui souriait.

— T'es con, comme s'il se doutait de mes goûts… On a discuté une seule fois. Il ne sait rien de moi. Et puis d'abord, qu'est-ce qui te dit que j'espère quoi que ce soit avec lui, hein ? s'impatienta Robin.

— OK, OK, dit Tristan, toujours avec un petit sourire en coin.

Tristan se doutait bien que Robin ne s'opposerait pas longtemps à Steve. Le jeune guitariste était physiquement pas mal. Grand, mince, il avait le look du rockeur anglais.

Lorsque Tristan revit Robin, après son rendez-vous musical, il sut tout de suite qu'il s'était passé des choses entre lui et Steve. C'était inscrit sur le visage et l'attitude de Robin. Tristan lui sourit, se rapprocha de lui, lui tapa dans le dos en lui murmurant « tombeur… » Robin releva vers lui des yeux surpris. Puis la ronde des plats à préparer et à amener en salle interrompit ce début d'échanges.

Lors du trajet en voiture pour rentrer, Robin lui posa tout de suite la question qui visiblement le travaillait depuis le début de la soirée.

— Pourquoi tu m'as traité de tombeur tout à l'heure ?

— Tu crois que je ne te connais pas bien ? répondit Tristan avec un doux sourire.

— Quoi, j'ai rien fait, j'ai rien dit ! répliqua innocemment Robin qui voulait faire parler Tristan pour savoir ce que son ami pensait avoir deviné.

— Mais c'est bien pour toi, il a l'air cool, Steve.

— Tu penses qu'il s'est passé des trucs ?

— Ça se voit comme ton nez au milieu de ta figure ! plaisanta Tristan.

Robin baissa la garde.

— T'as raison… C'était un truc de fou ! J'aurais jamais imaginé qu'il agisse comme ça. Je pensais vraiment faire un cours de guitare ! Je suis resté comme un con ! avoua Robin qui se confia instantanément à Tristan. Il dit qu'il est bi, garçons ou filles, peu lui importe.

— Bon ! C'était sympa ? osa Tristan.

— Oui. Surprenant, mais chaud ! répondit Robin, songeur, qui se prit à sourire en se remémorant certains souvenirs.

— Tombeur… répéta Tristan, ironique. Et la pauvre Sara, qu'est-ce qu'elle va dire ?

— Déconne pas, personne ne doit se douter de quoi que ce soit ! s'exclama Robin, redevenu sérieux.

— T'inquiète pas… Vous allez vous revoir ? s'enquit Tristan.

Robin acquiesça, avec le même petit sourire songeur qui lui revenait.

Chapitre 12

Seivar ouvrit les yeux le premier. Les nuages, toujours présents, conféraient au lieu une douce clarté grise qui se reflétait dans le lac lisse comme un miroir. La pluie de la veille expliquait les écharpes de brume qui s'accrochaient aux arbres. L'ambiance était étrange, mais très calme et apaisante. Le jeune homme se leva et eut l'étrange impression que ce lieu allait devenir une empreinte qui marquerait son histoire. Il sentit immédiatement qu'il allait appartenir à cet endroit. Après que Sandrine et Livunn se soient levées, après qu'ils eurent tous pris leur petite collation avec un peu de lait de chèvre, ils rentrèrent dans la forêt. Seivar eut la sensation que leur chez eux ne se situait pas bien loin. Ils arpentèrent les bois et tombèrent sur un chemin large, visiblement tout tracé, façonné par la main de l'homme. L'endroit n'est pas si désert que ça, se dit Seivar. Ils suivirent ce large sentier, jusqu'à ce que Livunn s'arrête soudainement ; un corbeau noir trônait sur une branche, au bord du chemin, silencieux.

— Qu'est-ce qu'il y a ? demanda Sandrine.

— Tu as peur du corbeau ? questionna Seivar.

— Je ne sais pas, tu sais qu'il peut être synonyme de malheur comme de chance. Il peut être un guide.

— N'allons pas plus loin, alors. Nous n'avons qu'à bifurquer à son niveau pour trouver un endroit où se poser un certain temps. Nous ne pouvons pas bâtir une cabane sur le chemin, de toute façon, raisonna Seivar.

Tous trois tournèrent sur la gauche du chemin et s'enfoncèrent dans un sous-bois dense. Ils avancèrent péniblement un moment, avant d'évoquer la possibilité de faire demi-tour et de chercher à s'installer ailleurs. Alors qu'ils allaient renoncer, ils débouchèrent sur une clairière plus dégagée, abritée par quelques arbres. Ils se regardèrent tous les trois avec un grand sourire ; ils avaient trouvé leur abri.

À partir de ce moment, les efforts de chacun ne furent pas économisés pour aménager l'endroit. Seivar entreprit tout de suite la construction d'une cabane, qu'il agrandit avec le temps, au fur et à mesure. Se rendant compte, plus tard qu'en continuant le chemin, ils arrivaient à une petite bourgade en périphérie du village d'Ask où il y avait autant de fermiers que de pêcheurs, ils achetèrent des bêtes de ferme avec l'argent de Livunn et de Seivar. Le jeune homme entreprit ainsi de fabriquer enclos et grange pour remiser les vivres et rentrer les bêtes le soir. La chevrette fut la première à bénéficier de l'enclos avant de voir venir quelques congénères. À terme, la petite famille prit aussi deux vaches, deux chevaux vendus avec un petit chariot en bois, des poules et quelques moutons. Après la construction d'un puits, Sandrine, ne sentant plus vraiment le danger de voir réapparaître Rorik, demanda ensuite à Seivar de lui construire une petite dépendance pour elle toute seule, juste dans le prolongement de la maisonnette. La jeune femme voulait laisser leur intimité au jeune couple ; elle n'était pas trop habituée à la vie en communauté comme cela se faisait alors. Seivar imagina une cachette, en cas de besoin. En rajoutant la partie pour Sandrine, il creusa le sol afin de laisser un espace suffisant pour y tenir à deux ou trois. Il ne clouta pas quelques planches qu'il avait installées pour le plancher. En quelques semaines, le coin devint agréable, fonctionnel et charmant. Il fallait se dépêcher avant les grands froids de l'hiver.

Sandrine s'isolait pourtant ; elle avait besoin de moments à elle pour penser à Tristan, à Stéphane, à Cédric. Sa vie d'avant, si loin, lui pinçait le cœur. Ils lui manquaient tant… Pourquoi était-elle là ? Allait-elle rester toute une vie ?

Mais elle partageait volontiers de doux moments avec les jeunes amoureux. Elle prenait ses deux repas par jour avec Seivar et Livunn.

Elle était attendrie de voir combien ces deux-là s'aimaient. Livunn, libérée du joug de son terrible père, s'ouvrait, développait sa personnalité, devenait elle-même. En plus d'être belle, elle devint la fille que Sandrine aurait aimé avoir. Elle était adorable. Et Livunn se sentait bien entre la mère et le fils qui étaient devenus toute sa famille. Une belle harmonie s'instaura entre eux trois. Seivar rayonnait ; il était heureux. Ce bonheur laissait sa marque sur la maison, les arbres environnants, il s'imprimait sur tous les alentours. Seivar et Sandrine allaient souvent au village, préférant éviter de montrer Livunn, surtout au début. Ils échangeaient leurs œufs, leur viande, leur récolte, contre du poisson, des denrées qu'ils ne pouvaient pas élaborer comme de la farine, ou des outils. Ils passèrent un hiver froid qui ne leur parut pas si froid que ça, tant leur chaleur et leur amour réchauffaient la maisonnée.

Et pourtant, ce qu'ils ne surent jamais, c'est que la recherche de Livunn s'étendit sur toute la côte. Les hommes de Rorik allèrent de village en village, durant tout l'hiver, décrivant les fuyards et promettant une grosse récompense en pièces d'or à quiconque retrouverait et ramènerait Livunn. Cette nouvelle se colporta même aux villages voisins où les hommes de Rorik n'avaient pas forcément été. C'est ainsi que la promesse de l'or arriva même à Askøy, sur la petite île… Quelques hommes auront probablement fait le rapprochement entre Seivar et les deux jeunes femmes qui l'accompagnaient, mais, personne ne fit la démarche de déclencher la panique dans le village paisible, qui restait paisible, car chacun s'occupait de ses affaires… Rorik était connu comme un homme violent et autoritaire, les gens se doutaient bien que le danger était plus du côté de cet ogre, que du côté des jeunes fuyards. Mais même dans un petit village tranquille, il y a toujours une mauvaise âme, jalouse, mesquine, cupide qui réfute la bonhomie ambiante et pense plutôt à ses intérêts propres. Ce fut le cas de Gunnolf, vieux pêcheur acariâtre, délaissé par sa femme et souvent de mauvaise humeur. Son épouse s'était volatilisée depuis longtemps, il vivait seul à l'écart du village et vouait un unique amour à son chien. Cet homme profita d'une traversée sur le continent pour aller trouver Rorik et lui dire qu'il y avait probablement sa fille à proximité de son village. Il voulut la récompense immédiatement. Rorik lui dit durement qu'il ne l'aurait que lorsque Livunn serait rentrée chez elle saine et sauve. Il lui précisa aussi que s'il s'était moqué de lui avec de fausses informations, Gunnolf le paierait de sa vie. Le vieux pêcheur fut contrarié de cette fortune différée. Il fut encore plus contrarié quand Rorik l'obligea à partir avec ses hommes pour les conduire jusqu'à la cachette de sa fille et de ce chien de Seivar, de qui il s'occuperait personnellement… Et si Gunnolf voulait son or, il lui fallait revenir ici lui aussi. Ce dernier commença à regretter son geste quand il réalisa qu'il arriverait au village avec les hommes de Rorik ; tout le monde saurait que c'était lui le délateur et le futur propriétaire de beaucoup d'argent… Il lui faudrait peut-être quitter le village… Qu'importe, il ne pleurerait personne, et il savait qu'il ne serait pleuré de personne aussi, alors…

Tandis que les temps d'orage s'amoncelaient sur les têtes de Seivar, Livunn et Sandrine, sans qu'ils s'en doutent, la douce vie continuait dans leur petite clairière. Seivar n'attendait que le soir pour retrouver Livunn, l'honorer en tant que mari. Il lui venait souvent, durant la journée de travail, l'image de ses seins parfaits, de ses douces cuisses qui s'entrouvraient, de ses longs cheveux blonds qui se collaient dans son dos en sueur lorsqu'ils faisaient l'amour longtemps… Parfois, ils n'avaient même pas le temps d'aller jusqu'à leur couche ; elle l'attendait déjà à moitié déshabillée, le haut de sa robe dégrafé, les seins nus avec collier en or qui, près du feu, reflétait une aura brillante et surnaturelle autour d'elle. Son visage était sublime, elle lui souriait pendant l'amour, elle lui parlait et cela le rendait dingue. Il avait tout le temps envie d'elle. Il aurait voulu que ce temps dure toujours ; il ne se lassait jamais de sa peau.

Il lui fabriqua un jour un pendentif au motif d'Yggdrasill, l'arbre-monde, sur le tronc duquel il grava leurs deux initiales : S et L. Livunn, émerveillée par la finesse de la sculpture, leva tous ses bijoux en or et mit cette preuve d'amour autour de son cou, trouvant ce bijou en bois infiniment plus précieux que tout le reste. Elle remisa tous ses autres bijoux précieux dans une bourse en cuir qu'elle se promit d'enterrer, disant à Seivar que, de toute façon, c'était plus prudent de cacher les traces de son identité, et que, vu leur lieu de vie, elle n'avait nul besoin de se promener dans les bois avec de l'or sur elle. Sans vraiment comprendre pourquoi et sans le dire à celui qu'elle aimait, Livunn joignit le bijou en bois de Seivar avec ses autres bijoux précieux ; peut-être était-il préférable de n'avoir rien sur elle qui puisse l'identifier… Et elle voulait ce bijou à l'abri, il était si précieux pour elle. Seivar reconnut qu'elle avait raison de vouloir cacher tout cela. Il fit un trou profond au pied du pin à deux mètres de leur petite maison. Livunn entoura la bourse de plusieurs tissus, pour limiter l'effet de l'humidité de la terre sur le cuir. Une fois le trou rebouché, Livunn redit à Seivar combien elle l'aimait et combien elle était heureuse avec lui. Seivar affirma encore son amour infini pour elle. Il lui promit qu'ils partiraient bientôt, pour s'éloigner à jamais du risque encore trop rapproché que Rorik les retrouve. Ils se promirent qu'ils officialiseraient leur union en échangeant leurs vœux devant les dieux, et qu'ils auraient des enfants dès leur arrivée sur leur nouvelle terre d'accueil. Le futur était étincelant et le monde plein de promesses merveilleuses.

Un matin, Sandrine s'était levée plus tôt pour tenter de cueillir quelques baies pour agrémenter le repas du matin. Elle sillonnait autour des arbres, pas loin du chemin principal. L'air devenait plus doux, on débutait les belles journées de printemps. Soudain, elle entendit des bruits inhabituels. Attentive, elle s'accroupit spontanément derrière un gros tronc d'un vieux pin. Le bruit devenait sourd, vibrant ; la jeune femme sentit la terre trembler sous ses pieds. Rapidement, des cavaliers au galop passèrent sur le chemin, sans la voir. Sandrine compta huit hommes qu'elle ne put reconnaître, mais elle aperçut nettement le neuvième : Gunnolf en queue de cortège. Son sang ne fit qu'un tour. Sandrine lâcha tout et courut aussi vite qu'elle put, en coupant à travers les arbres jusqu'à la petite clairière. Elle savait qu'elle avait un tout petit peu d'avance, car les hommes peineraient à arriver jusqu'à la petite maison, ils devraient descendre de cheval et progresser difficilement à travers les branchages compacts, sans trop savoir, en plus, où ils devaient aller exactement. Sandrine arriva hors d'haleine. Elle fit irruption dans la cabane en chuchotant, le plus fort et impérieusement possible.

— Ils sont là ! Fuyez ! Allez, vite, vite ! Ils arrivent !

Seivar et Livunn, levés depuis peu, se préparaient et s'habillaient. Livunn se pétrifia, les yeux remplis de terreur. Seivar se précipita vers la grange pour sortir les chevaux. Sur ses talons, les deux femmes coururent au-dehors. Sandrine enserrait le bras de Livunn pour l'entraîner, car le corps de la jeune fille se raidissait, dans l'incapacité de se mouvoir. Seivar pesta dans la grange ; un des deux chevaux avait une blessure sous le talon ; le sang coulait et le cheval boitait. Ils n'eurent pas le loisir de réfléchir sur l'origine de la blessure ; les deux chevaux s'étaient donné des coups de sabot ? Un autre animal ou insecte l'avait mordu ? Toujours est-il que Seivar jeta une selle sur le seul cheval vaillant en voulant mettre les deux femmes dessus ; lui se cacherait ailleurs. Livunn soudain réagit. Elle, qui ne pouvait plus bouger ni dire un mot, se planta devant Seivar.

— Tu pars à cheval. Moi, je me cache ici, sous le plancher. Je risque moins que toi. Si mon père t'attrape, tu es mort. Si c'est moi, c'est beaucoup moins sûr. Va-t'en ! Vas-y, maintenant ! ordonna sourdement Livunn d'un ton qui ne laissait pas de place à la discussion.

Seivar, déstabilisé, regarda Sandrine avec de grands yeux affolés.

— Pars, Seivar, elle a raison. Je reste avec elle, on va se cacher. On risque moins que toi. Pars, vite ! À deux sur le cheval, on se ferait rattraper de toute façon.

— Pars, je te dis, maintenant ! se mit à crier faiblement Livunn, qui le poussait vers la monture.

Seivar lui prit le visage dans ses mains et l'embrassa.

— Je reviendrai te chercher ici. Attends-moi. Je te retrouverai. Je t'aime.

— Allez, dépêche-toi ! gémit Livunn. Moi aussi, je t'aime. Je t'attendrai ici.

Seivar enfourcha le cheval brun et trapu. Il se retourna et son cœur se déchira de laisser les deux femmes qu'il aimait le plus au monde face au danger, sans même pouvoir être là pour les protéger. Allait-il pouvoir revoir sa bien-aimée ? Livunn, en larmes, s'avança pour claquer la croupe du cheval qui s'élança. Les deux femmes, effondrées, le regardèrent quelques secondes s'enfoncer dans le sous-bois dense et protecteur. Sandrine agrippa Livun et elles coururent vers la pièce où le plancher pouvait les sauver. Sandrine souleva quatre planches, poussa Livunn qui se retrouva allongée dans un espace de deux ou trois mètres carrés dont la hauteur ne dépassait pas cinquante centimètres. Sandrine s'y glissa à son tour, et péniblement, remit les quatre planches en place. Une fine baguette en bois, laissée exprès par Seivar, permit à Sandrine, en quelques minutes de déplacer, par-dessous, une petite boîte de rangement en bois, de façon à ce qu'elle se positionne sur les planches non fixées pour les rendre moins visibles. Sandrine se tordit pour faire cela et força au point de devoir reposer plusieurs fois son bras avant de terminer cette manipulation de précaution. Ensuite, Sandrine s'allongea au mieux. Il lui fallait une position qu'elle pourrait tenir longtemps, sans avoir besoin de bouger.

— Ça va ? souffla-t-elle à Livunn.

— J'ai peur. J'ai mal… murmura-t-elle entre deux sanglots.

— Mal ? Où ?

— Au ventre.

— Ce sont les jours où tu saignes ?

— Non…

— C'est la peur, tu es toute nouée.

— Non, ça fait plusieurs jours que j'ai mal. À en avoir mal au cœur…

Sandrine se figea.

— Ça fait longtemps que tu n'as pas saigné ?

— Je ne me rappelle plus. Oui, je crois…

Sandrine ferma fort ses paupières, son visage se crispa. Il était vital que Livunn échappe à son père. S'il la récupérait enceinte, dieu seul sait ce qui lui ferait subir… Il fallait s'attendre à une réaction démesurée de la part de Rorik… Sandrine sentit ses mains trembler et son cœur se rétrécir au point d'avoir du mal à battre.

— Tu es peut-être enceinte, Livunn, chérie… Il faut que tu fasses très attention à toi, maintenant.

Livunn redoubla ses pleurs.

— Je ne peux pas être séparée de Seivar ! Pas maintenant…

— Pour que vous vous retrouviez et que votre enfant vienne au monde, il faut que tu te calmes, et que tu fasses tout pour rester en vie et en bonne santé.

— Oui, mais j'ai tellement…

— Chut ! Ils arrivent. Plus un bruit !

Les tremblements reprirent plus fort. La respiration devint saccadée et la vue se brouillait. Les deux jeunes femmes étaient aussi terrifiées l'une que l'autre. Leur cœur tambourinait. Sandrine avait conscience que cette cachette pouvait les sauver ou bien les condamner, car il n'y avait plus d'autre issue pour fuir. Elles entendirent les chuchotements des hommes entre eux, qui sortaient tout juste bredouilles de la cabane des deux jeunes amoureux. Les pas se rapprochèrent. Ils entrèrent dans la petite pièce qui pouvait être prise pour une petite remise où il n'y aurait pas grand-chose à fouiller. Sandrine et Livunn entendirent, le cœur au bord des lèvres, les pas qui faisant le tour de la pièce. Ils ouvraient les coffres, déplaçaient les affaires, le banc qui servait de lit. Il ne fallait plus respirer. Sandrine n'osait même plus lever les yeux vers le haut, ayant peur de refléter la lumière à travers ses pupilles. Ils dirent qu'il n'y avait rien ici non plus. Il fallait aller voir dans la grange. Des pas sortirent rapidement, d'autres suivirent plus lentement, avec une progression hésitante. Pourvu qu'ils partent, priait Sandrine.

— Ils ont pris un cheval !

— Oui regardez les traces, suivons-les !

Il sembla à Sandrine que certains récupéraient leurs montures pour s'élancer à la poursuite de Seivar. Ce dernier devait avoir un bon quart d'heure d'avance, il devrait s'en sortir, se dit Sandrine. Dans le même temps, les derniers pas se situaient vers la porte de sortie de la petite pièce. Le calvaire touchait à sa fin. Mais Livunn eut un hoquet incontrôlé, suite à ses sanglots. Une petite inspiration qui siffla dans ses narines. Un petit bruit de rien du tout. Sandrine sut alors qu'elles étaient perdues. Les pas s'immobilisèrent. Le silence se fit. Les hommes durent se faire des signes. Ils revinrent précipitamment et firent tout valdinguer dans la pièce. En bougeant brutalement la boîte en bois, les planches mal fixées ressortirent. Les hommes les soulevèrent violemment et les jetèrent en arrière. Ils agrippèrent sans ménagement les deux femmes et les extirpèrent de leur antre. Livunn pleurait à chaudes larmes.

— Pitié, ne me ramenez pas à mon père… Je suis perdue si j'y retourne, pitié…

Sans prêter la moindre attention aux paroles implorantes de Livunn, les deux hommes hélèrent leurs compagnons.

— On les a ! Il ne nous reste plus qu'à trouver l'autre bâtard !

— C'est lui qui a pris le cheval, on y va !

— Quatre hommes qui ramènent les femmes, quatre autres sur la trace de Seivar, avec Gunnolf. Allez !

Sandrine, anéantie, se demanda comment Livunn et elle pourraient s'en sortir. Deux hommes restés sur place entreprirent de prendre la charrette de Seivar et d'y atteler leurs deux chevaux. Sandrine demanda à prendre des vivres et des couvertures. Les deux autres hommes se regardèrent indécis. Ayant dû avoir les ordres de ramener Livunn vivante et en bon état, ils ne dirent pas non. Sandrine, escortée, rentra et prit quelques pains, de quoi boire, des fruits secs. Tout cela enroulé dans un tissu, elle jeta un œil à son gardien qui ne la quittait pas des yeux. La jeune femme voulait prendre une hache, un couteau, ou le moindre outil utile pour se libérer, se défendre… Cela sembla compromis quand, allant chercher les couvertures vers le coin chambre, elle aperçut les ciseaux de Seivar qu'il avait laissés à côté du lit, pour se couper la barbe. Heureusement, une couverture pliée était sur un coffre en bois juste derrière. Sandrine fonça sans réfléchir. Elle alla d'un pas décidé vers les ciseaux. Presque arrivée, elle se retourna pour regarder l'homme qui la surveillait sur le pas de la porte.

Pendant qu'elle se retournait vers lui, et que l'homme fut poussé à regarder son visage, sa main saisit les ciseaux et alla dans la même seconde attraper la couverture. Les ciseaux étaient ainsi cachés dans le tissu. De l'autre main, Sandrine tira l'autre couverture qui était sur le lit et sortit immédiatement, l'homme sur ses talons. Un nœud dans l'estomac en pensant à ce qu'elle risquait si les hommes découvraient son trophée, Sandrine posa d'une manière décidée son tas d'affaires dans la charrette et un autre homme entreprit de lui attacher poignets et chevilles. Il la jeta ensuite dans la charrette. Sans regarder Livunn, attachée elle aussi, la jeune femme fit attention à renvoyer une mine abattue. Tête baissée, elle resta silencieuse et immobile, jusqu'au départ de la carriole qui suivait deux cavaliers en tête. Ses pensées, pourtant, allaient à cent à l'heure. Essayait-elle de découper ses liens maintenant ? Fallait-il attaquer et tuer ces hommes ? Attendre un moment où elles seraient seules ? Trop se précipiter était dangereux. Mais il fallait cacher sur elle les ciseaux. Ils n'étaient pas trop longs, heureusement, une douzaine de centimètres tout au plus, en fer forgé, peu pratiques pour elle qui avait connu les ciseaux modernes. Ceux-là se tenaient par deux tiges en tenaille reliées au bout, en arrondi. Vérifiant que les deux hommes conduisant la charrette regardaient devant eux, Sandrine envoya sa main en aveugle, sans regarder vers les couvertures, pour être plus discrète. Elle mit deux ou trois secondes, à tâtons, pour les retrouver et autant pour les approcher doucement de son corsage. Il fallait les caler à l'endroit le plus resserré de sa robe. Livunn, l'ayant vue faire, détourna les yeux, comme si elle regardait le paysage. Par peur et par souci de détourner l'attention des hommes s'ils se retournaient. Sandrine retourna les ciseaux de manière à les enfoncer entre ses seins, les tenailles en premier et les lames en dernier, vers le haut. La carriole trimbala les deux jeunes femmes jusqu'au rivage où une longue barge en bois les attendait. Le passeur de la barge avait amené les cavaliers à l'aller, il transporterait bien la charrette au retour, et reviendrait juste après, pour les autres cavaliers aux trousses de Seivar. Mais, au vu de l'empâtement et la longueur de l'attelage, les deux cavaliers n'avaient pas la place d'embarquer. Ils iraient alors aider à la traque de Seivar et repartiraient avec les autres, voilà ce qui fut décidé.

Seivar tenait le petit galop sur le chemin principal pour s'éloigner au plus vite de la clairière et de sa maison. Mort d'inquiétude pour les deux femmes, son cœur étreint battait de façon désordonnée. Tiraillé, il avait autant envie de fuir le plus loin possible que de faire demi-tour pour assurer la sécurité de sa femme et de sa mère. La peur lui serrait la gorge. La lanière de cuir de son carquois lui entamait l'épaule droite et le gênait. Avant de fuir, il avait tout juste eu le temps de prendre un coutelas dans son fourreau attaché à sa ceinture et un arc en bois qu'il s'était fabriqué, sans avoir eu le temps de réellement s'entraîner à tirer des flèches sur des cibles. Le froid, renforcé par la vitesse, lui cinglait le visage et surtout les oreilles ; l'humidité du matin lui traversait les os et provoquait des accès de vapeur autour des naseaux du cheval, au fur et à mesure de sa respiration. Une gêne sur la jambe gauche lui fit baisser les yeux. Il vit qu'il avait dû se blesser légèrement lors de la précipitation à préparer le cheval et à partir ; du sang coulait un peu de son genou. Il ne savait pas où il allait. Le travail de construction dans la clairière lui avait pris tout son temps ces derniers mois et il n'avait pas eu l'occasion encore d'explorer l'île. Il regarda derrière lui : personne. Il prit sa décision, il entraîna soudainement son cheval à gauche du chemin et sillonna à travers la forêt, zigzaguant autour des arbres et, au bout de deux cents mètres environ, il stoppa son cheval. Il mit pied à terre et frappa la croupe de l'animal pour qu'il reparte seul au galop. Seivar revint sur ses pas : ayant vu un promontoire rocheux juste avant de s'enfoncer dans les sous-bois, il prit la décision de se cacher derrière cet amas rocheux pour revenir à pied, sans se faire voir, et aider Livunn et Sandrine. Il ne parvint pas à s'éloigner d'elles. La vie n'avait aucun sens sans Livunn. Il ne pouvait pas penser à sa propre vie en laissant celle de Livunn dans l'incertitude et le péril. Il fallait qu'il voie passer les cavaliers pour savoir à quel moment il pourrait tenter de revenir chez lui en tapinois. Il sortit son coutelas de son fourreau et enserra solidement le manche en bois sculpté qu'il avait créé. Il était tremblant, peu disposé à se servir d'une arme, mais prêt à le faire. Ses sens étaient à l'affût. Il tentait d'écouter la moindre résonance de cavalcade. Les minutes qui suivirent s'étiraient de façon insupportable. Il était tellement pressé de voler au secours de Livunn ! Toute son attention se fixa brusquement sur un grondement sourd et lointain. Le bruit se précisa en s'amplifiant : ils arrivaient. Seivar s'accroupit derrière le relief fait de terre à la base et de pierres sur le haut. Des broussailles qui poussaient du côté du chemin lui permirent d'avancer la tête sans être vu. Il les vit arriver de loin. Quatre cavaliers au petit galop et Gunnolf à l'arrière. Seivar, le reconnaissant, se dit : « Toi, tu ne perds rien pour attendre… ». Les hommes s'arrêtèrent au niveau du virage qu'avait pris Seivar en quittant le chemin principal. Ils le suivaient vraiment à la trace rendue visible par l'humidité de la nuit. Le cheval de Seivar avait laissé des empreintes assez profondes. Les hommes bifurquèrent sur la gauche du chemin et suivirent les pas du cheval trapu du jeune homme. Seivar se redressa un peu et contourna le promontoire, se retrouvant sur le côté du large sentier. Il se demandait s'il devait attendre là ou repartir tout de suite vers sa maison. Il rangea son arme pour avoir les mains libres et courir plus à son aise. Il continua à avoir les hommes en visuel quelques secondes, préférant les voir s'éloigner davantage. Le jeune homme tendit ses muscles, prêt à s'élancer vers chez lui. Il ne voyait presque plus les cavaliers. Seivar se décida. Il se précipita et rejoignit l'autre côté du chemin. Il se mit à courir le plus vite possible, avec des jambes de plomb et l'impression de se mouvoir au ralenti, comme si tout son corps était rouillé. Il risqua un coup d'œil derrière et sentit son cœur s'arrêter à la vue des cavaliers qui revenaient vers lui. Ils avaient vu ses traces de pas. Il se sentit perdu. Il fonça vers les parties du sous-bois les plus denses et les moins praticables. Il tentait de rester lucide et, dans sa course effrénée, il voulait faire les choix les plus sensés. Courir pour les amener à la maison ? Changer de direction sans savoir où aller ? Il choisit cette option et prit la direction du lac. Électrisé par les cris des hommes à sa poursuite qui se rapprochaient, Seivar se débarrassa de son arc et son carquois pour aller plus vite. Il lui semblait que ses pieds ne touchaient plus le sol. Des branches le griffaient, mais il ne le sentait même pas. Les sabots des chevaux des cavaliers martelaient la terre de plus en plus nettement aux oreilles du jeune homme éperdu. Seivar mobilisa toutes ses forces pour parvenir enfin au lac dans lequel il se jetterait pour nager jusqu'à un autre rivage et se perdre dans un autre sous-bois. Les hommes commençaient à l'avoir dans leur ligne de mire. Le cavalier en tête sortit son arc et tenta de viser le fuyard, mais la monture donnait des à-coups, il était difficile de stabiliser le tir. Seivar entendit le souffle de la flèche près de lui. Il y était presque. Son cœur allait éclater sous l'effort intense, mais pas question de ralentir. La forêt se dégageait, les arbres étaient plus clairsemés, le rivage était là, qui se découvrait sous ses yeux embués de larmes dues à la vitesse et au froid. Il atteignit une langue rocheuse plate et lisse qui rentrait dans le lac et prit son élan pour plonger au plus loin dans l'eau grise et calme. Les muscles de ses jambes se tendirent et le corps de Seivar s'éleva. Il sentit alors son omoplate gauche se déchirer ; une flèche l'avait rattrapé. Une douleur fulgurante vrilla tout son corps qui s'enfonça, inerte, sous l'eau sombre qui l'avala.

Les hommes de Rorik descendirent de la charrette pour tirer leurs montures sur la barge qui leur faisait peur. Les femmes tentèrent d'absorber au mieux les violentes secousses de la carriole qui quittait la terre ferme pour accéder aux planches de bois de la longue embarcation plate. Le passeur commença à ramer au-devant, la barge s'éloignait lentement de l'île. Sandrine eut l'impression que c'était le moment propice pour tenter quelque chose ; aucun n'était vraiment à l'aise sur ce bateau. Il fallait que cet inconfort tourne à l'avantage des deux jeunes femmes. Ce qui était sûr, c'est qu'il fallait commencer par découper leurs liens, en commençant obligatoirement par les poignets pour libérer leurs gestes. Sandrine mit quelques minutes à récupérer les ciseaux en les tirant par-dessous sa robe. Elle tenta d'attraper Livunn du regard. La jeune fille se tenait sur ses gardes, attentive, derrière sa mine anéantie. Elle comprit et hocha légèrement la tête pour signaler à Sandrine qu'elle était prête. Tout doucement, la jeune femme souleva le bas de sa robe pour découvrir à Livunn les lames des ciseaux. D'un furtif mouvement de tête, elle incita Livunn à rapprocher ses poignets et les positionner sous sa robe et commença à cisailler la corde. Cette dernière était mince, Sandrine ne mit que quelques minutes à libérer les mains de Livunn qui s'empara ensuite des ciseaux pour libérer à son tour Sandrine. Les chevilles suivirent encore plus rapidement. Les hommes étaient plus occupés à maintenir leurs chevaux tranquilles. Ils lançaient des regards fréquents vers les deux jeunes femmes, mais, vu que leur buste ne bougeait pas et qu'elles avaient toujours leur mine abattue, murées dans le silence, ils n'étaient pas alertés ou inquiets. Les prisonnières étaient à ce moment-là complètement détachées et Sandrine se demandait quoi faire alors. Elle chuchota Livunn : « Sais-tu nager ? ». Livunn acquiesça d'un léger signe de tête. Il fallait y aller tout de suite, avant que la rive ne devienne trop éloignée. Sandrine lui murmura : « Vas-y sans bruit ! … » Livunn, tel un chat, déplia ses jambes en bougeant le moins possible le haut de son corps, se rapprocha du bord de la charrette et jeta un dernier coup d'œil aux hommes qui s'étaient mis à discuter avec le passeur. Aidée de ses bras, Livunn s'extirpa souplement de la charrette et se retrouva debout sur le bord de la barge en bois. Elle s'assit et, ne réagissant pas au froid de l'eau, elle se laissa doucement glisser dans l'eau calme et sombre, sans faire le moindre bruit. Sandrine lui laissa une minute d'avance, pour qu'elle soit difficilement à portée de flèche. En attendant, elle reprit en main ses ciseaux et réfléchit désespérément. Elle n'avait que quelques secondes avant qu'un des hommes de Rorik ne se tourne vers elle. En les surveillant, ses yeux se posèrent sur les chevaux. Elle réagit instantanément, au moment même où l'idée lui traversa l'esprit. La jeune femme cacha ses ciseaux sur elle et attrapa les couvertures toujours dans la charrette. Elle les jeta en hurlant sur les chevaux qui, surpris, s'affolèrent et firent des écarts. Les hommes, instantanément, se retournèrent pour s'élancer vers Sandrine, mais la barge commença à tanguer, et les chevaux cherchaient à se cabrer, à vouloir se déplacer.

Les hommes, coincés, crièrent au passeur de tenir absolument les chevaux et de les calmer. Puis, ils se ruèrent à l'arrière pour attraper Sandrine qui s'était jetée à l'eau entre-temps. Au moment où elle allait commencer à s'éloigner de la barge en nageant le plus rapidement possible, la jeune femme vit les hommes empoigner leurs arcs et la viser. Réalisant qu'elle allait devenir une cible facile, elle se déplaça à l'inverse de ce qu'elle escomptait. Elle se rapprocha de la barge et prit une profonde inspiration pour se mettre à l'abri dessous. Elle entendait les cris des hommes et les hennissements des chevaux toujours affolés. Un réel remue-ménage rendait l'embarcation instable. Elle devait reprendre sa respiration, à des endroits toujours différents du bateau. Mais elle ne pourrait tenir comme cela très longtemps. Elle ressortit ses ciseaux qu'elle serra bien dans sa main droite. Le bruit du plongeon d'un des deux hommes lui fit tourner la tête ; elle vit l'homme nager vers elle. Sandrine partit reprendre de l'air, comme un éclair. L'autre homme sur la barge en faisait le tour, inspectant l'eau tout autour, la flèche prête à partir. Il rata Sandrine qui était remontée respirer de l'autre côté. La jeune femme, tétanisée par la peur, vit arriver sur elle l'homme qui étendait déjà les bras pour l'agripper et la tirer à lui. Mue par un puissant instinct de survie, elle contracta ses muscles pour se propulser vers l'homme, surpris. Dans la même seconde, elle lui planta une lame des ciseaux dans la gorge. Sandrine, figée, vit les yeux interloqués de l'homme qui ramenait ses mains à son cou, les ciseaux toujours plantés dedans, son sang s'épandre et se mêler au gris-bleu de la mer, et son corps secoué de spasmes sombrer au fond. Respirer. Elle ne sentait même plus le froid intense qui se répandait pourtant dans tout l'intérieur de son corps. Elle tenta de percevoir d'où venaient les bruits sur le bateau pour remonter à la surface à l'endroit opposé. Sans être bien sûre, elle tendit une main vers le bout des planches de bois du bateau et sortit sa tête pour remplir ses poumons. Durant ce bref instant, la lame d'une hache lui sectionna la première phalange des deux doigts du milieu. Sandrine hurla. Sa douleur l'empêcha de repartir sous le bateau. Elle eut l'impression de ne plus pouvoir bouger, elle allait mourir, soit atteinte par une flèche, soit noyée. Elle eut conscience de sa fin toute proche, elle espéra que Livunn et Seivar s'en sortent et sa dernière pensée alla vers Tristan, Stéphane et Cédric. L'homme sur le bateau perçut son état et prit son temps. En lui adressant un sourire mauvais, il ajusta tranquillement la flèche sur son arc. Tout était perdu. Sandrine ne voulut pas donner à l'homme le spectacle dont il voulait se repaître. Elle détourna la tête, la plongea dans l'eau, face aux profondeurs qui allaient devenir son linceul. Elle laissa le froid l'enserrer et l'étreindre. Puis, elle vit au fond une petite tâche claire. Sans parvenir à réfléchir, ses yeux restaient fixés sur cette masse qui se déplaçait. Vite. Elle montait. Peu à peu, Sandrine écarquilla ses yeux ; la tâche prenait une forme humaine. Un corps montait des profondeurs, sans nager ; la silhouette, immobile, venait à elle sans effort, très rapidement. Sandrine fut pétrifiée, elle eut l'impression de reconnaître le costume sombre, la chemise blanche, la courte barbe en pointe, les ondulations des cheveux mi-longs… Cédric ? Pas possible. Une main frôla la joue de Sandrine qui l'incita à retrouver la surface et à respirer. L'homme à l'arc s'était penché vers elle et allait décocher. Sandrine vit clairement une main sortir de l'eau sans aucune éclaboussure, attraper la cheville de l'homme et le tirer à lui. Ce dernier cria et fut entraîné instantanément au fond de l'eau. Sandrine, interdite, mit une seconde ou deux pour réaliser ce qui venait de se passer. Elle plongea la tête sous l'eau pour apercevoir les hommes, mais elle ne distingua plus rien du tout. Des abysses obscurs. Elle ressortit la tête et entreprit de nager jusqu'au rivage de l'île. Elle se retourna pour voir si le passeur de la barge était toujours là et surtout s'il montrait la moindre intention de lui faire du mal. Il était parvenu à calmer un peu les chevaux, mais il lui fallait ses deux mains pour regagner l'île au plus vite : il risquait vraiment de finir noyé s'il ne débarquait pas au plus vite les chevaux à terre. C'est lui qui appela Sandrine et lui dit de monter l'aider. Il ne lui ferait aucun mal. Sandrine ne voulait pas se rendre vulnérable, mais le froid la saisissait tellement qu'elle ne parvenait plus à remuer ses jambes et ses bras. Elle attrapa le bord du bateau et fit un immense effort pour s'extirper de cette eau grise qui avait bien failli être son tombeau. Il lui fallut quelques secondes pour retrouver sa respiration. L'homme, placide, l'aida à se relever. Il lui fit un bandage de fortune autour de ses deux doigts coupés. Il lui mit une couverture sur les épaules, celle-là même que Sandrine avait jetée sur les chevaux, et la conduisit vers l'avant du bateau où il lui mit dans les mains, le bout d'une corde qu'il avait passée autour des cous des deux chevaux pour les retenir. « Tenez-les bien ! » lui dit-il et se mit ensuite à faire demi-tour pour rejoindre la berge de l'île qui n'était pas si loin. Sandrine, étourdie par tout ce qui s'était passé, ne parvenait plus à avoir les idées claires. Des flashs lui revenaient, des scènes, des prises de conscience. Elle avait tué un homme ! Elle avait failli mourir. Elle avait vu Cédric, il l'avait sauvée de justesse. Qu'est-ce que ça voulait dire ? Était-il dans une autre dimension de laquelle il pouvait encore veiller sur elle ? Sa réflexion était entrecoupée par des images violentes ; les yeux de l'homme qu'elle avait égorgé, le sourire de celui qui allait la tuer, son cri quand il avait été tiré par cette étrange main. Sa tête bouillonnait. Elle ferma les yeux et tenta de retrouver du calme auprès des chevaux qui le cherchaient aussi. Elle posa son front sur le haut du naseau d'un des deux chevaux. La douceur de ce contact lui fit du bien. Ses yeux toujours fermés, elle tentait de ralentir les battements de son cœur et de détendre ses muscles hypertendus à cause de la terreur ressentie aussi longtemps.

— Regardez, il y a votre amie là-bas, dit doucement le brave homme.

— Où ? demanda Sandrine, qui venait de rouvrir les yeux.

L'homme indiqua une direction de sa main qui montrait la lisière de la forêt. Livunn était là, un peu cachée, attendant Sandrine qu'elle devait avoir vue de loin, en train de revenir.

La barge accostée, les chevaux ne se firent pas prier pour retrouver la terre ferme. Sandrine serra les mains du paisible homme de la mer.

— Merci…

— Allez vite vous cacher, ces hommes sont des brutes et leur chef est le pire de tous. Ils m'ont payé pour cette traversée. Je vais rester là pour ramener les autres et je leur dirai qu'à cause de l'embardée des chevaux sur le bateau, tout est parti à la mer : leurs amis, vous, les deux femmes, les chevaux aussi, harnachés à la charrette. Tous noyés. Je vais me tremper dans l'eau pour être mouillé, et jouer le rescapé du naufrage… Partez avec les chevaux. Je jetterai la charrette à la mer.

Sandrine eut la gorge nouée de rencontrer enfin quelqu'un de si gentil. Elle l'embrassa spontanément sur la joue. Ils se sourirent et Sandrine s'éloigna vers la jeune Livunn grelottante de froid avec ses vêtements trempés. Elle lui dit de venir l'aider à libérer les chevaux. Livunn s'approcha timidement et sauta dans les bras de Sandrine en pleurant, soulagée. Au bout de deux minutes, les deux jeunes femmes étaient à cheval, qu'elles montaient à cru. Le passeur leur remit la couverture restante et leurs provisions qui étaient restées dans la charrette. Elles partirent au pas, sur la droite, à l'opposé de la direction où, quelques mois auparavant, Seivar et elles avaient tenté de bâtir un havre de paix. Elles grimpèrent sur une sorte de colline. Ce côté était plus escarpé. Sandrine demanda à Livunn si monter à cheval ne lui faisait pas mal au ventre. Livunn la rassura, mais le rappel de sa probable maternité, sans Seivar à ses côtés, raviva sa peine et ses larmes coulaient silencieusement. En descendant sur l'autre versant, elles rencontrèrent une petite cabane délabrée, probablement délaissée par un berger. Elles décidèrent d'y passer la nuit. Elles parvinrent à y rentrer les deux chevaux et à bloquer plus ou moins l'entrée avec deux ou trois rondins de bois, des branchages et des broussailles. Elles purent faire un petit feu pour se sécher et se réchauffer un peu, mais elles l'éteignirent pour la nuit, pour plus de discrétion. Elles firent honneur aux vivres qu'elles avaient prévu d'emporter. Elles s'allongèrent l'une contre l'autre et purent prendre quelques heures de repos. Au petit matin, Sandrine avait pris une décision. Elle en fit part à Livunn.

— Nous ne pouvons pas rester cachées bien longtemps comme cela. Nous n'avons rien, pas de vivres, pas d'affaires. Nous allons retourner du côté de notre maison. Je me doute bien qu'on ne va pas pouvoir réintégrer notre logis tout de suite. Alors, nous pourrions occuper la maison du traître.

— Qui ?

— Gunnolf, celui qui nous a dénoncés auprès de ton père. Sa maison est un peu en dehors du village. Je pense qu'il partira chez Rorik pour se faire payer ou punir, puisque nous ne lui sommes pas livrées.

— Mais, il va peut-être revenir, et on ne sait pas à quel moment !

— Mais oui, il va revenir. Et nous allons l'accueillir… Comme il se doit, précisa Sandrine avec un regard dur.

Livunn ne dit plus rien. Mais elle se sentait rassurée par la présence de Sandrine qui savait prendre les choses en main et qui savait la protéger.

Le lendemain, elles progressèrent vers le lac, voulant le contourner par la droite. Elles durent passer une nuit dehors avant de rejoindre le coin qu'elles reconnaissaient, à proximité de leur maison. Elles avaient retrouvé le large chemin terreux qui serpentait près de leur clairière. Elles mirent pied à terre et s'approchèrent discrètement de leur maison. Tout était ouvert, sens dessus dessous, mais il n'y avait pas âme qui vive. Pas de Seivar, elles qui espéraient l'y trouver. Elles rentrèrent à l'intérieur prendre quelques affaires de première nécessité et des vivres, qu'elles posèrent dans un bât harnaché à un cheval. L'autre cheval fut sellé. Elles rentrèrent les animaux qui étaient restés à proximité de l'enclos, pourtant brisé par endroits. Elles les nourrirent et pansèrent le cheval boiteux. Elles firent quelques réparations de fortune en attendant mieux. Elles viendraient tous les jours les nourrir jusqu'à réintégrer leur maison. Les jeunes femmes partirent ensuite dans la maison de Gunnolf, à un kilomètre environ du village. Seule Sandrine savait à peu près où il habitait. Elles surent que la maison qu'elles croisèrent était la sienne à cause du chien agressif qui montait la garde, que Sandrine reconnut. Comment entrer sans se faire attaquer par l'animal habitué à la brutalité ? Sandrine était déjà prête à prendre une hache quand Livunn posa sa main sur le bras de la vaillante femme pour l'arrêter. La jeune fille s'approcha du chien qui aboyait, les crocs en avant, et s'assit, pas loin. Elle ne cessa de lui parler d'une voix douce, en lui tendant de la nourriture. Au bout d'un moment, le chien cessa d'aboyer. La faim le tenaillait ; ce fut cela qui fit triompher Livunn. Dès que l'animal prit ce que lui tendait Livunn, celle-ci posa doucement ses doigts sur son crâne et commença à le caresser. Elle s'enhardit de plus en plus et, au bout de quelques minutes, le chien était tout à elle, peu habitué aux manifestations affectueuses. Sentait-il la fragile femme enceinte ? Toujours est-il qu'il se prit à veiller sur elle nuit et jour. Les femmes investirent la maison sale du vieil homme acariâtre. Sandrine retourna chaque jour dans leur clairière pour guetter le retour de Seivar et pour s'occuper des animaux. Personne n'y montrait le bout de son nez. S'il y avait un aller-retour des hommes de Rorik et de Gunnolf, elle comptait environ une semaine pour retourner jusqu'à la propriété du père de Livunn, et autant pour en revenir. Il fallait qu'elles restent environ deux semaines comme cela avant de pouvoir envisager de regagner leur maison. Les deux femmes espéraient que le discours du passeur de la barge serait entendu, cru et mettrait un terme à leurs recherches. Elles se préparaient surtout à un face-à-face avec Gunnolf, qui ne vint finalement jamais. Le vieux pêcheur avait dû payer de sa vie le fait de ne pas avoir ramené Livunn à son père et en plus d'avoir été à l'origine de sa noyade et de sa mort. Personne ne revit jamais ce vieil homme hargneux. Et personne ne s'en plaignit. Même pas son chien.

Au bout de dix-huit jours, les deux femmes partirent de ce trou crasseux et revinrent avec soulagement dans leur clairière. Mais le plaisir de retrouver la maison du bonheur passé s'accompagnait de l'angoisse de ne jamais y retrouver Seivar. Livunn devenait sombre, avait souvent les yeux dans le vague et des larmes coulaient souvent de ses yeux clairs. Il aurait dû déjà revenir… À moins qu'il ait dû rejoindre la côte et partir, plus loin encore… Livunn pensait à tellement de scénarios possibles… En attendant, son ventre s'arrondissait. Et plus l'enfant grandissait dans son ventre, plus Livunn devenait taciturne. Sandrine n'osait pas parler de Seivar, d'autant qu'elle était pessimiste au sujet de son retour, au fur et à mesure que le temps passait. Elle ne parvenait pas non plus avec succès, à l'inciter à plus se nourrir, sortir, marcher… Elle ne pouvait qu'assister à la dépression de la jeune fille, jour après jour. Un jour, Sandrine décida d'arpenter l'île pour trouver d'éventuels indices sur la fuite du jeune homme, ou au pire, son cadavre. Mais cette deuxième option, elle ne l'évoqua pas devant Livunn. Elle sella un cheval et partit un matin, laissant la garde de Livunn au vieux chien de Gunnolf, en adoration face à la jeune fille si douce. Elle battit une bonne partie de la forêt, en la remontant plutôt vers le nord pour s'éloigner au plus de leur clairière. Durant des heures, elle sillonna les sous-bois. Revenue du côté du lac, elle le redescendit pour récupérer le chemin principal et rentrer, bredouille. Elle tenta quand même d'éviter le large chemin terreux pour scruter le sol au niveau des sous-bois. C'est là qu'elle vit quelque chose par terre avec une teinte unie, inhabituelle. Se rapprochant, elle descendit de cheval et dégagea l'objet. Elle se rendit compte, saisie, qu'elle tenait dans sa main l'arc et le carquois de Seivar. Son cœur battit plus fort. Ce n'était pas bon signe. Elle fouilla aux alentours, elle tomba sur une pointe de flèche, mais rien d'autre. Pas de corps, de feuilles teintées de sang ou d'autres objets… Elle regarda autour d'elle. Elle se trouvait tout près du lac. Si Seivar n'avait plus son arc, c'était qu'il s'en était probablement débarrassé. Ses bourreaux ne l'avaient pas abattu ici et il n'y avait aucune raison qu'ils le lui enlèvent pour le laisser traîner par terre. Sandrine pensa à deux possibilités : Seivar s'en est débarrassé pour courir et se faufiler plus facilement. Ou bien, il voulait sauter dans le lac pour rejoindre une autre berge ou s'y cacher. Sandrine attacha son cheval à un arbre et revint vers le lac. Elle regarda en arrière et tenta dans sa tête d'imaginer la ligne droite la plus directe possible entre l'arc à terre et le lac. Cela la fit se déplacer légèrement plus bas, au niveau d'un rocher plat qui s'avançait sur le lac et venait mourir doucement dans l'eau gris-bleu. Elle s'avança et regarda l'eau calme et sombre. Elle avait du mal à distinguer le fond ; l'eau était si lisse que le ciel se reflétait sur sa surface. Même si le soleil n'était pas de la partie, la luminosité était douce, mais présente. Les nuages empêchaient une vision uniforme. Le lac semblait vouloir garder ses secrets ; il détournait les regards des curieux vers les cieux. Sandrine sentit un frisson lui parcourir le dos. Ici, seule face à l'étendue noire, il lui sembla que sa quête s'arrêtait là. Il n'y avait plus rien à chercher. Il lui vint l'idée de sonder le fond, du bord, avec un long bâton. Mais il lui sembla qu'il ne fallait pas le faire, comme un geste inadapté, irrespectueux, profane. Elle se recueillit un moment, accroupie sur ce doux rocher plat. Elle pleura Seivar, sentant que c'était ici et maintenant qu'il fallait le faire. Puis, elle se redressa et alla récupérer l'arc en bois et le carquois. Elle revint au bord du lac pour jeter le tout, le plus loin qu'elle put. Elle récupéra ensuite son cheval, le pas lourd. Elle rentra doucement vers Livunn qui ne saurait jamais. Et Sandrine ne saurait jamais non plus que, si elle avait fouillé le fond du lac avec un bâton, du rocher où elle se trouvait, elle aurait récupéré un morceau de la tunique défaite de Seivar.

Chapitre 13

Arriva le jeudi ; jour que Tristan avait de libre, en totalité, sans avoir à revenir pour le service du soir. Il comptait bien en profiter à fond. Il prépara son sac à dos ; pique-nique ainsi que des vêtements chauds et imperméables. Il prit la voiture et se dirigea vers l'« Askøybrua » ; le pont d'Askøy. Il conduisit prudemment, car il y avait peu de luminosité, les nuages constituaient une chape opaque. Parfois, des gouttes de pluie s'écrasaient sur le pare-brise. Il emprunta le pont suspendu sur plus d'un kilomètre. C'était impressionnant, surtout lorsque passaient des bateaux juste en dessous. Le temps gris faisait perdre à Tristan la notion de temps et d'espace. Il lui semblait flotter au-dessus de l'eau. Il dépassa le premier village de Strusshamn et remonta vers Kleppe où un lac bordait la forêt. Il gara la voiture avant d'arriver près de l'étendue d'eau. Le lac était découpé ; des langues de terre s'étiraient vers l'eau et s'y enfonçaient. Tout était dans les tons de gris. L'eau renvoyait les lueurs laiteuses des nuages, les rochers, arrondis ou plats, descendaient doucement vers l'eau, polis par les vagues et les hommes. Les nuances de gris très délicates de ces rochers étaient relayées par les troncs des pins qui s'assortissaient des mêmes tons. Tout le paysage, paré de ce camaïeu de gris, dégageait une ambiance feutrée, très douce et surnaturelle. Même l'eau semblait figée. Tout s'inscrivait dans un étrange immobilisme. Tristan, saisi, ne pouvait faire autrement que de s'asseoir, observer et s'imprégner de l'ambiance enveloppante du lieu. Il n'y avait personne aux alentours et il n'y avait aucun bruit. Tristan dévorait des yeux avidement le paysage qui, lui, l'engloutissait aussi. Il lui sembla ne plus avoir de corps tout en faisant partie de ce lieu. Il eut alors l'impression de reconnaître cet endroit qui lui apparut à ce moment-là comme familier. Ses yeux n'avaient jamais vu ce lieu avant, mais sa conscience si. C'est comme si une partie de lui était déjà venue à cet endroit précis, comme si tout son être se fondait dans ce paysage qui faisait partie de son histoire. Il lui fallut se lever pour avoir de nouveau la sensation de son propre corps. Son cœur était étreint, il respirait mal. Tristan fit alors quelques pas pour dissiper cette sensation d'oppression.

Il se dirigea au hasard vers l'intérieur du petit bois de pins qui bordait le lac. Son cœur s'accélérait ; il voyait les éléments naturels autour de lui qui se rapprochaient de ceux de son rêve. Le sol était terreux et plutôt sec, comme il l'avait dans la tête, jonché d'aiguilles de pins. Il y avait peu de végétation au sol. Par contre, les pins étaient trop espacés et tordus : cela ne correspondait pas. Tristan, comme enveloppé d'une énergie qui n'était pas la sienne, autour de cette brume laiteuse et opaque, dans cette atmosphère silencieuse et étrange, continua d'avancer. Certains endroits lui faisaient parfois marteler le cœur tant ils ressemblaient, par certains aspects, à la forêt du rêve, mais jamais vraiment. Cela l'encourageait toutefois à avancer plus profondément encore. Tristan était frappé par le silence du lieu ; même pas de bruits d'animaux, d'oiseaux, de vent dans les feuilles ; rien. Cela donnait au jeune garçon l'impression d'errer dans une lande détachée de la réalité. Il se demanda même s'il pénétrait dans un vrai sous-bois ou s'il pénétrait en lui-même, à la recherche de sa forêt cachée quelque part dans sa tête. Les pins défilaient lentement, au gré du chemin sinueux. L'humidité faisait naître par endroits des petites nappes de brouillard qui empêchaient la netteté des choses. Les teintes de l'air, grises, douces, contrastaient avec le vert sombre des feuillages. Plus la forêt se parait d'irréalité, plus Tristan sentait une sorte d'excitation fiévreuse l'envahir. Il oublia le temps et l'espace, son univers vital se concentrait à ce moment précis sur ce sous-bois qui entrait en résonance avec ses propres pressentiments. Il touchait au but, il le savait. Le jeune homme s'enfonçait toujours plus profond dans le bois. Il se sentait comme le dernier homme sur terre. Puis soudain, il stoppa net. Au détour d'un virage, il vit une forme sombre près d'un grand pin. Son cœur cognait dans sa poitrine, était-ce un animal ? Sauvage ? La forme était à peine plus éloignée du sentier principal. Elle semblait immobile. Cela incita Tristan, au bout de quelques secondes, à se rapprocher tout doucement, sans faire aucun bruit. En contournant par l'arrière cette masse noire, le jeune homme vit la planche à dessin, le crayon, et la main qui le tenait. Soulagé, il réalisa qu'il s'agissait tout simplement d'un individu encapuchonné dans un grand sweat noir, assis contre un arbre, qui dessinait. Il allait manifester sa présence, pour ne pas effrayer la personne qui allait être probablement tout aussi surprise que lui, lorsque ses yeux se posèrent sur le dessin au crayon qui était quasiment terminé. Sur le papier, Tristan reconnut en fond, la forêt de pins où il se trouvait. L'ambiance était la même ; le paysage était rendu assez sombre, surtout au second plan, pour éclairer ce qui se trouvait être au centre de la composition : un genre de totem. Le bas était un arbre au tronc assez large, qui se prolongeait en changeant de forme. En remontant le long du tronc, l'arbre prenait peu à peu forme humaine, un peu comme le Troll que Tristan avait vu en haut de Bergen, lors de sa première sortie. Mais ce qui abasourdit le jeune homme, c'est que le visage de cet homme-arbre, c'était le sien ! Trait pour trait ! Il resta saisi, immobile et incapable de proférer le moindre son. La personne qui dessinait se sentit observée, sa main releva le crayon et le capuchon se retourna. L'effet de surprise lui fit lâcher un petit cri dès que Tristan fut visible à ses yeux : elle se releva précipitamment et tourna son visage vers Tristan, surprise et effrayée. Tristan vit un visage d'ange encadré du noir du sweat-shirt. La jeune fille avait de grands yeux très bleus, très expressifs, la peau blanche et de longues mèches de cheveux très blonds s'échappaient autour de son visage. Tristan resta interdit devant cette beauté sortie de nulle part, qui avait été capable de le dessiner sans jamais l'avoir vu auparavant. La jeune fille se figea aussi, après sa brusque réaction de peur, à la vue du visage de Tristan. Elle le contempla dans les yeux quelques secondes sans rien dire, réalisant qu'elle avait en face d'elle, la version vivante de son croquis. N'en revenant pas, ses yeux firent quelques allers-retours entre le dessin et Tristan, toujours immobile et sidéré. Ce dernier se rappela alors la vision du dessin qui le représentait, au moment où il cherchait l'énergie de ses proches pour le ramener à la vie, juste avant son réveil du coma. C'était ce dessin.

Tristan sortit de son état en pointant du doigt le dessin et, regardant intensément la jeune fille, murmura :

— C'est moi ! Euh, it's me ! reprit-il, en anglais.

— Tu es français ? demanda instantanément la jeune fille, dans un français mêlé d'un fort accent.

— Oui… Vous aussi ?

— Non, mais j'ai fait mes études d'art à Paris quelques années, je parle un peu le français.

— Oh, cool. Ton dessin est génial, mais j'ai l'impression de me voir… avoua Tristan.

— Oui… répondit dans un souffle la jeune fille qui était visiblement trop troublée pour parler de cette étrange ressemblance.

— Tu t'appelles comment ? se surprit à demander Tristan.

— Sigrid. Et toi ?

— Tristan.

Un silence s'installa, chacun étant bousculé par des émotions trop intenses. Tristan ne pouvait lâcher Sigrid des yeux. Elle était un soleil au milieu de cette vapeur grise qui ternissait les êtres et les choses. La regarder accélérait son cœur, son ventre était noué, il avait l'impression de transpirer. Cette apparition le remuait bien plus qu'une simple attirance. C'est comme s'il faisait la mystique rencontre d'une déesse tout droit sortie des bois. Toute son existence n'avait servi qu'à l'amener là, à ce moment précis. Conscient d'un extraordinaire face-à-face, Tristan ne savait que dire ; trop de sensations, de mots, de pensées, se bousculaient dans sa tête engourdie. Il faisait le lien avec son écriture automatique précédente qui lui avait donné la piste d'une personne à rechercher. Il l'avait trouvée. Elle était devant lui.

Soudain, Tristan vit des larmes couler des yeux de Sigrid. Cela le fit sortir de sa torpeur. Il se rapprocha d'elle, inquiet, encore plus déstabilisé.

— Qu'est-ce que tu as ? demanda-t-il d'une voix douce.

— Je… Je te connais…

— Mais, on ne s'est jamais vu, répliqua Tristan, à voix basse.

— Je sais !

Tristan ne sut que répondre. Il attendait des explications de Sigrid. Mais cette dernière était trop secouée pour parler. Elle se baissa et attrapa sa planche à dessin sous laquelle il y avait d'autres feuilles utilisées. Elle lui montra chaque dessin rapidement, pour lui prouver ses dires, pour lui montrer qu'il n'y avait pas de hasard. Sur chaque dessin, il y avait le visage de Tristan, toujours intégré dans un cadre naturel ; la forêt ou le bord de mer. Sigrid tremblait, sans pouvoir interrompre ses larmes. Tristan comprit que l'appel qu'il avait ressenti, à travers son rêve récurrent, son hypersensibilité, sa connexion avec la nature, Sigrid avait vécu quelque chose de similaire. Il se sentit soulagé de voir qu'il n'était pas le seul à vivre ces étranges sensations. Il ressentit même la chaleur, à l'intérieur de lui, de savoir que pour eux deux, il n'y avait aucune coïncidence. Le jeune homme rapprocha son visage de celui de Sigrid, lui essuya une larme de sa main et lui sourit :

— On devait se retrouver, alors… chuchota-t-il.

Sigrid plongea ses yeux humides, si bleus, si empreints d'émotion dans le regard chaud et vert de Tristan, comme pour y chercher des réponses, du réconfort. Tristan la prit doucement tout contre lui, lui posant la tête contre son torse. À ce contact, elle fut secouée de sanglots plus violents. Elle se raccrocha à Tristan, elle lui enserra la taille. La vague qui la submergeait fut si profonde que ses jambes ne la portèrent plus, elle manqua de s'effondrer. Tristan la retint et resta enlacé, comme ça, jusqu'à ce que Sigrid se calme. Tristan, la sentant contre lui, avait une étrange impression ; leurs deux corps l'un contre l'autre étaient une évidence intemporelle. Il reconnaissait aussi ce contact. Elle avait raison ; ils se connaissaient. Ils avaient tout fait pour se rejoindre, c'était si évident. Elle était venue jusqu'à lui, en France. Il était venu la chercher en Norvège. C'était simple, en fait.

Sigrid, calmée et gênée, se dégagea doucement.

— Tu dois me prendre pour une folle, dit-elle penaude.

— Pas du tout, ou alors je suis aussi fou que toi, répondit Tristan en souriant. Je pense qu'on a beaucoup de points en commun et qu'on a vécu un peu les mêmes choses… Raconte-moi tout, et après, je t'expliquerai ma situation.

Ils s'assirent près du tronc d'arbre qui avait servi de dossier à Sigrid lorsqu'elle dessinait.

— Je crois que, depuis toute petite, j'ai toujours rêvé de toi, avoua Sigrid. Et j'ai voulu dessiner et peindre, très tôt, pour pouvoir reproduire en vrai les traits de ton visage que je voyais tout le temps dans mes rêves. C'est dingue, non ? Je me suis toujours dit que tu devais avoir une portée symbolique, que tu devais représenter quelque chose, mais je n'avais jamais imaginé que tu puisses exister réellement. Jusqu'à récemment. Il y a quelques mois, mes rêves de toi se sont transformés ; je te voyais, mais tu t'éteignais, tu disparaissais… Je sentais la douleur, je me réveillais comme après un cauchemar traumatisant. Alors je me suis dit que tu devais peut-être correspondre à une vraie personne qui devait traverser un moment difficile, peut-être…

— Tu avais raison. Si cela date de quelques mois, je me suis fait agresser et je suis tombé dans le coma. J'ai mis du temps à récupérer.

— C'est pour ça que je t'ai senti en danger ! Ça a été un élément déclencheur, pour moi. À partir de là, dès que j'avais un moment, il fallait que je sorte pour dessiner en extérieur, alors qu'avant, j'avais toujours dessiné dans ma chambre. Comme si te dessiner dehors, ça allait te donner la vie, comme si ça allait te rendre réel. Et je ne sais pas pourquoi, mais il fallait toujours que je fasse ça dans la nature, dans les bois ou près de la plage. C'était là que j'avais l'impression d'être le plus en communion avec toi. Voilà… Et aujourd'hui, tu es venu… Tu comprends le choc…

— Oui, je comprends ! Malheureusement, je n'ai pas de réponses à te donner, ou d'explications à te donner, mais j'ai juste un parcours qui ressemble au tien. Moi aussi j'ai un rêve récurrent qui m'a mené jusqu'ici. Je cherchais une forêt, qui ressemble à celle-ci.

Et Tristan raconta en détail son rêve, sa vie, son accident, son coma, la série « Vikings » et Wardruna.

À l'évocation de Wardruna, Sigrid sourit et donna un écouteur qu'elle avait dans sa poche à Tristan pour lui faire entendre ce qu'elle écoutait en dessinant. Tristan sourit en reconnaissant tout de suite Wardruna, que Sigrid écoutait en boucle aussi.

— C'est bizarre, en ayant autant de ressemblances dans nos vies, pourquoi nous avons deux rêves différents ? demanda Sigrid, un peu déçue que Tristan rêve d'une forêt alors qu'elle rêvait de lui depuis toujours.

— Je ne sais pas. Peut-être qu'ils se rejoignent, qu'ils quadrillent un endroit dans le temps. Comme l'incipit d'un livre, qui doit vite renseigner où et quand l'action se passe et qui intervient.

— On a « où », on a « qui ». Il nous manque « quand »... réfléchit Sigrid.

— On a dû se connaître il y a longtemps... supposa Tristan.

— On doit croire à la réincarnation, alors ? demanda Sigrid.

— Peut-être, je ne sais pas, je suis comme toi, je n'ai que des questions, pas de réponses...

— Viens, on va chercher ta forêt, proposa Sigrid, en se levant et en ramassant ses affaires.

Ils se dégagèrent du coin encaissé près du tronc d'arbre. Sigrid, chargée, fut déséquilibrée. Tristan la rattrapa par la main. À ce contact, les deux jeunes gens ressentirent comme un spasme à l'intérieur de leur ventre. Ils se courbèrent, sous l'effet du choc. Tristan ressentit comme des fourmis le long de ses doigts. Main dans la main, ils captaient la force de cette union, de ce contact. Ils restèrent ainsi en marchant. Sigrid l'emmena toujours plus loin, en coupant à travers bois.

— Viens, je connais un peu ce coin, et la description que tu m'as faite de ta forêt me fait penser à un endroit précis. Il me semble voir la zone dont tu parles ; le chemin qui tourne, les arbres sur une zone plate et l'espèce de promontoire rocheux.

— Tu habites par ici ? demanda Tristan qui réalisa qu'il ne savait rien d'elle.

— Je suis à Bergen, mais je viens souvent sur l'île. Je crois que c'est comme pour toi, cette île m'appelle… Mais raconte-moi ce que tu fais à Bergen.

Tristan lui expliqua l'opportunité que Robin et lui avaient eue de venir travailler comme saisonniers. Il lui raconta avec qui il travaillait, comment cela se passait, où il logeait et comment il avait pu se retrouver avec une voiture qui lui avait permis de venir jusqu'ici. Au fur et à mesure qu'ils avançaient sur le large chemin, tout en discutant, sans s'en rendre compte, ils ralentissaient leurs pas, comme s'ils voulaient prolonger indéfiniment cette promenade. Tristan, comme Sigrid, sentait le caractère particulier de ce qui les unissait, et ressentait quelque chose de fort au contact de la main de l'autre dans la leur ; il y avait une sorte de chaleur qui partait de leur main et qui irradiait tout le long de leur bras. Sigrid se dit même qu'elle ne pourrait plus jamais lâcher la main de Tristan, emboîtée dans la sienne, comme elle devait l'être depuis longtemps. Les deux jeunes avaient le cœur qui cognait fort dans leur poitrine, mais ce trouble s'accompagnait en même temps d'une sérénité à s'être enfin trouvés, ou retrouvés. Tristan, la main de Sigrid dans la sienne, se sentait, durant cette marche, plus vivant que jamais. Tous ses sens étaient décuplés et il avait l'impression de percer enfin le voile opaque d'une réalité partielle qui l'empêchait de regarder au-delà et de comprendre les mystères de l'univers : le hasard n'existait pas ; toutes les impressions étaient connectées, les objets, les gens, les lieux, les éléments naturels pouvaient se faire écho. Tel un visionnaire, il réalisait peu à peu que ce qu'il était en train de vivre était encore plus extraordinaire que sa rencontre avec sa mère et Cédric lors de son expérience de mort. Les êtres ne pouvaient se réduire à une simple existence limitée dans l'espace et le temps. Certains, en tout cas, allaient au-delà. Des forces du passé pouvaient résonner dans le présent. Tristan sentait que cette journée allait changer à jamais sa perception du monde, et il prenait cela comme une vraie chance, un cadeau exceptionnel. Il regarda Sigrid, dans cette forêt délicatement vaporeuse, il admira les traits fins de son visage, son profil que venaient éclairer des mèches d'or. Se sentant observée, cette dernière tourna la tête vers lui et lui sourit. Tristan fixa dans sa tête à jamais, à ce moment-là, les grands yeux bleus intenses, le doux sourire et la chevelure longue et dorée. Il sut alors qu'elle serait là pour toujours, qu'elle ferait définitivement partie de sa vie désormais. L'intensité de ce moment fugace fit interrompre leurs pas. Ces quelques secondes changèrent radicalement leur existence à tous les deux, et ils le réalisaient avec émerveillement, conscients de leur chance, l'un en face de l'autre, en se souriant, sans dire le moindre mot. Ils reprirent leur marche, lentement, toujours main dans la main, sans parler, pour ne pas briser le charme.

Des vapeurs brumeuses s'accrochaient toujours aux troncs gris des grands pins qui allongeaient leurs cous pour chercher la lumière. Toujours aucun bruit, toujours aucun mouvement. Tout semblait figé, suspendu dans le temps. Les deux jeunes gens en marche apportaient au sous-bois l'énergie de leur quête. Sans eux, la forêt s'évanouissait dans l'oubli.

— Regarde, c'est là, après le virage, indiqua Sigrid.

Tristan lui lâcha la main, tendu et concentré. Il passa devant la jeune fille qui s'était immobilisée, attentive à la réaction du beau jeune homme de ses dessins. S'avançant sur le chemin principal, Tristan amorça le virage et, marchant doucement, il eut l'impression que le paysage se déplaçait lentement, jusqu'à correspondre parfaitement au calque qu'il avait dans la tête. Doucement, au fur et à mesure que son cœur s'accélérait, le sous-bois s'ajusta et correspondit complètement à l'image de son rêve. Il y était. Les grands pins sur sa gauche, le lacet du chemin devant lui et, plus loin, un peu à gauche du sentier, le monticule de pierres. Quand le point de vue fut absolument identique à celui de son rêve, le souffle lui manqua et ses jambes ne le tinrent plus, Tristan se retrouva sur ses genoux. Il eut un vertige et eut peur de sombrer dans l'inconscience. Sigrid se précipita vers lui pour le soutenir.

— Tristan, ça va ? lui demanda-t-elle un peu affolée.

— Oui… Ça va passer. Attends un peu… souffla Tristan qui ne parvenait pas à se relever.

— C'est bien ici ?

— Oui…

Tristan ne put en dire davantage. Il cherchait à reprendre son souffle. Il était pile à l'endroit où s'était retrouvé le jeune cavalier de son rêve, avant de bifurquer à travers les arbres, au petit galop.

— Tu veux que je t'aide à te relever ? demanda Sigrid démunie et tremblotante.

— Je veux bien, murmura Tristan, pâle.

La force de Sigrid cumulée à la sienne, Tristan parvint péniblement à se remettre droit sur ses jambes.

— Ça va ? demanda Sigrid anxieuse.

— J'ai la tête qui tourne. J'ai envie de vomir…

Tristan vacilla et parut à la limite de tomber évanoui.

— Seivar, non ! Fais attention ! cria instinctivement Sigrid.

Ce fut un électrochoc. Sigrid eut un mouvement de recul dès qu'elle termina sa phrase et regarda Tristan, interdite, avec de grands yeux surpris. Elle n'avait aucune idée de ce qui l'avait poussée à appeler Tristan, Seivar.

Dès que Tristan entendit ce prénom, il fixa Sigrid avec ses grands yeux verts, et, choqué, il s'affaissa. Face à Tristan inconscient au sol, Sigrid se précipita vers lui en lui parlant, ne sachant pas quoi faire pour le ramener à la conscience. Elle lui bougea délicatement le visage en le suppliant de se réveiller. Tristan, sans pour autant revenir vraiment à lui, parut plutôt dans un sommeil agité. Ses yeux toujours fermés, il bougeait la tête de gauche à droite et se mit à marmonner, d'une voix si grave qu'elle ne paraissait pas être la sienne.

— Bíddu… Livunn… Ek… þú koma… þú finna…

Sigrid eut comme un haut-le-cœur. Interloquée, elle réalisa que Tristan bougonnait des mots en vieux norrois. Elle perçut le message hachuré, mais chercha la confirmation des certains mots dans un dictionnaire recherché sur son portable. Elle mémorisa ce que répétait Tristan sans cesse. Elle lui claqua ensuite les joues et l'appela impérieusement.

— Tristan ! Reviens, Tristan, réveille-toi !

Sigrid commençait à avoir peur de l'état de Tristan et de son étrange langage qu'il n'était pas censé maîtriser du tout.

Le jeune homme inanimé ouvrit soudain les yeux. Calme, il vit le visage inquiet de son elfe de la forêt, si blonde, si magnifique. Elle était encore là, près de lui, il ne l'avait pas rêvée ! Il lui sourit. Rassurée, Sigrid l'aida à se tenir assis.

— Tu te sens mieux ? demanda-t-elle avec angoisse.

— Oui, j'ai l'impression de me réveiller en sortant d'un rêve embrouillé…

Sigrid voulut le faire boire, avant de lui révéler ses paroles d'un autre temps. Elle voulait être sûre qu'il puisse digérer la nouvelle sans s'écrouler à nouveau.

Tristan émergeait doucement. Il regarda de nouveau les alentours, conscient d'être à un endroit entre rêve et réalité. Tout se confondait. C'était troublant, c'était incompréhensible, mais il allait bien. Il fallait juste superposer deux mondes, deux lieux, deux époques en même temps. Tristan se concentra sur son corps pour récupérer plus aisément. Il lui fallait assurer autant mentalement que physiquement s'il voulait avoir le fin mot de l'histoire. À la croisée des chemins, il lui fallait absolument aller au bout.

— Est-ce que tu as eu d'autres informations quand tu as vu ta forêt ? Tu en sais plus ? risqua Sigrid.

— Non, et c'est ce qui est frustrant. Rien ne me vient, avant ou après la scène du rêve… Mais… Je sens que je touche presque au but… murmura Tristan, le souffle court.

— Tristan… Tu as parlé pendant que tu avais perdu connaissance… avoua Sigrid hésitante.

— Ah ? Et qu'ai-je dit ?

Sigrid, indécise, prit finalement la décision de tout lui dire.

— Tu as parlé en vieux norrois ; le langage qu'on utilisait ici au moyen-âge, à l'époque des Vikings…

Tristan la regarda avec des yeux ronds.

— Quoi ?

— Tu as répété plusieurs fois les mêmes mots. C'était hachuré, pas très clair, mais tu as dit « Bíddu … Livunn…Ek… þú koma… þú finna… »

— Comment ai-je pu dire un truc dans une langue dont je ne connais pas le moindre mot ?

— Je ne sais pas… répondit doucement Sigrid.

— Et tu sais ce que ça veut dire ? demanda Tristan décontenancé.

Sigrid marqua un temps, ayant peur de sa réaction.

— Quelque chose comme « Attends Livunn, attends-moi. Je te chercherai, je reviendrai… Je reviendrai te chercher », je suppose… renseigna Sigrid.

Il y eut comme un court-circuit dans la tête de Tristan. Le vieux norrois, le moyen-âge, la période viking, Seivar, Livunn… Tristan rassembla ces informations instantanément et réécrivit les bribes d'histoires qu'il avait en lui. Seivar, le cavalier obligé de fuir et de laisser Livunn, l'amour de sa vie et l'objet du danger qu'il devait fuir, sa promesse de l'attendre et qu'il reviendrait la chercher… Son rêve prenait forme, s'agrandissait, s'ancrait dans une réalité lointaine, certes, mais plus concrète.

— On détient quelque chose du passé… Qu'est-ce que ça veut dire ? Qu'est-ce qu'on va en faire ? murmura Tristan déboussolé.

— Tu crois que tu as été Seivar, et moi Livunn ? demanda Sigrid tout aussi démunie.

— Est-ce qu'ils sont nos ancêtres ? Est-ce que nous sommes eux ? Je ne sais pas. Je sens seulement qu'ils sont en nous… Ils se servent de nous pour se retrouver…

— On est eux, ou leurs marionnettes ?

— Je ne sais pas… Qu'est-ce que tu ressens si tu fermes les yeux, je te touche la joue et je t'appelle Livunn ? demanda Tristan, joignant le geste à la parole.

Sigrid, les yeux fermés, sentit des petits picotements dès que les doigts de Tristan effleurèrent sa joue. Le jeune homme se rapprocha tout près et lui chuchota à l'oreille « Livunn » qu'il répéta plusieurs fois. L'espace d'un éclair, Sigrid vit Tristan en tunique médiévale sombre, qui lui souriait. Et l'image disparut instantanément.

— Je t'ai vu Tristan ! J'ai vu Seivar. Il a ton visage. C'est un Norvégien du moyen-âge ; il était habillé comme à cette époque. J'ai vu la forêt derrière. Et je le vois avec du bois dans les mains… C'est son métier… Du bois pour les maisons… Et les objets…

Sigrid tentait d'exploiter toutes les données de son image. Elle raisonnait, mais elle disait aussi des choses qu'elle ressentait, qui étaient au fond d'elle et qu'elle savait justes.

Les pièces du puzzle s'imbriquaient peu à peu. Tristan regarda la forêt autour de lui en se demandant ce qu'elle pouvait encore lui révéler. Il prit une grande inspiration et ferma les yeux, attentif à la moindre vibration. Soudain, il sentit un souffle d'air lui caresser le visage ; le vent se levait. Cette brise qui lui venait de face, forcit et devint en un rien de temps comme une brève bourrasque. Tristan ouvrit les yeux ; ce changement si soudain ne pouvait être gratuit. Pas de hasard, d'autant qu'aucune feuille d'arbre n'avait tressailli depuis son arrivée. Le jeune homme tourna la tête en direction du vent, derrière lui. Brusquement, cela fit sens.

— Sigrid, est-ce que tu sais ce qu'il y a dans notre dos, au bout du chemin ?

— Si on suit le chemin dans ce sens jusqu'au bout, on tombera sur le village de Kleppe, il me semble.

— Tu crois que ce village correspond à un ancien village médiéval ? demanda Tristan, à tout hasard.

— Je n'en sais rien, avoua Sigrid.

— On peut aller dans cette direction ? proposa Tristan.

— Oui, si tu veux. Qu'est-ce qui te pousse à aller par-là ?

— Le vent… ironisa Tristan. Mais, plus sérieusement, c'est logique. Je fuyais vers cette forêt, donc le nœud du problème devait se trouver derrière nous, non ? déduit-il.

— Tu as raison, allons voir, se décida Sigrid.

Ils se dirigèrent en sens inverse, sur le large chemin terreux.

— Tu es déjà passé par là ? demanda Tristan.

— Non, pas par là, pas cette partie du chemin, reconnut Sigrid.

Le vent avait complètement disparu. La brume grise enveloppait toujours ce paysage d'éternité. Les deux jeunes gens marchèrent une dizaine de minutes, sans trop parler. Au détour d'un virage, Sigrid eut un mouvement de recul. Sur la gauche du chemin, un corbeau noir les fixait, posé sur une branche, immobile et silencieux. Tristan ne l'avait pas vu. Ils s'arrêtèrent pour le regarder, ne sachant pas si cette rencontre était normale ou inhabituelle, positive ou négative. Tristan sentit ses poils se dresser sur ses bras.

— C'est un oiseau spécial, le corbeau, pour les Norvégiens du moyen-âge ? demanda Tristan à voix basse.

— Je sais que le corbeau est associé au dieu Odin. Il en possédait deux qui lui servaient de messagers ; le matin, ils rapportaient à Odin ce qu'ils avaient vu des neuf mondes sur lesquels régnait le dieu des dieux. L'un représentait la pensée, et l'autre, la mémoire…

Ce dernier mot résonna étrangement aux oreilles des deux jeunes gens. Ils se regardèrent et, mus par une même impulsion, ils se rapprochèrent du corbeau, toujours immobile. Ils bifurquèrent au niveau de l'oiseau pour rentrer dans le sous-bois de pins. Le corbeau s'envola alors, et partit dans la direction que Tristan et Sigrid commençaient à emprunter. Cela sembla conforter leur changement d'itinéraire. Les deux jeunes gens s'enfoncèrent sur des pistes de plus en plus étroites, sillonnant autour des pins de plus en plus resserrés. Ils durent avancer l'un derrière l'autre, Tristan devant pour ouvrir la marche.

— Tu sais s'il y a quelque chose par-là ? demanda le jeune homme qui écartait des branches pour pouvoir se faufiler, ayant l'impression de rentrer au cœur de la forêt.

— Non, je n'en ai aucune idée, reconnut Sigrid qui avançait avec difficulté, gênée par son matériel de dessin.

Ils continuèrent d'avancer un bon quart d'heure lorsque la zone se dégagea un peu.

— Ah, on y voit un peu plus clair, ici, dit Tristan en se retournant vers Sigrid.

La jeune fille ne répondit pas. Ce qu'elle vit la figea. Elle se mit à trembler et fondit en larmes, secouée de gros sanglots. Tristan, médusé, accourut à elle.

— Qu'est-ce que tu as ? Sigrid, réponds-moi, tu me fais peur ! s'écria Tristan, perdu.

La vague d'émotions qui s'abattit sur Sigrid fut si violente qu'elle s'écroula par terre, toute ramassée sur elle-même, en continuant à sangloter.

— Sigrid, qu'est-ce qui se passe ? demanda plus doucement Tristan qui tenta de la prendre dans ses bras.

— Ici… C'est notre maison… On a vécu ici, on a été heureux ici… hoqueta Sigrid.

Tristan se retourna et regarda attentivement tout autour de lui. C'était une sorte de clairière, bien reculée, bien cachée. Le jeune homme s'avança et vit quelques pierres çà et là ; certaines les unes sur les autres, d'autres disposées plus en arrondi, preuve d'un assemblage dû à la main de l'homme. À gauche des pierres, le terrain était particulièrement dégagé et aplati ; lieu d'une ancienne maison ? À droite des pierres, on pouvait voir un tronc de pin déchiqueté, abîmé par le temps. Tristan sentit que Sigrid avait raison, il eut l'impression de se souvenir progressivement du lieu, de le reconnaître. Il captait le bien-être, la sérénité. Il s'y sentait bien. Ça avait dû être leur nid d'amour caché. Mais alors pourquoi Sigrid avait-elle une telle réaction, alors que pour lui, ce lieu le réconfortait ? Tristan revint vers la jeune fille toujours prostrée. Il l'aida à se lever en lui murmurant doucement à l'oreille.

— Tu as raison, on habitait ici. Je ne ressens que du bonheur ici. Alors, ne pleure pas…

— Du bonheur, oui, pour toi… Mais après le bonheur, il a eu l'attente et les larmes… Ce lieu fait remonter un bonheur intense, mais une douleur indescriptible en même temps… dit Sigrid d'une voix sourde.

— Viens, on va s'asseoir près des pierres, contre le petit tronc là-bas, suggéra Tristan. On va se concentrer, et on va essayer de comprendre ce qui s'est passé.

Tristan aida Sigrid à s'installer, puis il s'assit auprès d'elle.

— Pose tes mains sur le sol, les pierres et le tronc d'arbre. Ferme les yeux et laisse venir les images, concentre-toi, lui dit Tristan.

Sigrid, calmée, prit une profonde inspiration et s'exécuta. Tristan fit de même, une main sur les pierres, une main sur le tronc abîmé du pin qui ne dépassait pas une cinquantaine de centimètres. Le silence les enveloppa, tandis que les deux jeunes gens tentaient de se frayer un chemin dans le temps, l'espace et leur inconscient. La nature vibra jusqu'à eux pour leur rendre les fréquences qu'ils y avaient inscrites il y a si longtemps. Des larmes se remirent à couler le long des joues de Sigrid. Elle se revit dans les bras de Seivar en riant. Elle revécut la fuite de Seivar pour échapper aux hommes venus l'attraper, ces mêmes hommes dont elle n'avait pas peur, mais qui l'avaient emmenée de force, son retour peu après, seule, l'interminable attente du retour de son bien-aimé, en vain, la solitude et les regrets.

Tristan vit ses efforts pour bâtir une petite maison dans ce lieu retiré. Il vit Livunn, copie conforme de Sigrid, à moitié dénudée près du feu, ses longs cheveux blonds qui descendaient le long de ses bras, qui lui souriait, tout en lui prenant la main pour l'entraîner vers le lit… Il vit ses bijoux dorés qui reflétaient la lumière de l'âtre. Il vit l'extérieur de la maison où ils avaient aménagé un enclos pour des animaux de ferme, un puits, une grange où il rentrait son cheval. Il sentit son estomac se serrer en se précipitant au dehors pour sortir son cheval, Livunn en larmes derrière lui en l'incitant à partir au plus vite, son départ au galop, son coup d'œil jeté derrière son épaule pour voir sa bien-aimée seule derrière lui, en se demandant s'il pourrait la revoir bientôt… Puis, plus rien. Tristan rouvrit les yeux et se tourna vers

Sigrid qui avait un air de tristesse infinie. Il lui caressa le visage pour la faire revenir à lui en douceur.

— Sigrid, ça va ? demanda Tristan peiné de la voir si affectée.

— On était ensemble ici, et très amoureux… dit doucement Sigrid en ouvrant lentement ses grands yeux bleus. Mais je ne t'étais pas destinée. C'est ma famille qui nous a traqués. Mon père, surtout, qui avait une haine envers toi et moi, car on contrariait ses plans. S'il t'avait attrapé, il t'aurait tué, c'est sûr… Il m'a retrouvée, mais je me suis enfuie de nouveau et un moment plus tard, je suis revenue t'attendre ici. C'est là que je ressens une peine immense et interminable.

— Je ne pense pas qu'on se soit retrouvé… murmura Tristan.

— Non, je ne crois pas, soit tu es définitivement parti, soit ma famille t'a retrouvé et s'est occupée de toi…

— Je ne t'aurais jamais abandonnée, répliqua Tristan, sûr de lui.

— Alors ça s'est mal fini pour toi, conclut tristement Sigrid.

— Je crois que c'est parce que tu étais issue d'une famille riche, je revois tes bijoux en or sur toi… Et moi, si je n'étais qu'un simple charpentier, je peux comprendre que ça n'allait pas à ton père.

— J'ai la vague impression de cet homme, il était terrifiant, violent… rajouta Sigrid, le regard dans le vague. Il avait des yeux noirs, d'orage…

Tristan sentit un picotement dans ses doigts, ceux qui étaient plaqués contre le vieux tronc dégradé, dont il ne restait plus qu'une moitié de racines et du bois déchiqueté par le temps. Une sensation de chaleur se fit sentir dans sa paume. Tristan sentait quelque chose de spécial, alors qu'il ne se passait rien dans sa main gauche posée sur les pierres au sol. Une sorte de vibration légèrement électrique irradiait de sa main droite.

— Il y a quelque chose avec l'arbre, dit soudainement Tristan.

— Quoi ? Qu'est-ce que tu sens ? demanda Sigrid, toujours troublée.

— Je ne sais pas… J'ai envie d'aller voir ses racines… On dirait qu'elles m'appellent… avoua le jeune homme, conscient de la bizarrerie de ses propos.

Mais plus rien ne paraissait bizarre, impossible et étrange à ces deux-là, qui allaient de révélation en révélation. L'extraordinaire de leur histoire, ou de leur faculté, renforcée par leur énergie commune, ne les surprenait plus vraiment. Aussi, ils se mirent simplement à creuser contre le tronc, du côté des racines, sans se poser plus de questions. Ils ne doutaient plus, ils ne remettaient plus les sensations en question. À l'aide de bâtons, de pierres et du petit matériel d'arts plastiques dans la trousse de Sigrid, comme des petites spatules en fer, ils firent assez facilement un trou de plus en plus profond, car la terre était meuble et assez humide. Ils parvinrent aux racines du tronc et continuèrent à descendre plus en profondeur. Arrivés vers soixante ou soixante-dix centimètres de profondeur, Sigrid enfonça sa spatule dans le trou, mais elle sentit une différence de résistance ; ce qu'il y avait au bout n'avait pas la consistance de la terre. Elle arrêta Tristan et tenta d'enfoncer ses doigts en lui disant qu'elle rencontrait là quelque chose de particulier. Elle atteint effectivement une matière qu'elle tenta de mettre à jour en creusant tout autour pour la dégager. Tristan l'y aida. Précautionneusement, Sigrid essaya de tirer à elle l'objet. Tout doucement, ses doigts extirpèrent un tissu qui en contenait plusieurs autres. L'action de les sortir de terre fit que les tissus abîmés se défirent les uns après les autres, pour laisser apparaître une sorte de bourse en cuir sombre qui tenait dans la main de la jeune fille. Elle resta immobilisée avec son trophée dans la main, en regardant Tristan, de la surprise et de l'émerveillement dans le regard. La bourse était bien conservée, toujours fermée à l'aide d'un cordon de cuir. Tristan lui suggéra de poser délicatement ce trésor au sol, pour pouvoir l'ouvrir le plus doucement possible. Malgré cela, le cordon leur resta dans les mains. Sigrid écarta doucement les parois de cuir froncées, rapprochées. Ses yeux brillèrent lorsqu'elle vit des bijoux. Ses bijoux en or. Il y avait quelques bagues, de simples anneaux dorés, un magnifique collier tressé en or, un pendentif en or et d'autres en verreries. Sigrid restait sans voix. Reconnaissait-elle ces objets ? se demanda Tristan. Mais il n'osa perturber la magie du moment. Il laissait Sigrid admirer ces pièces de valeur, espérant que cela lui ravive encore d'autres souvenirs. Tristan pensa qu'ils avaient dû cacher les bijoux pour plusieurs raisons. Tout d'abord, leur maison cachée pouvait être facilement visitée par des voleurs de grand chemin puisqu'il n'y avait personne aux alentours pour surveiller ou être témoin de quoi que ce soit. De plus, vu leur situation de fuyards, il valait mieux enterrer les preuves de l'origine sociale de Livunn, comme toutes les autres preuves de sa réelle identité, en supposant qu'elle ait voulu masquer au moins son nom.

Sigrid effleura tous les objets dorés, mais ce fut autre chose qu'elle prit dans sa main pour le montrer à Tristan. Elle lui découvrit un pendentif en bois, en forme de frêne, qui ressemblait aux représentations d'Yggdrasill, l'arbre-monde de la mythologie nordique. Sur le tronc, en petit, on distinguait deux initiales ; L et S, entrelacés.

— C'est moi qui ai fait ça ! s'exclama instantanément Tristan. C'est Seivar qui l'a sculpté pour Livunn…

— C'est le plus beau de tous les bijoux, murmura Sigrid, qui défit le lacet de cuir noir qu'elle avait autour du cou, qui portait une pierre verte en pendentif.

La jeune fille enleva la pierre et enfila le lacet dans le petit trou du pendentif en bois. Elle tendit le tout à Tristan pour qu'il le lui accroche. Celui-ci s'exécuta en souriant, attendri par ce geste qui avait dû être accompli il y a tant d'années à ce même endroit. Sigrid avait un regard rayonnant. Rien ne lui paraissait plus beau que ce cadeau des temps passés, façonné patiemment par l'amour de sa vie qui avait traversé des océans d'éternité pour le lui repasser autour du cou.

— C'est magnifique, avoua Tristan qui la contemplait inlassablement. Non, reprit-il, tu es magnifique.

Sigrid esquissa le plus adorable des sourires. Elle se baissa pour ramasser quelque chose dans la bourse et se rapprocha de Tristan.

— Moi, Sigrid Livunn, atteste de mon amour éternel, devant tous les Dieux, les Ases et les Vanes, pour Tristan Seivar. Reçois en gage de mon attachement, cet anneau d'or qui traversera encore de nombreux siècles, tout comme ce qui nous relie, toi et moi, murmura solennellement Sigrid, amusée, mais sérieuse.

Tristan poursuivit le jeu et ramassa une autre bague en or dans la bourse à terre.

— Et moi, Tristan Seivar, déclare prendre pour épouse, encore une fois, Sigrid Lyvunn avec le soutien de tous les dieux, les corbeaux, les loups et la forêt tout entière… renchérit le jeune homme en passant un anneau d'or à Sigrid qui souriait, réjouie.

— Vous pouvez embrasser la mariée, chuchota Sigrid dont les joues rosissaient.

Tristan lui sourit. Il rapprocha ses lèvres de celles de son elfe d'éternité. Il l'embrassa doucement, tendrement. Leur rapprochement était une évidence. Le baiser leur fit parcourir une onde électrique dans tout le corps. Le monde avait enfin un sens, à ce moment précis où leurs corps se serraient l'un contre l'autre. Le présent et le passé tournoyèrent et se fondirent pour ne dessiner qu'une dimension dont les deux jeunes gens étaient le centre, le pilier. Ils surent alors qu'ils ne se quitteraient plus jamais.

Chapitre 14

Livunn, en sueur, tentait d'étouffer des cris qui sortaient malgré elle. L'enfant creusait son passage et déchirait son ventre. Sandrine, à ses côtés, l'assistait au mieux, redoutant une complication qu'elle ne saurait gérer. La jeune fille avait bien entamé son neuvième mois. Tout s'était bien déroulé jusque-là, il fallait que cela continue. Sandrine l'incitait à pousser et à bien respirer. Les cris devenaient plus francs, vibrants et rapprochés. Le moment était imminent. Sandrine se positionna face aux jambes écartées de Livunn à moitié allongée dans son lit. Elle priait pour voir sortir la tête et non les pieds. Elle se retrempa les mains dans l'eau chauffée au foyer de la petite maison. Elle voyait les lèvres de l'entre-jambes se bomber et s'écarter doucement. Livunn, les mains serrées sur sa couverture, fermait les yeux et semblait mobiliser ses dernières forces.

— Ça y est, je le vois ! s'exclama Sandrine, enserrant doucement le petit crâne pour mieux l'accompagner dans sa venue au monde. Pousse une dernière fois !

— Je ne peux plus… gémit la jeune fille épuisée.

Sandrine n'eut pas besoin de tirer l'enfant qui vint doucement dans ses mains. Sandrine, émue, les yeux embués de larmes, prit un linge propre pour essuyer le bébé et attendit le premier cri. Tardant à venir, la jeune femme commença à le manipuler et le positionner tête en bas, inquiète. Soudain, le son clair et strident se fit entendre. Sandrine, rassurée, posa délicatement le bébé sur le sein de sa mère, peau contre peau.

— C'est une jolie petite fille, Livunn, ma chérie…

Livunn, muette, regardait l'enfant avec de grands yeux. Elle imprimait dans sa rétine son apparence, humait son odeur, caressait la douceur de sa délicate peau boudinée, effleura ses cheveux fins et humides, incapable de la moindre parole. La magie de cet instant remua la jeune femme profondément. Des larmes coulèrent sur ses joues où déjà, des gouttelettes de sueur perlaient.

— Seivar… Ta fille… Reviens… hoqueta Livunn.

— Chut, chut… Parle à ta fille, consola Sandrine, assise à ses côtés, en passant son bras autour de son cou. Regarde comme elle est jolie. Comment veux-tu l'appeler ? demanda Sandrine pour recentrer Livunn sur la petite et non sur le mari absent.

— Helga.

— Bonjour Helga, je te présente ta jolie maman, Livunn. Moi, je suis ta grand-mère Frida. Bienvenue chez toi, belle enfant, dit Sandrine tout doucement.

Livunn sourit, à travers ses larmes.

À partir de cet instant, Helga devint la raison de vivre de Livunn, et la cause de ses pleurs. Livunn passait sans arrêt des rires aux larmes. Mais la jeune femme prodigua des soins constants et un amour inconditionnel à sa fille. La petite Helga avait les yeux de son père ; verts, en amande. C'était une petite fille blonde, toujours avec le sourire, pleine de vie, aimante, qui courait partout, curieuse de tout ce qui l'entourait. Elle grandissait bien et son caractère aventureux et téméraire donnait du fil à retordre aux deux femmes pour la protéger. L'enfant aimait passer son temps dehors, à jouer avec les animaux. C'est en la contemplant que Livunn se mettait souvent à pleurer. Seivar, sûrement mort, ne connaîtrait jamais sa merveilleuse fille…

Avec une telle occupation, les mois passèrent vite. Livunn, affaiblie par sa peine immense, tomba malade un hiver. Sandrine l'assista, tenta de la soigner, mais le mal progressa. La toux devenait vibrante, incessante et dès lors que Livunn commença à cracher du sang, elle n'en eut plus pour très longtemps. Un matin, Sandrine et Helga la trouvèrent inanimée dans son lit. Sandrine s'affaissa, son cœur saignait. Elle regardait la pauvre Livunn qui avait si peu connu le bonheur, elle si belle, si douce, elle aurait tellement mérité une vie remplie d'amour… Morte dans ce lit où elle avait aimé Seivar, où elle avait donné la vie à Helga, où elle s'était maintenant éteinte. Sandrine dut expliquer la mort à Helga. La petite fille, qui n'avait pas une dizaine d'années, écouta attentivement. Cela la changea ; elle avait perdu un de ses deux uniques piliers. Elle devint plus pensive, contemplative, grave. Ce fut la fin de son enfance insouciante et heureuse. Sandrine n'enterra pas Livunn, elle la chargea sur un petit chariot et l'emmena auprès de son unique amour. Elle enveloppa son corps et le fit doucement glisser dans le lac, un soir. De nouveau, sur son même rocher plat, Sandrine fit ses adieux à la douce Livunn. Ses larmes tombèrent dans l'eau du lac, créant des ondes concentriques qui se propageaient et finissaient par s'intégrer et faire partie à jamais de cette mystérieuse masse liquide sombre.

Sandrine resta sur l'île, dans la petite maison à veiller sur Helga qui grandit et qui prit le relais pour aller vendre aux hameaux d'Askoy les produits de la petite ferme. Belle comme elle l'était, les quelques jeunes garçons du plus proche village lui tournèrent vite autour. Elle s'installa avec un pêcheur, doux et gentil nommé Havard. Ils restèrent sur l'île toute leur vie et vécurent une vie simple et heureuse. Leur fils, Eirik, partit du village et rejoignit Bergen pour travailler à la construction de navires. La descendance suivit son cours.

Sandrine atteignit un âge avancé. Un soir, elle sentit une grande douleur au niveau du cœur. Le côté gauche de son visage s'était paralysé. Ne sachant que trop à quoi ça correspondait, Sandrine se leva péniblement, ouvrit l'enclos aux animaux, et marcha doucement, pieds nus, une bonne partie de la nuit. Elle atteignit le lac aux premières lueurs de l'aube. Sans ralentir ou diminuer la cadence de sa pénible marche, sans marquer le moindre arrêt, elle posa ses pieds sur son rocher plat et s'assit au bord pour s'élancer doucement dans l'eau, sans hésitation, sans peur, sans regret. Elle avait fait ce qu'il fallait qu'elle fasse dans cette vie. Elle rejoignait les autres, ceux au fond des abysses sombres dont elle entendait les appels de plus en plus nets. Elle s'enfonça dans l'eau noire, avec un doux sourire aux lèvres.

Helga comprit l'absence inexpliquée de sa grand-mère. Elle n'entreprit même pas de la rechercher. Elle savait que Frida avait voulu disparaître discrètement dans la nature. La petite maison de Seivar fut à ce moment-là abandonnée et inhabitée définitivement. Elle tomba petit à petit en ruine. Helga avait néanmoins fait promettre à son dévoué mari Havard de l'enterrer dans la clairière de son enfance, après sa mort. Le vieil homme, lorsque le moment fut venu, respecta sa promesse. Avec son fils Eirik, ils creusèrent un trou au pied d'un jeune frêne, tout près de la maison d'enfance d'Helga.

Épilogue

Sigrid tendit les sandwichs qu'elle avait préparés le matin à Tristan et à Erik. Les deux parents, amusés, regardèrent leur petit garçon mordre dans un pain duquel sortait tout ce que contenait le sandwich malmené. À presque cinq ans, il avait les yeux bleus de sa mère et un air de malice s'en dégageait alors qu'il attaquait son repas à pleines dents. Trop craquant pour que les parents soient sensibles au désastre que subissait le tricot du petit garçon sur lequel dégoulinait la moitié du sandwich, Sigrid et Tristan regardaient d'un air attendri Erik qui était fier et heureux de pique-niquer avec ses parents et sa chienne Skadi qui larmoyait devant ses maîtres pour récupérer un petit morceau du festin. Le déjeuner terminé, le petit garçon déguerpit en vitesse, sa chienne sur ses talons, pour diverses aventures dans ce coin de forêt qu'il commençait à connaître.

— Ça va ? demanda Tristan qui observait le regard maternel de Sigrid qui ne se détachait pas de son fils qui courait partout.

— Oui, excuse-moi, j'ai toujours peur qu'il tombe et qu'il se fasse mal, avoua Sigrid qui se retourna vers Tristan en souriant.

— On est à Askøy, chez nous, il ne peut rien arriver d'horrible pour nous, ici… rassura Tristan qui souriait d'un air entendu.

Le jeune couple marié venait régulièrement dans leur clairière où Livunn et Seivar avaient vécu bien avant eux. Ils s'y sentaient bien et ressentaient le besoin d'y venir de temps en temps. Tristan s'était installé à Bergen, pour rester avec Sigrid. Il y avait trouvé sa place ; professeur de français au lycée, comme sa mère à qui il pensait toujours régulièrement. Sigrid avait obtenu un poste d'illustratrice. Elle dessinait et peignait de son côté pour préparer une exposition.

Elle était douée, selon Tristan qui n'était certes pas objectif, mais qui était bien conscient des potentialités de son adorable femme. Elle était restée sur des portraits intégrés de façon plus ou moins fantasque à divers milieux naturels. Sigrid savait capter des expressions de visage extraordinaires. Elle représentait toujours Tristan, mais elle avait élargi ses œuvres à d'autres visages, notamment celui de son fils. Le jeune couple avait acheté une jolie petite maison sur les hauteurs de Bergen où il recevait régulièrement Stéphane et Carine qui s'étaient installés ensemble à Marseille. Tristan et son père se voyaient ainsi une à deux fois par an et correspondaient très souvent par téléphone et par Skype, surtout depuis l'arrivée d'Erik. Leur vie, à tous les deux, avait bien changé, mais elle repartait bien positivement. Tristan recevait de temps en temps Robin qui venait les voir entre deux relations amoureuses. Il travaillait vers Marseille dans un snack et avait intégré une troupe de théâtre qui se produisait de plus en plus régulièrement ; Robin espérait que sa carrière d'acteur décollerait sous peu. Les deux garçons étaient restés comme des frères ; Robin était le parrain d'Erik.

Tout ce petit monde gardait contact, tous avaient développé des liens forts, mais pour autant, Tristan et Sigrid n'avaient rien dit quant aux circonstances étranges et particulières de leur rencontre. Personne, hormis eux deux, ne sut quoi que ce soit à propos de Livunn et Seivar. C'était la magie de leur secret. De même, les proches des deux jeunes mariés ne surent jamais leur sensibilité et leur capacité à capter les résonances de la nature et des évènements frappants du passé. Ces choses-là ne peuvent se révéler autour d'un café dans un endroit bruyant, dans un contexte affairé de tous les jours. C'était de l'ordre du religieux ; c'était fort et cela n'avait du sens que dans l'intimité de Tristan et de Sigrid. Les deux jeunes gens étaient en quelque sorte prisonniers de leurs secrets. Ils avaient pourtant décidé de tout révéler à Erik, lorsqu'il serait en âge de comprendre ces choses qui pour l'instant le dépassaient évidemment.

Pour le moment, Erik, qui avait appris à connaître la clairière et la forêt, s'amusait à s'inventer des histoires qui l'incitaient à courir de plus en plus loin de ses parents. Skadi lui donnait une grande assurance, il se sentait protégé et il prenait l'animal comme un personnage à part entière de ses aventures, à qui il parlait. Le petit garçon, en courant, interpellait aussi sa figurine qu'il tenait à la main ; troisième personnage de ses péripéties. « Allez, Helga, tiens bon, on arrive, on vient te chercher ! »

— Pourquoi tient-il toujours à lui donner un nom de fille, à son bonhomme en plastique ? s'interrogea Tristan.

— Quelle différence crois-tu qu'il fasse ? rassura Sigrid. Il est petit…

Le soleil fut caché par des nuages qui arrivaient en masse. La lumière parut plus fondue, vaporeuse et l'ambiance plus feutrée. Pendant que les parents commençaient à ranger tous les restes du pique-nique, Erik stoppa net sa cavalcade près d'un très vieux frêne, à une vingtaine de mètres de ses parents. Lentement, il s'approcha de l'arbre et s'assit soudain sagement. Il resta un moment silencieux et posa précautionneusement au sol sa figurine contre le tronc de l'arbre. Le petit garçon fit l'effort de la plier afin de l'y asseoir. Sa petite main resta appuyée quelques secondes sur le tronc. Erik se prit à sourire et se retourna vers Skadi.

— Viens Skadi, viens m'aider, il faut aider Helga à sortir.

Le petit garçon attrapa un bâton sur sa gauche et se mit à creuser au pied de l'arbre, juste à côté de sa figurine. Le voyant faire, la chienne s'approcha et renifla l'endroit qui intéressait Erik. Sa queue se mit à frétiller et, peut-être prise par le jeu de son petit maître, Skadi se mit à creuser au même endroit elle aussi. Encouragée par Erik, la chienne jappait doucement et lançait parfois de brefs aboiements pour manifester son excitation. Le trou devenait peu à peu plus profond.

— Allez, Skadi, on y est presque, encore un petit effort… On doit sortir ma sœur de là-dessous, elle doit avoir froid ! Helga, tiens bon, on vient te chercher !

Tristan et Sigrid se mirent à appeler Erik, il était l'heure de partir, des gouttes de pluie commençaient à tomber. Erik n'avait pas l'intention de cesser son activité, mais les voix se firent impérieuses. Lentement, il se redressa à regret.

— Désolé Helga, je dois partir… Je viendrai te délivrer la prochaine fois, promis !

Et le petit garçon, dont les cheveux commençaient à dégouliner, se mit à courir vers ses parents qui commençaient à s'impatienter. Skadi continua de creuser en reniflant vers l'intérieur du trou. Tristan appela la chienne ; il ne restait plus qu'elle à installer dans la voiture, avant de pouvoir partir. Elle cessa immédiatement de creuser et accourut docilement vers son maître. La voiture démarra et Erik se retourna pour regarder au travers du pare-brise arrière. Près du frêne, accrochée à la brume dont elle semblait faire partie, se dressait une silhouette hors du temps ; une femme aux longs cheveux bruns, aux yeux bleus, avec une robe médiévale, tenant une petite fille dans ses bras. Elle souriait en direction d'Erik. Le petit garçon lui fit un signe de sa petite main en murmurant : « À bientôt mamie Frida, à bientôt ma petite sœur Helga… »

Personne ne vit un bout d'os humain émerger du trou, après que la pluie, au bout de quelques minutes, ait évacué la terre.

Remerciements

Merci à mes proches, à Stéphane et Eric, pour avoir cru en moi.

Merci à mes collègues du collège Mazenod pour leur soutien et leur relecture.

Merci à Einar Selvik et le groupe Wardruna pour leur influence positive sur mon travail.

Imprimé en Allemagne
Achevé d'imprimer en avril 2023
Dépôt légal : avril 2023

Pour

Le Lys Bleu Éditions
40, rue du Louvre
75001 Paris

www.ingramcontent.com/pod-product-compliance
Lightning Source LLC
LaVergne TN
LVHW010542160826
845677LV00013B/2966